香港粵語

香港粵語

二百年滄桑探索

張洪年　著

香港中文大學出版社

《香港粵語：二百年滄桑探索》

　　張洪年　著

© 香港中文大學 2021

國際統一書號 (ISBN)：978-988-237-193-4

2021年第一版
2022年第二次印刷

出版：　香港中文大學出版社
　　　　香港　新界　沙田・香港中文大學
　　　　傳真：+852 2603 7355
　　　　電郵：cup@cuhk.edu.hk
　　　　網址：cup.cuhk.edu.hk

Cantonese in Hong Kong:
An Exploration of the Past 200 Years (in Chinese)
　By Samuel Hung-nin Cheung

© The Chinese University of Hong Kong 2021
All Rights Reserved.

ISBN: 978-988-237-193-4

First edition 2021
Second printing 2022

Published by The Chinese University of Hong Kong Press
　　　　The Chinese University of Hong Kong
　　　　Sha Tin, N.T., Hong Kong
　　　　Fax: +852 2603 7355
　　　　Email: cup@cuhk.edu.hk
　　　　Website: cup.cuhk.edu.hk

Printed in Hong Kong

目　錄

前言 vii

二十一世紀的香港粵語：一個新語音系統的形成 1
粵語上溯二百年：馬禮遜1815年的語音記錄 25
承傳與創新：趙元任1947年的《粵語入門》 59
早期粵語中的變調現象 91
粵語量詞用法的研究 119
早期粵語「個」的研究 151
「咁」又如何？：再探早期粵語中的指示代詞 179
「至／正」與「莫個」：早期粵語語料中殘留的語法現象 219
緣自何來：早期粵語中「嚟」的來去踪跡 253
Cantonese Made Easy：早期粵語中的語氣助詞 283
早期粵語裏的借詞現象 325
雜揉與創新：從廣告寫作看香港語言的多元性 347

附錄一　遊戲中的遊戲：粵語怎麼説「石頭、剪子、布」..........375
附錄二　探索廣東話的誤區 387
附錄三　英文摘要 395

前　言

　　1990年代，我在加州大學柏克萊分校的圖書館找尋資料。東亞圖書館館藏豐富，卷帙浩繁，一本本端端正正的擱在架上，數千年文獻，任我隨意翻閱。善本珍藏、學界新作，無不教人動心。我徘徊於大小書架之際，無意中在中國語言館藏部分看到架上有一本關於粵語的老書，一時好奇心動，順手抽下。我站在昏黃的吊燈底下，打開略略翻了幾頁。這一翻閱，就讓我坐在圖書館地上看了整個下午；也就是因為這一時間無意的衝動，開拓了我這後來二三十年的研究新路向。

　　我不是粵人，但在香港長大。繈褓嘔啞的時候，隨家人從上海南下，從幼稚園、小學、中學，到後來上大學、研究院，前後二十二年，都在本地受教育。粵語是我的第二語言，但也是我最熟悉的語言。我1967年上研究院的時候，師從周法高先生。第一年的學期報告，他讓我研究粵語中的體貌標誌。我對這個題目，所知極有限，於是努力閱讀前人著作，搜尋語料，數月窮幹，寫成報告，戰戰兢兢地交上。周先生看了以後，大概是覺得當中有一些可取之處，於是把文章推薦給研究所，1970年刊登在《中國文化研究所學報》，這是我發表有關粵語的第一篇文章。在此同時，趙元任先生巨著 *A Grammar of Spoken Chinese*（《中國話的文法》）面世，周先生明睿高瞻，知道這書對當代漢語研究定必有深遠的影響。於是請到剛從美國回港的洪越碧先生負責翻譯為中文，讓我謄抄。我一字一句

謄抄之間，對趙先生的討論漸有體會。趙先生觀察入微，對話語中一句一詞的運作功能，無不條分縷析，而且在整個理論架構上，更為漢語建立全面的體系。我每天細啃趙書，孜孜不倦。周先生讓我研究粵語的體貌詞尾，我就是按照趙先生的模式，對比國語和粵語的同異，發現粵語有許多表現顯得特別異常。一年下來，周先生讓我繼續這樣的研究，對粵語作比較全面的觀察和分析，作為我的碩士論文。1969年呈交，1972年由香港中文大學刊行。論文共六章，後來周先生再讓我補寫四章，一直藏在篋中未發，到2007年中文大學出版社重版，才增訂為十章。周先生自己不說粵語，但是在周先生的帶挈和引導下，我和粵語結下終生不解之緣。

這段因緣，在我來到美國求學幾年，卻暫且放下。我在柏克萊上研究院，隨張琨先生學習，選課的重點在現代語言理論，研究的重點在歷史語法。張先生讓我翻閱敦煌文字，專力研究中古漢語。敦煌卷子中有所謂變文的通俗作品，文白夾雜，正是當時說唱表演留下的活語料。我就按著這些千年文本中留下的痕跡，試圖擬構早期漢語語法嬗變的現象。此後多年，我在美國教學工作，語言研究還是按著這個路子進行，同時也檢閱現代漢語和各方言中各種語言現象。不過，舊愛在心頭，我偶爾又會回到粵語，重作馮婦，從語音到語法到詞彙，從共時描述到歷時分析，陸續發表了一些文章，繼續我對粵語的探討。但沒想到二十世紀末柏克萊圖書館架上的一本老書，像是一個不經心的邂逅，機緣巧合，也許是命運刻意的安排。我就在這燈火闌珊、驀然回首一刻，終於醒悟到這才是我要追求研究的真正對象。老書是明證，我的下半生就這樣交給粵語。

接著幾年，我努力蒐尋有關早期的粵語語料，白天跑圖書館，晚上埋首老粵語故紙堆中。來回翻閱之餘，有時興致突發，我會把書中的字句大聲朗讀，時光倒流，恍惚身作古人，口中說著上一個世紀的語言。我從柏克萊退休以後，回到香港工作。離鄉日久，年輕人說的畢竟是二十一世紀的粵語，我仔細觀察，也刻意模仿新派

的腔調和用詞。但另一方面，由於我對老派粵語的執著和鍾愛，在日常說話中，常常會不自覺地用上一百多年前的老腔舊話。我這種新舊合璧的語言分裂傾向，有時候會讓年青的朋友覺得奇怪，這個老先生說的到底是哪一種白話？但正因為我這個難得的機緣，可以新舊對比，更覺得老粵語內裏的變化，錯雜繁複。從前在闌珊燈火處的片刻醒悟，如今都點著了一盞盞的明燈。我不趁此機會研究，如入寶山空手回，豈不可惜？於是在隨後的十幾年中，我努力寫了一些文章，大部分都是關於早期粵語的各種語言現象，在描述同時，也試著解釋新舊交替之際所發生的種種變化軌跡，希望能從眾多的語料中，擬構早期粵語的語音和語法系統，供後來者可以參考和印證。

粵語是粵地方言。兩廣一帶，地大民眾，語言繁多。有閩粵客家等不同的漢語方言，也有遍佈各地不少的少數民族語言。語言混雜，相互影響，自不在話下。但每一種語言都有自己的特徵，清楚標誌自己的語言歸屬和身份。漢語和非漢語、粵語和其他方言之間的分別，不難辨認。閩粵客家是大方言，大方言中又有小方言，而大小也各有其界定的語言標誌。以珠江三角洲為例，廣州通行的語言和台山通行的語言都屬於粵語，但廣州的居民和台山的居民並不一定能隨意交談，他們的語言其實屬於不同的小方言片。廣州三邑等屬於所謂的粵海片，台山屬於所謂的四邑片。同屬粵海片的廣州話和中山話，口音容有差異，但並不會造成溝通障礙。所以在大的粵語統稱底下，可以細分為粵海、四邑等方言片。粵海片底下又可以細分廣州、中山、南海等小方言；四邑片包括台山、新會、開平、恩平四地方言。其他還有東莞寶安片、肇慶羅定片等等，都屬於所謂的粵語底下的方言片。

香港原屬廣東寶安縣下的一個小城鎮，1842年割讓給英國，其後新界一帶也劃作百年租借地區。接著的百多年間，在政府和社會

的共同努力之下，香港逐漸發展成為一個國際大都市，華洋雜處，中英並行。但是當地通行的語言究竟歸屬如何？簡單地說，香港通行的語言是粵語，屬於粵海片，和廣州的粵語同源，也就是一般所謂的廣府話或廣東話。但是新界一帶，老一代還流行所謂的圍頭話和客家話等。時移世易，這些不同的方言漸漸被廣府話取代，而香港和廣州雖然相隔不遠，但各自的廣府話卻又各自發展。今日的香港粵語無論在語音、語法、詞彙上都呈現許多自己獨立的面貌。而且，香港的粵語有自己的官方和法定地位，與英語、普通話平起平坐。香港人口絕大部分是以粵語為母語，學校教學語言大都以粵語為主，社會上一切政治、商業、娛樂活動都以粵語為主要溝通語言。書寫以繁體字為主，而且以口語入文，自創許多方言文字，方便書寫。香港粵語也雜用大量的外來語，久假不歸，有的已經成了本地詞彙一部分。這種種發展，在在都可以看到香港式的粵語已經深入社會每一階層。香港是從1842年的割讓到1997年的回歸中國，前後經過一百多年來的滄桑變化，香港話已經逐漸形成自己一種語言，可以歸屬於粵海片下一個獨立的方言。

香港早期的粵語來自廣州，同源同根，自不待爭論。但從十九世紀以來，香港粵語和廣州話的分道揚鑣，今日各豎旗幟，也是不爭的語言實況。但我們如何描述這其間的同異，分析種種變化的因由和規律？又或者說，我們應當如何具體說明香港粵語的特點，甚至能更明確地把過去兩百年發生的語言變遷作一個綜合性的交代？這些變化到底是如何發生？幾時發生？變化的牽涉面有多廣？變化的軌跡是否可循？這種種問題，都是研究語言發展歷史必須面對、尋求答案的重要切入點。尤有進者，這種種變化是否能在其他語言中找尋到類似的發展，發展的原動力和演變擴散軌跡是否也有相近之處？這種探討就牽涉到語言類型學方面的研究，其理論性的意義更超乎一時一地語言研究的討論。

　　要進行歷時研究，首要的重點不只是關心當下的語言實況，更具迫切性的是要搜集有關的歷時語料，從具體而且真實的語料中找尋頭緒，了解從前的語言實況。六十年代，我在研究香港粵語語法的時候，周先生替我把當時廣播電台的粵語連續劇錄成聲帶，前後共三十集。我每一集用拼音迻寫，按劇中演員說話的發音和用詞，如實記錄。因為這是口語演出，而且故事梗概以當時社會日常生活為主，所以這些錄音應該是最能反映六十年代香港一般老百姓說的粵語實況。我根據這些材料，整理分析，寫成論文，題目就是《香港粵語語法的研究》。我六十年代末離開香港，生活環境改變很多，但是來往朋友很多都是來自香港，交談不離粵語；而且從香港的電影、電視中也可以觀察到粵語的新發展。但是我對這一些新的發展，只是從旁觀察，體會不深，可以描述，但不敢做進一步深入的探討。那些年我寫的有關粵語的文章，都是根據閱讀、觀察所得，對粵語某些語法、詞彙現象提出一些看法。例如，我寫了一篇有關粵語「將字句」的文章 (1992)，是我把大批香港雜誌的報導，逐句研讀分析。這些雜誌文章，有的是用語體文書寫，有的是文白交雜，用上許多粵語句子。我把語體文的句子翻成粵語，把粵語的句子翻成國語，兩相對比，這才發現許多粵語的「將字句」和國語的「把字句」，並不能直接對換。國語和粵語對這兩個看來十分相似的句型，其實各有一些不同的規限和要求。我1989年發表有關粵語量詞的用法，也是按同樣的方言對比而發現粵語的獨特之處。不過，這些研究主要都是根據我個人的語感而進行分析。當然，在分析同時，我也徵詢一些年輕粵語人的意見，印證我對問題的看法。

　　九十年代末，我有緣回到香港工作，日常教課，朋友來往，很多都是年輕一代的香港人。鄉音未改鬢毛衰，我雖然是髀肉漸長，鬢毛轉衰，但是那「鄉音」已改的卻是這新一代土生土長的香港人。他們說的話和我熟悉的粵語雖然是大差不離，但是口音、腔調、用詞和造句都頗有明顯的差別。我說話的時候，他們往往會瞪著眼睛

望望我，顯然覺得我不屬於同一語族。他們說話，我也常常需要請他們重複一遍，放慢速度，我這才聽得比較明白。不過，這顯然不是我一個人聽覺或理解力的問題。一些和我年紀相彷彿、從海外歸來的朋友，也有類似的語言代溝問題。我於是趁這個難得的機緣，把這些所見所聞的新派粵語陸續記下，以供進一步的研究。

從六十年代到九十年代，三十年之間，語言確實發生許多大小變化。一直在香港本地生活的人也許並不怎麼覺得有什麼特別大的差異，見怪不怪，日久已成習慣。但是對一個「外來者」來說，這些變化會讓人覺得世紀末的香港粵語已經另成一格。我們試舉一個再明顯不過的例子來說明這現象。大家都知道時下年輕人說話會有所謂「懶音」的習慣。外來者會覺得是腔調失控，正音的學者會深以為訢。但是「懶音」所指到底是什麼問題？是哪些發音有乖尋常？香港人為什麼會發生「懶音」這樣的現象？是真的因為說話人嘴巴舌頭偷懶而造成發音怪異？「懶音」在社會上到底有多流行？正音教學大力糾正「懶音」，真的能挽救狂瀾嗎？再進一步追問，「懶音」的現象只發生在個別的字詞身上？哪些字詞？「懶音」只發生在個別說話者身上？不同的人會有不同的「懶音」嗎？「懶音」的後果會是什麼？這些問題都值得有心人深思探討。我們試換一個角度來看這些新發展的語言現象，我們可曾想過這些「懶音」可能正是表示語音正在轉化的過程中，整個語音系統已經逐步改變，經歷一個重整更新的程序？我根據自己幾年的觀察，細加分析，對比新舊發音，歸納出一些看法，寫成論文，題目就叫〈21世紀的香港粵語：一個新語音系統的形成〉（2002）。我的看法是香港粵語在短短的幾十年間，已經發生了許多重大的變化。我們雖然剛步入一個新世紀不久，但是新舊兩代的語言，正經歷一個劃時代的大變遷。這些變化，並不來自一日，或源自一人。許多小變化在二十世紀就已經發生，開始的時候，小變化看似無關重要，但日久月累，小變化延伸越廣，影響越大，整個語音系統發生結構性的重整，聲、韻、調三個層面都顯示朝著簡

化的趨向發展。這種變化啟動以後，難以回轉，二十一世紀往後的幾十年，還會有進一步的變化嗎？我們只要小心觀察和記錄，也許可以看到整個粵語發展的大方向，從個別樹木而看到整個森林，視野擴大，所見所及，定必會有更大的啟發。

我們很幸運生逢在這語音系統轉型的時代，可以親耳聽到新舊兩代粵語發音的異同。我們可以再追問，老舊一代的發音到底可以上推到哪一個年代？我以前做過二十世紀中期的語音描述，也就是一般所謂的標準粵語音系。這套描述是否也適用於二十世紀早期？從二十世紀早期到二十世紀中期，其間的語音是否也在歲月轉移之中暗中偷換？説話人也許並不會有意識地感覺到自己的語言在變。有的時候，只有在明顯指出其間確實的差別時，寒燈一笑，金丹換骨，才會恍然大悟，才會覺得語言本身就像一個有機體，變化是語言原有的本性和機能。其實更具挑戰性的思考是在描述當今的語言同時，我們是否可以再努力上推幾十或一百年，繼續探索十九世紀或更早的語言會是怎麼一番現象？

我研究二十世紀中期的粵語，有六十年代的錄音作基本材料，我也可以把自己當作研究調查的對象 —— 雖然我的母語不是粵語，但我相信我對粵語的語感還有一定的把握。我們研究二十一世紀的粵語，可以向新時代的年輕人請教，向周遭的媒體廣播取經。我回到香港工作，最大的收穫就是找到好些志同道合的老師同學，大家一起研究、一起切磋。有什麼問題，大家一起服其勞，尋求解決的方案。但是再往上推，二十世紀早期或者更早的語言，我們當如何切入，如何著手研究？我研究中古漢語，以敦煌文獻為本，變文講經文，頗有口語記錄，對研究歷時語法，提供不少可追尋的蛛絲馬跡。宋元以降，小說、戲曲、語錄等都是研究口語最好的原始資料。但是研究方言，卻沒有這種方便。中國文學傳統，向來是語文分家。除了北方官話以外，地方語言很少進入文本書寫。要研究方言歷時的演變，怎麼找合適的資料便成了最大的挑戰。

九十年代我在圖書館無意翻索，正是眾裏尋他千百度，燈火底下，書架上擺著的那一本老書，竟是一本十九世紀編寫有關粵語教學的教科書。口語對話，拼音書寫，中英對照，上一個世紀的活語言記錄在案。有羅馬注音，也就知道當時的發音；有中英對照，就可以研究當時的語法和詞彙。這一發現，新天地在望，心底感到的興奮，難以形容。隨後幾年，我的工作便集中在蒐尋語料，趁寒暑假遍訪各地圖書館。當中也得到了許多老師同學的幫忙，提供線索。結果從最早1815年到二十世紀四五十年代的出版，前後共找到二三十種材料，上下概括一百多年的老粵語語料。這些材料包括早期傳教士來華工作、為學習粵語而編寫的教科書和詞典，為傳揚福音而編寫的聖經翻譯和福音故事；也有一些是本地人為外省人士而編寫的粵語教材，還有一些是用粵語書寫的粵謳唱詞。有了資料在手，進行研究的時候，一字一推敲，再對比我熟悉的粵語，心裏感到踏實，分析也就言之有據。

當然不同的種類的記錄文獻有不同的重點，也有不同的描述。語音系統並不完全一致，語法詞彙也各有差別。這些差異可能是記錄錯漏的結果，也可能是反映不同時代的語言改變。我記得剛開始檢查早期語料的時候，發現有的記音用詞，和今日我們熟悉的語言很不一樣。我第一反應就是記音人耳朵欠靈敏，記錄出紕漏。例如表示遠指的指示代詞「嗰」，聲調標作陰去，和我們今天讀陰上差別很大。我想這一定是標調的錯誤。後來檢查更多的材料，發現遠指讀陰去確實是早期的正確發音，讀陰上是後起的變化。所以錯的其實是我的武斷和無知，而不是書上的記錄。又如粵語表動作完成的語法標誌是「咗」，早期語料中用「曉」或「哓」，發音是 hiu，聲調是陰平。我第一次看到這樣的句子，心底發毛，這是什麼怪字？「吃完飯」說成「食 hiu 飯」，乍聽之下，還以為是一句粗話。殊不知，「曉」是當時極流行的用詞，到了二十世紀以後，才漸漸讓「咗」取代。這種種演變和替代都有一定的歷時階段或層次，要是沒有真實的語料

作證，我們很難猜測，更遑論推理構擬。這些早期語料意義重大，對我個人的研究影響極深。我把其中的一部分語料輸入計算機，建立數據庫——《早期粵語口語文獻資料庫》(http://database.shss.ust.hk/Candbase/)，公諸同好，以便檢索。近年學界也陸續在這一方面努力開發更多的電子檢索數據，收錄更多有關十九、二十世紀的語料。新科技發展一日千里，這方面的探索也越發會有更多的新發現。我們可以想像得到只要假以時日，舊日粵語的面貌定可以在計算機上重新展現。

當今粵語語料中最早而且比較全面的老書，當數1828年出版的 *Vocabulary of the Canton Dialect*，中文書名是《廣東省土話字彙》，由英國傳教士馬禮遜 (Robert Morrison) 編撰。其實馬禮遜在1815年出版的一本有關漢語語音的專書中，已經包括三百多字的粵音字彙。所以從時代前後來看，語料的時間上限大體可以定在十九世紀早期，距今二百年。這些早年的語料，大多出自香港、澳門等地編寫，所以研究香港粵語的歷史演變，這些語料提供的訊息十分珍貴。歷史的洪流，前浪後浪，二百年其實只是一個很短暫的時段。不過就這個小視窗所見，我們還是能看到十九世紀粵語的一些獨特現象。這些現象和後來粵語的發展大異其趣，一個時代有一個時代的語言特點。也正因為其不同，我們可以把這些特徵視作我們鑒定十九世紀粵語的代表性標誌。

這些具有特徵性的標誌，當然包括語音、語法、詞彙各個層面。我們試簡單地舉一些例子說明一下。在語音層面，十九世紀的聲韻系統比較複雜。二十世紀的粵語，也就是一般所謂的標準粵語，聲母20，韻母51，聲調9。往上推到十九世紀，基本框架似乎一樣，但是聲母卻多了三個，也就是所謂的舌尖齒音，例如「四」讀成sz、「子」讀作tsz、「似」讀作ts'z。所謂西關口音，就保存這樣的舌尖齒音。韻母有增也有減，今日讀ei韻母的字如「你」(nei)、

「飛」(fei)等，十九世紀讀單元音 ni、fi；從語料所示來看，一個單元音 i 分裂為複元音 ei，那應該是二十世紀以後的發展。另一個韻母特點是「甘」、「暗」等字的韻母今日讀 am，早期讀 om。「甘」、「今」今音無別，但是十九世紀，「甘」的韻母是 om，「今」的韻母是 am，分別儼然。今日紅磡地名英譯，「磡」譯 hom，就是保留十九世紀的讀音。又如「奄列」一詞是借自英文的 omelette，「奄」今讀 am，並不配合英文 om- 的發音，而早期粵語「奄」正是 om。聲調方面，基本上是平上去入陰陽共九調。今日流行的變調，包括高平和高升兩類，十九世紀已經開始流行，不過當年涉及的字比較少，而且個別字詞的變化，有的是古不變今變（例如魚生的「生」，舊讀是高降原調，二十世紀是高平變調），有的是古變今不變（例如菠蘿的「蘿」，今日保留原調，十九世紀讀高升變調）；更有意思的是陰平原調是高降調，變調是高平。但今日粵語，高降的發音已漸漸從語言中消失，陰平一般都讀作高平。例如「梳」字，二十世紀中期的發音有兩種可能：讀高降調是動詞，讀高平變調是名詞，所以「用梳梳頭」一句兩個「梳」字，聲調不同，以調辨義，但是今日都讀高平。不過廣州一帶，陰平卻大都保留高降的讀法。換言之，陰平讀高平調應該是二十世紀晚期以後香港粵語的特點。

在語法層面，上面提到的「曉」表完成式，是十九世紀的特點，二十世紀而後完全消失。趨向動詞「嚟、去」可以直接放在「你、我」等代名詞或名詞之前，如「擰條頸巾嚟我」、「寫信去佢」，這種句式只見於十九世紀的文本，今日粵語一定要說成「擰嚟俾我」、「去佢處」才合語法。又如問句有所謂正反問式，例如：「你食唔食飯？」，十九世紀一律作「你食飯唔食？」，前後詞序不一樣。這一個變化，並不太難理解。正反問句式是把動詞的正和反並列，答案就在正反之間做一個選擇。一個像「食飯」這樣動賓組合進入正反問句，可以是「食飯唔食飯？」，但語言求簡略，一般都把其中一個賓語省略。

早期粵語省略後面的賓語：「食飯唔食飯」→「食飯唔食？」，二十世紀之後，一般卻省略前面的賓語：「食飯唔食飯」→「食唔食飯？」。省前還是省後，也就成了新舊粵語劃分的一大依據。當然，今日偶爾還會聽到年長的人說「食飯唔食？」，但是十九世紀的語料中卻沒有賓語後置的例句。

　　至於詞彙方面，例子不勝枚數。例如疑問代詞「邊個」，早期文本中可以作「乜誰」或「邊誰」；「颶風」，早年作「風颶」，發音是fungkau；麵包可以說「面龜」（今日澳門粵語還保留「面龜」一詞）。加強描寫程度的副詞有「實首」，例如「實首好相與」，還可以說「交關」，例如「交關靚」（今日偶爾還可以聽到「靚得好交關」這樣的句子）。描述身體的感受可以用動詞「見」，例如「我見有啲頭痛」；表示趨向的動詞如「翻去」可以說「翻歸」、「去歸」。表示否定的「咪」或「唔好」，早期用「莫個」，例如「莫個開大價」，是「別亂開價」的意思；今日「唔好」也可以連讀合成一個音節mou，如「mou亂開價」。這種種語法和詞彙上的差別，語料中不乏類似的例子，但翻閱一不細心，很容易就忽略過去。要是我們在故紙堆中找到一沓子舊文件，乍看是粵語，但是稍微細讀，發現字裏行間有這一類型的用詞造句或拼音，我們可以推測大概都是十九世紀的文字。我曾在一篇文章中舉過這樣的例子。假如今天要拍一部有關黃飛鴻當年在廣州活動的電影，就得先在語言上做一番考證。下面這兩句説話，哪一句會是十九世紀的黃飛鴻說的粵語？哪一句是二十世紀的演員會説的香港粵語？

（1）你莫個食曉飯之後咁（kom）遲正去尋個個朋友。

（2）你咪食咗飯之後咁（kam）遲至去搵嗰個朋友。

時間倒流，衣服道具或許可以唬人一陣，不過語言真假新舊，真人一張口，便知有沒有。

　　二十世紀的粵語承十九世紀的粵語而來，但兩個世紀的語言各有其語言特點，對比語料，不難分辨。那麼二十世紀和二十一世紀的粵語是否也可以根據某些語言現象來這樣區分嗎？上文已經說過二十一世紀的語音系統變化很大，詞彙方面，新世紀、新文物、新文化，詞彙不斷更新，自是當然之事。例如今日已漸漸流行的「電梯」(lift) 一詞，我們當年說「升降機」，或英文借詞 "lip"（今寫作「軐」），「電梯」只是書面用詞。「教堂」的「堂」，我們當年讀陽平，今天讀高升變調。表時間用「一個字」表示「五分鐘」、「一個骨」表示「十五分鐘」這些說法，都隨著時代漸漸消失。我記得有一次我說「十點一個骨」（十時一刻），年輕人問我這是什麼意思？我解釋說「骨」就是英文 a quarter 的意思。他接著再追問，「十點半」是不是可以說成「十點兩個骨」？年輕人舉一反三，聯想很快，但是粵語並沒有這樣的說法。「骨」是外來語，當年有許多外來語，今天都已經不用。例如「士擔」、「士的」等，今天都讓「郵票」、「拐杖」這些書面詞語取替。至於語法方面，我們以形容詞重疊的句型為例。粵語可以利用形容詞重疊的手段以表示程度高低不同。以「肥」為例，表示略微如此，則說成「肥肥哋」，是「有點胖」的意思，第二個「肥」要讀高升變調；但是要表示加強「肥胖」的意思，可以說成「肥肥」，第一個「肥」讀高升變調，意思是「非常胖」。這兩種表示程度差別的說法在二十世紀中期十分普遍，但是我九十年代來香港工作，發現語言中只留下「肥肥哋」的用法，而「肥肥」的說法，年輕人都說沒聽過。短短的二三十年，一個曾經十分常用的句型，居然消失於無形。要不是我親眼看見年輕人滿臉疑惑的問我「肥肥」什麼意思，我簡直不能相信。二十一世紀進入二十年代，我們可以深信在未來的幾十年中，普通話越趨流行，粵語會有更大的轉變。這種社會語言的變遷，廣州的粵語是最好的例子。廣州民間雖然還是廣府話的天下，但官方語言、教學語言、普通話定於一尊。一般年輕人交談，雖然都是廣州口音，但語法用詞常常夾雜北方特色，另成一體。

我幾十年來在粵語裏打轉，從學說廣東話，到研究廣東話，從描述我熟悉的二十世紀的粵語，到利用早期語料探索一百多年前的粵語，前後寫過好些文章。除了在1972年《香港粵語語法的研究》(2007年增訂版)曾對六十年代的粵語作比較詳盡的描述外，我在不同的文章中也對個別語音、語法、詞彙的現象進行進一步的探討，尤其是歷時文獻讓我可以從另一個角度切入，研究許多前人沒有注意到的現象，提出一些我個人對整個粵語在發展的過程中所經歷的變化，略加說明和注釋。上文提及的各種語言現象，我大都曾在各文章中有比較詳細的描述和分析。各篇文章選材不同，年代不一，觀察自有其局限性。愚見不深，討論一定有所偏頗舛漏。但我還是覺得應該把所觀察到的現象、所作的各種分析，歸攏成集，供有心人參考。

書中各章探討的現象，有的涉及語言本身的變化，有的涉及社會語言中各種豐富多姿的現象。從描述的角度來說，我的觀察或許略有可取的地方。但是我自己最關心的一點，也是我自己覺得還沒能做到足夠的地方，就是在眾多的語言現象中，怎麼尋找演變背後更大的大規則。我試著按材料展現的各種變化，抽絲剝繭，在描述之餘，嘗試解釋個別演變的軌跡，和這些演變對我們今後的研究有什麼啟示。根據語料顯示，我們可以暫且明白某一個現象演變的來龍去脈，但是我們還沒有怎麼強有力地說明這些變化為什麼會在某一個時間點發生。從歷時探討中，我們發現許多十九世紀的語言現象都在二十世紀二三十年代發生變化。但是為什麼會在這個特別的時段發生？是因為社會的轉型、外來的方言和語言對本地粵語產生的一定影響？還是語言內部因為某一種變化而接著產生的連鎖反應？這種種可能性，我們必須仔細探討分析，希望能一步一步把語言演進的步驟、軌跡、原因和時間逐步還原，得到一個更全面的認識。我所知有限，識力有限，文章中的論說和推測，不足之處，還請有以諒我。

　　我歷年所寫的單篇文章，有中文稿、也有英文稿，現在合為文集，分中英兩冊。中文一冊書名是《香港粵語：二百年滄桑探索》，英文一冊現名為 *Cantonese: Since the 19th Century*，共收文章二十餘篇。最早的一篇是1982年有關粵語歇後語的文章(英文)，最近的一篇是2018年討論粵語方言詞「嚟」自十九世紀至二十世紀中的變化(中文)。每冊按語音、語法、詞彙分類，從共時描述、到歷時探討，我都以材料先行，再進行分析。

　　我在加州大學(柏克萊)前後四十年，從讀書到教書，一直隨業師張琨先生學習。張先生除了在研究上開啟我對歷時語法的興趣，更重要的是他在研究方法上對我再三的叮囑。他曾經說過，語言研究，理論日新，但要是沒有充足和充實的材料作基本依據，再動聽的理論也只是七寶樓台而已。這是他一生做學問的原則，也成為我幾十年來做研究的圭臬。蒐集材料其實是再興奮不過的工作，不管是實地的田野調查，還是圖書文獻檢索，總有意想不到的收穫。簡單如一個詞語或者一個聲音的轉移，複雜的像整個內部系統的調整，或者在和其他語言對比下發現類型上的互動或轉型，都是在不斷推動我們向前更走一步的原動力。我曾經在美國大學教初級漢語，學生所犯的錯誤往往讓我追問這些錯誤到底是因為他們學習不勤，還是老師講解不詳，還是我們自己對這個語言了解不深。我常常從學生的錯誤中而發現漢語語法中一些特別的規則和變化，一直是說母語的人不曾或不會察覺到的現象。我也曾經就這些觀察，做過一些研究，1994年出版 *A Practical Chinese Grammar*。我在國語和粵語之間、在現代粵語和早期粵語之間來回周旋，總覺得我們越研究、越發現自己所知極為有限。有時以為已經往前踏進一大步，結果又回到原點，從頭再來。學海無涯，古有明訓。但無涯之中，自己也漸漸學到如何靠自己的努力在學海中上下浮沉。有興奮的一刻，但更多的時候是懊惱和失望。不屈不撓，學海明燈就是我們對自己的信心和期望。

———◆———

　　這次成書，首先得感謝香港中文大學出版社的首肯，答應出版。今中文一冊《香港粵語：二百年滄桑探索》付梓，承蒙社長甘琦先生、編輯葉敏磊先生大力支持，並代向發表文章原來的學報徵求轉載的許可，銘感至深。中文編輯部分，得到彭佩玲小姐謄寫校對，費時費心，十分感謝。出版事宜細節，由出版社編輯余敏聰先生全力統籌，文章格式、文字訂正無不逐一細心檢查，又設計及排版由黃俊欣小姐負責，在此謹致衷心謝忱。書中各文章原載學報，都在文末清楚說明。因為版式，各篇文章皆稍有增改，文中原有沙石亦略作修訂。研究早期粵語的各篇文章，因為徵引語料不盡相同，請參考每篇文章所附的參考書目。前後撰寫的文章課題不一，各自成文，但內容相關的地方，論述徵引或有重複，請諒。全書所用的粵語拼音，亦按每篇原文，不作改動。

———◆———

　　我在柏克萊大學工作二十六年，在香港科技大學工作六年，在香港中文大學工作六年，幾十年的教學生涯，讓我有機會向同行學者老師請教指點，向不同年代的年輕同學朋友學習。我謹在此衷心感謝他們的無私鼓勵和支持。最後，我願意把此書獻給我的另一半李曉茵。她是我最好的語言老師和粵語調查人。她在廣州出生，在香港長大，我們同是一個年代的香港人，但是她對粵語的掌握遠勝於我。四十年來，燈前月下，我每每向她追問同樣的問題：粵語可以這麼說嗎？她的答覆也就成為我研究粵語最原始的第一手資料。

張洪年

2020 年

加州小山城觀海居

二十一世紀的香港粵語
一個新語音系統的形成

提要：香港粵語本承接廣州話而來，在語音方面和廣州粵語無別。二十世紀中期學者對香港粵音的描述，和袁家驊 (1960) 記錄的廣州話音系完全相同。不過近年香港粵語發生許多新變化，牽涉到語音系統中各個層面。本文翻檢早期的粵語語料，對比後來的發展，試從聲、韻、調三方面研究香港粵語近百年來的轉變，從而描述一個新語音系統的形成。

關鍵詞：粵方言、香港粵語、歷史音變、懶音

1. 二十世紀以來的香港粵語

語言是會變的。任何一個語音系統，假以時日，都會有所變化，呈現新的發展。某些聲音會從語言中消失，某些聲音應運而生。今音會變成古音，也有一些特別的詞語保存舊讀，反映某一個時代的歷史語音現象。這種歷時性的變化，快慢巨細，各個語言並不一樣。以香港粵語為例，本屬廣州粵語系統，但最近幾十年來的變化，已教人有不復舊日鄉音之感。滿街的年輕人，張口說話，常常語帶所謂的懶音，乍聽起來，恍如別一種方言。對一個主張正音的有心教育人士來說，這種音變，觸耳驚心。但對一個研究粵語的語言學者來說，這種種變化，正在目下耳前發生，其牽涉之廣，進行之速，實在值得大書特書。本文試從聲、韻、調三方面研究香港粵語百多年來的轉變，從而描述今日香港粵語中呈現的一個新語音系統。

我們先以下面一例為證，說明今昔香港粵語在語音上的差別。

	點	解	佢	想	請	我	嘅	女	朋	友
正讀	tim^{35}	kai^{35}	$khœy^{13}$	$sœŋ^{35}$	$tshɛŋ^{35}$	$ŋɔ^{13}$	$kɛ^{33}$	$nɵy^{13}$	$phɐŋ^{31}$	$jɐu^{13}$
新讀	tin^{35}	kai^{35}	$hœy^{35}$	$ɕœn^{35}$	$tɕhɛn^{35}$	$ɔ^{13}$	$kɛ^{33}$	$lɵy^{35}$	$phɐn^{31}$	$jɐu^{35}$

	郭	愛	初	去	香	港	大	會	堂	聽
	$kwɔk^{3}$	$ŋɔi^{33}$	$tshɔ^{53}$	$hœy^{33}$	$hœŋ^{53}$	$kɔŋ^{35}$	tai^{22}	wui^{22}	$thɔŋ^{31}$	$thɛŋ^{53}$
	$kɔt^{3}$	$ɔi^{33}$	$tɕhɔ^{55}$	$hœy^{33}$	$hœn^{55}$	$kɔn^{35}$	tai^{22}	wui^{22}	$thɔn^{31}$	$thɛn^{55}$

	中	國	音	樂	會	呢？
	$tsʊŋ^{53}$	$kwɔk^{3}$	$jɐm^{53}$	$ŋɔk^{2}$	wui^{35}	$nɛ^{55}$
	$tɕʊn^{55}$	$kɔt^{3}$	$jɐm^{55}$	$ɔt^{2}$	wui^{35}	$lɛ^{55}$

上例兩欄國際音標標音，正寫的是正讀，也就是所謂的標準發音；斜寫的是新讀，是時下流行的說法。兩者相較，差別甚大，內中種種分別，並不是每一個年輕人都一應具備。有的人只有某些懶音變化，不過也有的人各種變化都有，這就是例句中記述的新發音極端現象。

　　我們研究二十世紀香港粵語的發展，大約可以分成三個階段來考察。第一個階段是二十世紀初的語言，以1907年James Dyer Ball編寫的 *Cantonese Made Easy*（CME）為代表。Ball（1847–1919）在中國成長，通曉多種方言。他編寫的粵語教材CME前後四版，風行一時，每課課文漢字和拼音並列，對當時粵語實況描述詳實。第二個階段是二十世紀中期以後的一二十年，以張洪年《香港粵語語法的研究》（1972）為代表。張書成於1969年，書中描述的音系與袁家驊1958年編寫、1960年出版的《漢語方言概要》中粵方言一章所記錄的粵音系統大差不離。第三個階段是二十世紀末以來的發音狀況，討論的人不少，以Bauer & Benedict的 *Modern Cantonese Phonology*（1997）為代表。我們的討論先由第二階段開始，由二十世紀中期的語言上推下延，通觀整個香港粵語語音系統的歷時變化趨勢。

2. 聲母

　　張洪年（1972）列舉香港粵語聲母共20個，表列如下：

p	ph	f	m		
t	th		n	l	
ts	tsh	s			j
k	kh	h	ng		
kw	khw				w
ø[1]					

　　由二十世紀五十年代的袁家驊廣州音系，到九十年代末香港語言學會制訂的粵語拼音方案，聲母系統基本一致。再上看二十世紀初的材料，聲母略有不同。我們先把Ball（1907）書中的聲母開列如下：

1　　ø表零聲母，也就是音節開首沒有輔音聲母。

p	ph	f	m		
t	th		n	l	
ts	tsh	s			j
tʃ	tʃh	ʃ			
k	kh	h		ng	
kw	khw				w
ø					

兩表相對比，早期音系中多了一套舌尖塞擦音和擦音，一共有23個聲母。除此以外，別無差異。再參考別的材料，似乎這百年間，語音並無太大變化。不過各書中所標注的標準音和口語之間往往有所不同，歷時性的音變要從實際觀察中才可略窺一二。

2.1. n-、l- 不分

香港粵語n-/l-不分，由來已久。古泥來聲母的字，今皆讀l-。所以「你李」不分，「南藍」同音。不但如此，學外語的時候，n-/l-的對比也往往失去。結果英語的know讀作low，日文假名的n-行讀起來也和r-行發音相似。前人記錄的語音系統分列n-、l-，並不完全反映語言實況，兩音相混的情形，往往只在論說中略略交待。我們上溯百年前的粵語材料，n-/l-分別儼然。這是人工的區分，還是確實有別，不得而知。不過1828年出版的 *Vocabulary of the Canton Dialect* (VCD)，其中有借詞「免利」min-li一條。「免利」是英文minute的聲音轉借。把英文的n-對作粵音的l-，似乎n-/l-混淆早在十九世紀中期以前已經發生。但遍查全書，僅此一例，孤證難憑。VCD是詞典專書，也許特別講究n-/l-之分。二十世紀中期以後，n-/l-不分，眾所周知。但是教科書字典，無不截然兩分。直至1994年Matthews & Yip 出版 *Cantonese: A Comprehensive Grammar*，才正式以l-取代n-。近年香港有一個奇怪的現象，年輕人說話，不管是否在正式場合，都是以n-作l-。但要是有人向他們問及「年蓮南藍」這些字應該如何發音的時候，他們似乎可以憑直覺區分開來，知道哪

些字讀 n-、哪些字讀 l-。這種直覺語感從何而來？是課室中老師正音教學的成果，還是他們通過學習普通話而知道 n-/l- 有別？這還有待進一步的研究。

2.2. ŋ- 和零聲母互換

舌根聲母 ŋ，來自古代疑母。零聲母的字很多是來自古代影母字。疑母和影母清濁不同，所以 ŋ 聲母字今讀陽調，零聲母的字讀陰調，例如「歐」是零聲母，讀陰平；「牛」是 ŋ 聲母，讀陽平。粵方言有的地方把 ŋ 省略，結果「芽菜炒牛肉」一句五字中有「芽」、「牛」二字是 ŋ 音，有的人會讀成零聲母。1960 年代的香港人，往往以此為笑話。這也就是說在當時的粵語中，ŋ 聲母十分重要。而且常常因為矯枉過正，除了語助詞「呀」等字之外，其他所有零聲母的字，只要不是高元音韻母如 /i、e/ 的字，一概讀 ŋ-，如「歐、安、鶯」等這些原是零聲母的字，也都前冠鼻音。張洪年 (1972) 說這些字如不讀 ŋ-，聽起來反而覺得有點奇怪。不過時移勢易，才幾十年，今日年輕一代，ŋ- 又全盤失去，皆讀零聲母。所以「芽菜炒牛肉」不讀鼻聲母，反為常規。「歐牛」僅以聲調區別。有的人知道有 ŋ- 的聲母，但安放不當，反呈混亂。電視曾經有一個節目叫《一筆 out 消》，取 out 和「勾」同音。但是有的人把「勾」讀為 ŋ-，於是在借入英語之際，凡被人淘汰的都可以謂之「被人 ŋau 咗」。由此可見 ŋ- 和零聲母不分，可以互替。總體而言，百年前的粵語，按材料看，ŋ 和零聲母的區分十分清楚。1950 年代以後，在香港粵語中往往混而為一，以 ŋ- 為常。但 50 年後，ŋ- 復失落，皆讀零聲母。

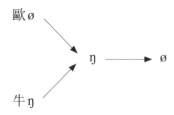

2.3. 圓唇舌根音

粵音聲系中的圓唇舌根聲母kw和khw來自古合口韻，所以圓唇部分的w可視作介音。但粵音系統中，開齊合撮並不俱存。而且眾多聲母中只有k、kh之後會出現w，所以傳統處理方法是把w歸入聲母，獨立成kw、khw兩個聲母。這種處理方法早在一百年前的Ball書中已然如此。不過1960年代期間，圓唇舌根已開始轉讀為不圓唇舌根，但是只在ɔŋ、ɔk兩韻之前發生。ɔ是圓唇元音，w的失落顯然是異化作用的結果。

$$
\left\{ \begin{array}{c} kw \\ khw \end{array} \right\} \longrightarrow \left\{ \begin{array}{c} k \\ kh \end{array} \right\} \Big/ \underline{\quad} \left\{ \begin{array}{c} ɔŋ \\ ɔk \end{array} \right\}
$$

張洪年 (1972) 指出如「廣光國廓」等字，當時已漸漸失去圓唇成分，讀如「講江覺確」。這種異化現象在袁家驊書中並沒有提及。半個世紀之後，變化已接近完成，一般人說話都不用圓唇舌根音。「廣講」、「光江」無別，「狂人」的「狂」讀作khwɔŋ，反覺刺耳。變化亦擴展至單元音ɔ，如「果戈」皆讀作kɔ。坊間書寫有時把「嗰個」寫作「果個」，可見「果」、「嗰」同音。

$$
\left\{ \begin{array}{c} kw \\ khw \end{array} \right\} \longrightarrow \left\{ \begin{array}{c} k \\ kh \end{array} \right\} \Big/ \underline{\quad} ɔ
$$

2.4. 舌尖面混合音

粵語中的舌尖面塞擦音和擦音，介乎普通話舌尖ts、tsh、s和tɕ、tɕh、ɕ之間。古代「知精莊章」四組字今在粵音中歸為同一套聲母，較諸其他方言，如普通話分舌尖、舌面和捲舌三套，變化顯得簡單。不過上推一百多年前的粵語，這一套聲母分歸兩組。按Ball

（1907）的記音方法，一套是ts/ts'/s，一套是ch/ch'/sh。前者近舌尖 [ts、tsh、s]，後者稍後，當近似今日舌尖面[tʃ、tʃh、ʃ]。區分條件 是古精組字讀舌尖，知莊章皆讀舌尖面，舉例如下：[2]

ts	ts'	s
精（精）	藏（從）	息（心）
縱（精）	斜（邪）	信（心）
截（從）	速（心）	三（心）
自（從）	全（從）	思（心）
俗（邪）		

ch	ch'	sh
貞（知）	床（崇）	色（生）
眾（章）	車（昌）	順（船）
折（章）	畜（徹）	衫（生）
治（澄）	傳（澄）	尸（書）
捉（莊）		

又如「省」字當節省的「省」是生母字，標作sh，但當「反省」解的「省」 是心母字，標作s，分別嚴謹。

不過止攝的字，除了精組的字讀舌尖聲母外，莊組的字亦然。 而知章則讀舌尖面。下面舉例以止攝崇生二母的字為主，皆讀s， 莊組其他聲母莊初的字不多，Ball書中沒有例字。

莊組	精組
事（崇）	四（心）
使（生）	死（心）
師（生）	思（心）

2　本文記音，以h表送氣，如ts和tsh是不送氣和送氣的分別。早期語料則多在字母後 加撇表送氣，以示分別，如ts和ts'。

關於止攝的字，陳萬成、莫慧嫻 (1990) 已詳細討論粵語中精莊二組的「私師」和章組的「詩」分辨的大概情形，這裏不贅。不過莊組的字讀舌尖音，只限於止攝，其他各組聲母的字皆讀舌尖面音。這是歷史上止攝字分化兩組的結果。

早期粵語中分舌尖和舌尖面兩系列聲母，其後兩組慢慢混合，形成今日同讀的情形。其實在 Ball (1907) 書中亦漸顯端倪，如「擠」是精母，當讀 ts，但書中標作 ch，是 ts 與 ch 混合的開始。1941 黃錫凌編《粵音韻彙》，1946 年趙元任撰 *Cantonese Primer*，舌尖、舌尖面仍分兩韻。但是兩書在前言中皆說明這只是人為的分別，用以反映歷史音韻的來源，配合其他方言中的區分，在現實語言中兩類發音則完全相同。趙、黃是語言學大師，深諳古音，可以區分聲母歷史來源。但 Ball 記音全憑雙耳，相信並沒有查考典籍，所以他在書中區分舌尖、舌尖面兩套，應該是語言事實。但二十世紀以後，兩套合併。在二十世紀中期，是舌尖稍後的 ts、tsh、s，不帶顎化。這一套聲音在二十世紀後期又有一些新變化。Bauer (1997) 描述這一套聲母有兩個變體，在 i、y、ɵ、œ 諸圓唇元音之前發生顎化；在其他元音之前，則保持原來不顎化的讀法。如：

	i	y	ɵ	œ
ts → tʃ	字	豬	准	張
tsh → tʃh	次	處	蠢	長
s → ʃ		書酸		

Bauer 的書在 1997 年出版，文稿成於 1995 年。數年以後，這個顎化現象越發蔓延，到了今日，所有圓唇元音之前，皆可顎化。顎化程度愈甚，近於 tɕ/tɕh/ɕ。舉例如下，按 tɕ/tɕh/ɕ 排列：

	-ø	-i	-u	-n	-ŋ	-t	-k
y	豬			專		絕	
	廚			村		撮	
	書			酸		雪	
θ		追		津		卒	
		吹		春		出	
		雖		殉		術	
œ	tsœ				將		著
					槍		桌
	sœ				傷		削
ɔ	阻	災			裝		昨
	初	才			闖		錯
	梳	腮			桑		索
o			遭		中		竹
			粗		匆		速
			蘇		松		贖

　　相反地，i 元音前的 ts、tsh、s，顎化反較少，如：枝癡絲 -i，招超燒 -iu、尖簽閃 -im、煎千鮮 -in、精清升 -iŋ、摺妾涉 -ip、折切泄 -it、織斥色 -ik，一般都不讀 tɕ/tɕh/ɕ。低元音 a 之前一般也不顎化。中高元音 ɛ 的字，如青赤精只聲錫，偶爾會聽到有人帶顎化聲母的讀法。也有的人甚至把思 si 讀作 ɕi，參 tsham 讀作 tɕham，曾 tsɐŋ 讀作 tɕɐŋ。顎化程度，因人因字而異。但是這種演變，正足以說明顎化在語音系統中逐步擴散的情形。

　　總體而言，這百年來舌尖/面音的變化可歸納如下。假以時日，相信整套聲母都會轉化至顎聲母。

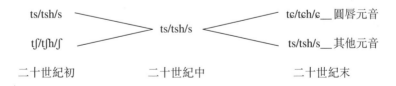

ts/tsh/s　　　　　　　　　　　　　　　　　　　tɕ/tɕh/ɕ＿圓唇元音

　　　　　　　　　　ts/tsh/s

tʃ/tʃh/ʃ　　　　　　　　　　　　　　　　　　　ts/tsh/s＿其他元音

二十世紀初　　　　　　　二十世紀中　　　　　　　二十世紀末

2.5. 小結

Ball（1907）書中共有23個聲母。張洪年（1972）列舉20個。到了近年，聲母數目可以減到18個，列表如下：

p	ph	m	f	
t	th			l
tʃ	tʃh		ʃ	j
k	kh		h	
kw	khw			w
ø				

3. 韻母

3.1. 關於粵語中的韻母系統，一般學者都列舉53韻母，分陰、陽、入三類，另包括鼻音韻母m、ŋ。今按張洪年（1972），53韻母列表如下：

a	ai	au	am	an	aŋ	ap	at	ak	/a/
	ɐi	ɐu	ɐm	ɐn	ɐŋ	ɐp	ɐt	ɐk	/ɐ/
ɛ					ɛŋ			ɛk	/ɛ/
	ei								
œ					œŋ			œk	/œ/
	ɵy			ɵn			ɵt		
ɔ	ɔi			ɔn	ɔŋ		ɔt	ɔk	/ɔ/
		ou							
i		iu	im	in		ip	it		/i/
					ɪŋ			ɪk	
u	ui			un			ut		/u/
					ʊŋ			ʊk	
y				yn			yt		/y/

鼻韻母：m、ŋ

粵語韻母元音有長短二分，除a和ɐ對立之外，其他多長短對補，出現在不同的配搭中，所以可歸作八個音位，如上表方格中所示。

/a/
/ɐ/
/e/:   [ɛ]   [e]
/œ/:   [œ]   [ə]
/ɔ/:   [ɔ]   [o]
/u/:   [u]   [ʊ]
/i/:   [i]   [ɪ]
/y/

3.2. 有的學者對粵語韻母系統處理不同。施其生 (1990) 以為粵語元音長短對比，應各自獨立，歸作11個音位，更能反映粵語的特點。韻母圖表如下：

a	ai	au	am	an	aŋ	ap	at	ak	/a/
	ɐi	ɐu	ɐm	ɐn	ɐŋ	ɐp	ɐt	ɐk	/ɐ/
ɛ					ɛŋ			ɛk	/ɛ/
	ei				eŋ³			ek	/e/
œ					œŋ			œk	/œ/
	ɵy			ɵn			ɵt		/ɵ/
ɔ	ɔi			ɔn	ɔŋ		ɔt	ɔk	/ɔ/
		ou			oŋ⁴			ok	/o/
i		iu	im	in		ip	it		/i/
u	ui			un			ut		/u/
y				yn			yt		/y/

鼻韻母：m、ŋ

---

3   施其生 (1990) 的 eŋ 和 ek，即張洪年 (1972) 的 ɪŋ 和 ɪk。

4   施其生 (1990) 的 oŋ 和 ok，即張洪年 (1972) 的 ʊŋ 和 ʊk。

這11個音位是：

/i/	/u/	/y/	/ɛ/	/e/	/œ/
/ə/	/ɔ/	/o/	/a/	/ɐ/	

3.3. 我們回頭看Ball (1907) 的粵音系統，一共有56個韻母，比後來的多了三個韻母，先列表如下。拼音已改作國際音標，以便比較。但三個特別的韻母，以陰影格子標出，標音還按原書。

a	ai	au	am	an	aŋ	ap	at	ak
	ɐi	ɐu	ɐm	ɐn	ɐŋ	ɐp	ɐt	ɐk
ɛ					ɛŋ			ɛk
	ei							
œ					œŋ			œk
	ɵy			ɵn			ɵt	
ɔ	ɔi			ɔn	ɔŋ		ɔt	ɔk
		ou	òm			òp		
i		iu	im	in		ip	it	
					ɪŋ			ɪk
z								
u	ui			un			ut	
					ʊŋ			ʊk
y				yn			yt	

鼻韻母：m、ŋ

　　Ball音系中多出來的三個韻母是舌尖元音z，配搭舌尖聲母ts/tsh/s，書中標寫如四sz，字tsz，賜tshz。另外是òm、òp一對韻母。òm、òp兩韻的字如甘、如合，是中古咸攝一等牙喉音的讀法（見、曉聲母），今都讀作ɐm、ɐp。古代韻母共分十六攝，每攝又根據元音開合分成四等。研究古音的人都知道粵音很能反映古韻異同。古音下列八攝一二等的分別，在其他方言中不太看得出來。但是在粵語中，一等字常常讀ɔ，二等讀a，分別十分清楚。舉例如下：

	果假	蟹	山		宕/梗		咸		效
一等	歌	蓋	干	葛	剛	各	甘	合	高
	ɔ	ɔi	ɔn	ɔt	ɔŋ	ɔk	ɐm	ɐp	ou
二等	家	佳	間	軋	更	格	監	甲	交
	a	ai	an	at	aŋ	ak	am	ap	au

　　相對其他各攝，咸效兩攝的變化比較特別。效攝屬陰聲韻，與收鼻音和塞音的陽聲韻稍有不同。我們先看咸攝，今音一等讀 ɐm、ɐp，不讀 ɔm、ɔp，和相對的果假攝、蟹攝、山攝、宕梗各攝變化有別。

　　但翻查一百年前的材料，這兩韻在 Ball 書中標作 òm、òp，而其他各攝標作 o。ò 和 o 顯然並不一樣。標音作 o 韻母的例子如剛、各，屬宕攝一等，發音當是 [ɔ]。ò 還出現在效攝「高、好」等字，屬陰聲韻，今音讀 [ou]，所以 ò 的發音似乎比較接近 [o]。再檢查更早期的材料如 1841 年 Bridgman 編寫的 *Chrestomathy*，書中把「甘、合」標作 ó，和「剛、各」等的 ó 相同。這樣看來，早期粵語中的陽聲韻、入聲韻一等字元音都是 [ɔ]。咸攝一等的「甘、合」在十九世紀早期的發音當和他攝一樣，都是 ó [ɔ]。從 ó [ɔ] 變作 ò [o] 是十九世紀後期的變化。到了二十世紀，ò 再發展成今日的 [ɐ]。這期間的變化可以列表如下：

Bridgman（1841）　　òm/òp　　[ɔ]

Ball（1888）　　　　óm/óp　　[o]

張洪年（1972）　　　ɐm/ɐp　　[ɐ]

[ɔm] → [om] → [ɐm]

　　為什麼 [ɔ] 在別的韻母中不動，而偏在 -m/-p 之前改變，這大概是異化作用的結果。[ɔ] 是圓唇元音，而 -m/-p 是雙唇韻尾，唇音不共存，所以元音變質。這樣看來陰聲韻效攝一等「高」讀 ou，二等「交」讀 au，恐怕也是後來異化的結果。一等「高」若是也讀 ɔu，則粵音中一等讀 ɔ，是一條通律，各攝皆然。不過現在尚無文獻可證。

　　從 Ball（1907）的系統發展到二十世紀中期的語言，舌尖元音隨舌尖聲母歸攏舌尖面音而消失。同時，咸攝一等的 ɔm、ɔp 亦因異化而轉讀 ɐm、ɐp，結果又少了兩個韻母。所以從 56 聲母減至 53 韻母。

3.4. 由二十世紀中期到近日的發展變化頗大，粵語呈現許多新現象。根據 Bauer、施其生、李新魁等學者的實地觀察，發現口語中有一些用語的韻母，在傳統語音系統之外，一直被學者忽視略記。今補入，共六韻母：

ɛu:	tɛu	「掉」
ɛm:	lɛm	"to lick"
ɛp:	kɛp	「夾」
ɛn:	fɛn	"friend"
ɛt:	pɛt	"nɐm pɐt pɛt"（軟）
œt:	ŋœt	（豬叫聲）

　　這些新補韻母，有象聲詞，有口語特別用詞，也有外來語音譯。例如 ɛn 韻母，只出現在外來語中，如 pɐn "band"、fɛn "friend"、thɛn "tennis"、tɛn "condenser"、mɛn "man"、sɛn "percent"、jɛn "¥"、ɛn "engine" 等，由外來語轉借聲音，替粵語加插了一個新韻母。把這六個韻母加入原來的韻母表中，香港的新粵語系統當有 59 個韻母。按十一音位排列如下。表中加陰影的是新添的韻母。

a	ai	au	am	an	aŋ	ap	at	ak	/a/
	ɐi	ɐu	ɐm	ɐn	ɐŋ	ɐp	ɐt	ɐk	/ɐ/
ɛ		ɛu	ɛm	ɛn	ɛŋ	ɛp	ɛt	ɛk	/ɛ/
	ei			eŋ				ek	/e/
œ					œŋ		œt	œk	/œ/
	ɵy			ɵn			ɵt		/ɵ/
ɔ	ɔi			ɔn	ɔŋ		ɔt	ɔk	/ɔ/
		ou			oŋ			ok	/o/
i		iu	im	in		ip	it		/i/
u	ui			un			ut		/u/
y				yn			yt		/y/

鼻韻母：m、ŋ

3.5. 不過在這個新粵語系統中，又有一些韻母呈現新的發展。其中最大的變化是舌根韻尾 -ŋ 和 -k 的消失。除了高元音 i 和 u 之外，其他元音之後的 -ŋ 和 -k 都舌位前移，轉讀 -n/-t。舉例如下：

		-ŋ/-k 舊讀				-n/-t 新讀		
1.	耕	kaŋ	→	kan	=	間	kan	
2.	庚	kɐŋ	→	kɐn	=	根	kɐn	
3.	江	kɔŋ	→	kɔn	=	乾	kɔn	
4.	冊	tshak	→	tshat	=	擦	tshat	
5.	克	hɐk	→	hɐt	=	乞	hɐt	
6.	殼	hɔk	→	hɔt	=	渴	hɔt	
7.	餅	pɛŋ	→	pɛn	=		pɛn	"band"
8.	笛	tɛk	→	tɛt	=		tɛt	（軟）
9.	梁	lœŋ	→	lœn				
10.	略	lœk	→	lœt				

例 1 至 8 左列的字由於 -ŋ/-k 尾變讀 -n/-t 尾，於是和右列的字同音。也就是說，原來的 -ŋ/-k 韻母就和相對的 -n/-t 韻母同讀不分。這樣一來，一下子就少了八個收舌根音的韻母。上文說的新修訂 59 韻系統，只剩下 51 韻。

另一方面，例9、10「梁、略」的新讀法，由 œŋ 變 œn，由 œk 變 œt，雖然沒有構成異韻同讀的現象，但是在語音系統上卻造成更大的變動。在老派粵語的韻母系統中，只有 œŋ/œk，沒有 œn/œt。[œ] 只出現在舌根韻尾 -ŋ/-k 之前。所以新讀法並沒有引起混淆。與 [œ] 相對的是 [ə]，出現在舌尖韻尾 -n/-t 之前。œ 可以單獨成韻母，也可以出現在複韻母 œy 之中。œ 和 ə 互相補足，對比見下表。所以前人常把 [œ]、[ə] 歸為一個音位，如上文張洪年 (1972) 的八音位説。

	-ø	-y	-n	-ŋ	-t	-k
œ	œ			傷	sœt	削
ə		雖	詢		術	

近年學者發現口語中有 [sœt] 一詞，象聲表示快的意思，如「sœt sœt 聲」，見上表中加陰影的韻母。[sœt] 於是和「術」[sət] 成了最小對比，/œ/ 和 /ə/ 當分立為兩音位。但亦有人以為這些象聲詞，偶爾一二，不足以破壞整個 œ/ə 互補的大模式。不過如今舌根韻尾前移，於是產生大量 œn : ən、œt : ət 對立的情形。

	œŋ	→	œn	:		ən
ts	章掌帳		[tsœn]		遵准晉	[tsən]
ts'	槍搶唱		[tshœn]		春蠢	[tshən]
s	傷想相		[sœn]		詢筍信	[sən]
l	梁兩亮		[lœn]		倫卵論	[lən]

換言之，在今日香港新派的粵語中，/œ/ 和 /ə/ 已可以正式成為兩個獨立的音位。原來的八音位説，當改作九音位。但因為 œk 變讀 œt（如「削」sœk 讀作 sœt），就和按口語新添的 œt 韻母同音，也就是説又少了一個韻母，只剩下 50 韻。

尤有進者，舌根韻尾前移，本不影響 ɪŋ、ʊŋ 兩韻。不過近日亦有人把 ɪŋ 讀作 ɪn，把 ʊŋ 讀作 ʊn，如精 tsɪŋ → tsɪn、中 tsʊŋ → tsʊn。

雖然這樣發音的人不多，但似乎已漸開風氣。就這些人來説，在他們的語音系統中，本來互補的 i : ɪ，u : ʊ，現在互相對立：

ŋ → ɪn   精 tsɪŋ → tsɪn ： 煎 tsin / ɪ / : / i /

ʊŋ → ʊn   公 kʊŋ → kʊn   ： 官 kun / ʊ / : / u /

假如這種音變繼續蔓延開去，最終粵語裏又要多添兩個音位，表現 /u/ : /ʊ/，/i/ : /ɪ/ 的對立。這樣就會得到一個十一音位的元音系統。這一個十一音位系統和上文提到施其生的十一音位説並不一樣。倘若採用施的十一音位系統，把 [ɪŋ] 歸入 /eŋ/，[ʊŋ] 歸入 /oŋ/，這樣就算有了 [ɪŋ] → [ɪn] 的變化，音位上也還是 /eŋ/ → /en/；有了 [ʊŋ] → [ʊ] 的變化，音位上也還是 /oŋ/ → /on/。正好補在原來的空檔中，並沒有添增新的音位。

不論我們對粵語音位元的處理採取哪一家看法，香港粵語韻母系統的簡化是一個不爭事實。因為韻尾簡化，原來的 -m : -n : -ŋ / -p : -t : -k 三分，如今卻朝著 -m : -n / -p : -t 二分的方向發展。-n 和 -t 的負荷量也就因而突然加大。另一方面，韻尾只分唇音 -m/-p 和舌音 -n/-t 兩類，這和其他方言的發展頗不一樣。一般來説，漢語三分韻尾中最先消失的是 -m/-p，留下 -n : -ŋ / -t : -k 的對比。粵語中韻尾簡化的過程另闢蹊徑，耐人尋味。不過，在這個簡化過程中，雙唇韻尾 -m/-p 似乎毫不受影響，與 -n/-t 平起平坐。但是粵語中有「點解」timkai 一詞，今日已轉讀 tinkai，-m 尾轉讀 -n。這也許是 -m 韻尾消失的第一個例子。這個現象是近年才發生的，以後影響會有多大，還有待觀察。

最後一點是鼻音韻的簡化。粵語中有兩個鼻音韻，一個是 m，一個是 ŋ，後者如「伍、吳、誤」等字，前者僅否定詞「唔」一字。這現象從十九世紀初已經如此。但近日 ŋ 韻也漸漸走向 m，上述讀 ŋ 的字，現在一般人卻説作 m，也就是説鼻音韻少了一個。整個韻母系統只剩下 49 個。

										音位
a	ai	au	am	an ←	-aŋ	ap	at ←	-ak		/a/
	ɐi	ɐu	ɐm	ɐn ←	-ɐŋ	ɐp	ɐt ←	-ɐk		/ɐ/
ɛ		*ɛu	*ɛm	ɛn ←	-ɛŋ	*ɛp	ɛt ←	-ɛk		/ɛ/
	ei			en ←	-eŋ		et ←	-ek		/e/
œ				œn ←	-œŋ		œt ←	-œk		/œ/
	ɵy			ɵn			ɵt			/ɵ/
ɔ	ɔi			ɔn ←	-ɔŋ		ɔt ←	-ɔk		/ɔ/
		ou		on ←	-oŋ		ot ←	-ok		/o/
i		iu	im	in		ip	it			/i/
u	ui			un			ut			/u/
y				yn			yt			/y/
m　　ŋ										

上表是按 11 音位排列的 46 韻母表。加方框的是原來韻母中沒有的韻母，其來源有二：一種是口語中特有的韻母（前加星號），一種是舌根韻尾前移的結果。

3.6. 小結

總體而言，香港粵語韻母系統朝簡化方向發展。我們倘若把口語中新加的六個韻母除去，則這百年來的變化是這樣的：

1970年		1972年		2000年
56韻母	→	53韻母	→	46韻母
		[少了 z、om、op]		[少了 ŋ、-ŋ、-k]

韻母數量減少，但元音之間的對比卻增大了，所以音位也相對而有所加添，原來的八音位，最少可以添增一個，成九音位，甚或多達十一音位。

香港粵音近年最大的變化是舌根韻尾前移，由 -ŋ/-k 變成 -n/-t。因為韻尾前移，所以相配的元音也有前移的趨向，如「康」hɔŋ 改讀 hɔn，ɔ 的舌位也因舌尖韻尾而略略向前。其餘的元音也似乎有同樣前移的效果。另一方面，聲母 ts、tsh、s 呈顎化現象，也就是舌位向

後移動。整體來看，一方面是聲母向後，一方面是韻尾向前，整個發音系統似乎是向央化發展。這也許可以說明為什麼有人覺得時下青年說話不用太張嘴巴，舌頭似乎不必多移動，一切聲音都好像隱藏在口中待發，聽起來哦哦碎語，讓人有一種不太清晰不太爽利的感覺。一般人管這種發音特色叫懶音，似乎也不無道理。

4. 聲調

4.1. 粵音九調，歷來討論的人很多，平上去入各分陰陽，入聲再按元音長短，分上下陰入，共得九調。1907 年 Ball 的記音，即大略如此，按調值字，當歸為六調位，入聲調高和平去相當。

	平	上	去	入
陰	53:	35:	33:	5:
				3:
陽	31:	13:	22:	2:

九調之外，又有變調，計分高平變調 (55:) 和高升變調 (35:)。Ball 的書中亦有論及，分析見張洪年 (2000)。二十世紀中期以後，學者如張日昇 (1969) 等發現高降和高平有辨義作用，於是分為兩調位，粵語中共十調類、七調位。

	平	上	去	入
陰	53:	35:	33:	5:
	55:			3:
陽	31:	13:	22:	2:

4.2. 香港粵語近來在聲調上也有一些新發展，現描述如下：

陰平調分化高平、高降兩調，現在能分的人很少，一般只有高平一調。張日昇 1960 年代做的聲調調查，分辨好孫 (55:)：好酸

(53:)，方 (55:) 糖：荒 (53:) 唐，現在則一律讀高平 (55:)，所以聲調系統又回復到從前的九類六調。不同的是陰平調以前是高降，現在是高平。

陰上、陽上的分別，似乎開始有消失的傾向。枉往、想上、鄙婢、寫社、齒恥，這些高升和低升的對立，現在有一些年輕人已經分不開來，低升調往往說成高升。這情形假如繼續發展下去，香港粵語可能只剩下八類五調。

入聲調分三類，上、中、下三調值和舒聲調相同，只是較為短促而已，所以不獨立成調位。但入聲也可以發生變調，而且相當普遍，有的變調更有辨義作用。如：「肉玉」本同音，是陽入低平，「玉」可以變調讀高升，但「肉」卻不可以。所以下面兩句的意義區別，完全在乎 juk 讀低平還是高升。

去買舊玉　juk^{35}（去買一塊玉）

去買舊肉　juk^2（去買一塊肉）

另一例如「月」字可讀 yt^2，又可讀 yt^{35}，意義有別。「半個月」yt^2 是十五天的意思，「半個月」yt^{35} 是半個月亮，以聲調別義。換言之，從辨義的功能來看，入聲當分四個調：5、3、2、35，調值和舒聲調一樣。

4.3. 小結

在聲調方面，粵語最大的變化是陰平調，先分再合，調值改由高降轉為高平，另一個剛開始的變化是陰上、陽上的合併。[5]

5　又如「宿舍」一詞，「舍」原是陰去 33 調，今日已改讀陽上 13 調；代名詞「佢」是陽上 13 調，今日年輕人往往讀陰去 33 調。陽上調和陰去調似有混淆，不過這些個別調類的變化有待進一步研究。

5. 餘論

最後我們再舉一些例子，來看看最近幾十年間的一些語音變化。

國　$kwok^3 \rightarrow kok^3 \rightarrow kot^3$

硬　$\eta a\eta^{22} \rightarrow a\eta^{22} \rightarrow an^{22}$

窗　$tsh\alpha\eta^{53} \rightarrow tsh\alpha\eta^{55} \rightarrow t\varepsilon h\alpha\eta^{55} \rightarrow t\varepsilon h\alpha n^{55}$

能　$n\varepsilon\eta^{31} \rightarrow l\varepsilon\eta^{31} \rightarrow l\varepsilon n^{31}$

呢　$ni^{53} \rightarrow li^{55} \rightarrow lei^{55}$

佢　$kh\theta y^{13} \rightarrow h\theta y^{13} \rightarrow h\theta y^{35} \rightarrow h\theta y^{33}$

最後兩例，一個是元音複化，由 i 一分為二 ei，ni 轉讀 lei。其實這個變化由來已久，今日的 ei 韻母早期都讀 i，例如「死、四」這些字，今讀 sei。但五六十年代還可以讀 si。就算時到今日，也還有個別詞語保存 i 的説法。例如「四正」一詞，現在仍然説成 si tsɛŋ。另一例，「佢」的聲母由 kh 變 h，比較特別。其實香港粵語中的人稱代詞「我你佢」的發音，都有了新的變化。「佢」字又可由陽上轉讀陰去。

我　$\eta\mathfrak{o}$　　$\rightarrow$　　$\mathfrak{o}$

你　nei　　$\rightarrow$　　lei

佢　$kh\theta y$　　$\rightarrow$　　$h\theta y$

這些例子的讀音變化，我們也許可以逐項解釋，説明變化的過程和時代。但是明顯易見，曾幾何時，香港粵語已經是鄉音大改，自成一個新的系統。廣州比鄰，想當然語音也有變化。但變化面之廣，變化速度之快，是否與香港的情形相彷彿？香港粵語本來自廣州粵語的系統，二十世紀末以來的香港粵語卻發展出自己獨有的語音特點。十年之後，這些特點還是否香港粵語所獨有？港穗兩地之間往來頻密，電視傳播深入社會每一層面，語言之間的相互影響自然不在話下，很有可能香港、廣州的粵語將來又同歸一轍，呈現類似的變化和發展。

參考書目

李新魁、黃家教、施其生、麥耘、陳定方。1995。《廣州方言研究》。廣州：廣東人民出版社。

施其生。1990。〈廣州方言元音音位再探討〉，《第二屆國際粵方言研討會論文集》。廣州：暨南大學出版社。

袁家驊。1960。《漢語方言概要》。北京：文字改革出版社。

張日昇。1969。〈香港粵語陰平調及變調問題〉，《中國文化研究所學報》。香港：香港中文大學。

———。1997。《粵語拼音字表》。香港：香港語言學學會。

張洪年。1972。《香港粵語語法的研究》。香港：香港中文大學。

———。2000。〈早期粵語中的變調現象〉，《方言》。

陳萬成、莫慧嫺。1990。〈近代廣州話裏的「私，師，詩」〉，《第二屆國際粵方言研討會論文集》。廣州：暨南大學出版社。

黃富榮。2000。〈粵語元音 [œ]，[e] 音位分合研究綜論〉，《第七屆國際粵方言研討會論文集》。北京：商務印書館。

黃錫凌。1941。《粵音韻彙》。上海：中華書局。

Ball, J. Dyer. 1888. *Cantonese Made Easy.* 2nd edition. Hong Kong: China Mail Office.

Ball, J. Dyer. 1907. *Cantonese Made Easy.* 3rd edition. Hong Kong: Kelly & Walsh.

Bauer, Robert, and Paul Benedict. 1997. *Modern Cantonese Phonology.* Berlin; New York: Mouton de Gruyter.

Bridgman, E. C. 1841. *Chinese Chrestomathy.* Macao: S. Wells Wiliams.

Chao, Yuen Ren. 1947. *Cantonese Primer.* Cambridge: Harvard University Press.

Matthews, Stephen, and Virginia Yip. 1994. *Cantonese: A Comprehensive Grammar.* London; New York: Routledge.

Morrison, Robert. 1828. *Vocabulary of the Canton Dialect.* Macao: The Honorable East India Company's Press.

原載詹伯慧編，《第八屆國際粵方言研討會論文集》(北京：中國社會科學出版社，2003)，頁 129–152。

粵語上溯二百年

馬禮遜1815年的語音記錄

GRAMMAR

OF THE

CHINESE LANGUAGE.

通用漢言之法

BY THE REV. ROBERT MORRISON

提要：1815年，馬禮遜牧師出版《通用漢言之法》，內附字表，共339字，並用羅馬字母標注粵語讀音。但拼音不標聲調，亦不注明聲母送氣與否。三百字表是現存有關粵語音韻的最早記錄。本文根據注音整理歸納當時音系，得聲母17、韻母51。對比馬禮遜1828年刊行的《廣東省土話字彙》中所載聲韻，大差不離。而隸屬各聲母、韻母組別的字，則容有差別，或許是因為語音歷時演變而有所更動。表中亦或雜有方言讀音，可備參考。

關鍵詞：馬禮遜、《通用漢言之法》、《廣東省土話字彙》、早期粵語音系

1.《廣東省土話字彙》的音韻系統

研究方言歷時演變，可以根據語言內部的變化而擬構其演變過程，但更重要的是要能找到實際語料而進行仔細的比對考證。二十世紀九十年代以後，研究粵語的學者在這一方面下了很大功夫，搜索歷時文本，建立數據庫，按材料記載而重新考察舊日粵語的實況。這些材料大多是十九世紀西洋傳教士來華以後，為學習粵語而編寫的各種教科書和詞典。當時的粵語主要是指廣州、香港一帶通用的語言，而且是以口語為主。文本一般用漢字書寫，附有英文翻譯，發音則用羅馬字母記錄。因為是採用拼音記音，最能反映當時確實的發音，所以對研究早期粵語音系的學者來說，語料所載，意義重大。

這些紀錄粵語的歷時語料，大多是在十九世紀中期以後的出版物。再往上溯，最早的文獻當數英國傳教士馬禮遜（Robert Morrison，1782–1834）在 1828 年出版的 *Vocabulary of the Canton Dialect*《廣東省土話字彙》（下稱《字彙》）。全書共分三冊，廣收口語詞彙以及常用的短句、諺語等，涉及範疇既博，而且音義兼存，所以今日研究皆奉《字彙》為早期粵語的唯一代表。我們研究早期粵語在語音、語法、詞彙等各方面的演變軌跡，最早只能上推到《字彙》。換言之，1828 年也就成為我們目前研究的上限，距今將近二百年。

《字彙》利用羅馬拼音記錄每字每詞的發音。我們曾經把全書進行數據處理，大略整理當時的音韻系統。丁國偉（2006）博士論文專章討論馬禮遜書中記錄的語音，[1] 翔實可考。《字彙》拼音不標聲調，所以音韻研究只能集中在聲母和韻母。1828 年的音韻系統大體如下：

1　丁國偉：《1828 年至 1947 年中外粵語標音文獻反映的語音現象研究》，哲學博士論文（香港：香港中文大學，2006）。

聲母：

```
p      f      m
t             n      l
ch     sh
ts     s
k      h      g
kw
y      w
```

《字彙》聲母符號16，連同零聲母共計17。馬禮遜標音不分送氣與不送氣，例如[p]和[p']都標作p。他以為全清和次清只是語音上次要的區分，和聲調一樣，雖然存在，但也可以不加處理。[2]

韻母：

a	ai	aw	am	an	ang	ap	at	ak
a 巴	ai 敗	aw 斗	am 南	an 板	ang 棒	ap 立	at 八	ak 百
	ae 埋	aou 包			aong 羊			
	ay 借							
		ăw 舅	ăm 林	ăn 文	ăng 朋	ăp 給	ăt 不	ăk 德
e 比	ei 弟	ew 票			eng 名			ek 錫
		ĕw 遙						
ee 衣			eem 店	een 面		eep 帖	eet 必	
euĕ 靴					eong 昌			eok 著
o 波	oi 蓋	ow 布			ong 邦	op 合		ok 各
	oe 袋							
	oy 代			oan 寒	oang 壯		oat 渴	oak 確
oo 夫	ooy 背			oon 官			oot 活	
u 主	uy 女		um 心	un 分	ung 中	up 急	ut 出	uk 六
				une 全			uet 悅	
			ŭm 深	ŭn 申			ŭt 突	ŭk 則
				ŭne 寸				
i 細			im 唔	in 因	ing 丁			ik 力
								ĭk 色
ze 子								

2　Morrison（1815b），頁x。不過，馬禮遜在1815年的著作中對漢語聲調和送氣的現象都曾略作說明，見頁9–21。

按我們的數據庫統計所得，《字彙》共有71韻母，主要元音共12個。[3] 與今日標準粵語53韻母系統比較，71韻母數目極為龐大。不過，這眾多韻母中，有一些情形分明是一韻兩種拼寫。例如，ai和ae兩韻的字基本上是歷史同源，「敗」ai、「埋」ae古同屬蟹攝二等，今日發音也完全一樣。「大」既拼寫作ae，也拼寫作ai。又如e和ee兩韻的字，基本一樣，如「鼻眉記二兒以」等並見兩韻。丁國偉 (2006) 對各韻母進行處理，歸併出54個韻母，比今日粵語只多出兩個。有關詳細分析，請參看丁文。

2.《通用漢言之法》所記錄的粵語音韻系統

根據《字彙》的拼音，我們可以大略擬構出1828年粵音系統。對於我們如何認識舊日粵語、如何研究語音發展，《字彙》的記載至為重要。馬禮遜畢生致力宣揚福音，勤奮學習漢語、翻譯聖經。他在廣州、澳門居住多年，編寫多種有關漢語的教學材料。《字彙》是他在粵語方面最重要的著作。不過在這之前，他還發表過一些關於粵語語音的記錄。1815年，他出版 *A Grammar of the Chinese Language*《通用漢言之法》，詳細描述漢語語法的特點，對動詞、數詞、量詞、代詞、副詞等，逐一舉例說明漢語和英語不同之處。此書以書面語官話為主，但是在書前亦簡單交代漢語語音。他指出官話和方言的不同，更特別排列字表，分別注上官話和粵語的發音。字表共收339字，[4] 我們根據這三百字表的粵語拼音，可以大略認識當時的語音概況。書出版在1815年，較諸1828年的《字彙》更早13年。[5] 換言之，1815年出版的字表應該是現存材料中最早的音韻記錄，距今已經超過二百年。這些記錄，歷來注意的學者不多，現略作整理，初窺兩百年前的聲韻系統。[6]

3　統計《廣東省土話字彙》的聲韻工作，曾得楊必勝先生協助，特此表示感謝。

4　參本文末附表（頁51–56）。

5　書首短序的日期是1811年4月2日，所以成書當比1828年的《字彙》早17年。

6　馬禮遜在《通用漢言之法》中也略提及粵語語法。見余靄芹 (2004) 的討論。

三百字表按漢語發音排列，第一字是「亞」，最後一字是「用」。
漢字之前是拼音，其後是英文注釋。例如：

A or Ya
Ya   亞 The second degree, etc.
A

Yung
Yung   用 To use
Yung

　　在引言部分，馬禮遜說明每字所注的發音是代表當時官話和廣
州話的說法。[7] 不過字表中每字都列舉三種拼音，如「剛」字發音列
有 kang、kang、koang。三種拼音，究竟哪一項是官話？哪一項是
粵語？書中並沒有明確交代。我們翻查三百多字的拼音，所有入聲
字只有第三項標注 -p、-t、-k 的讀法，例如：「達」的拼音有 tă、ta 和
tat，所以我們可以肯定，只有第三項是代表粵語的發音。

馬禮遜《通用漢言之法》一書標題頁

7　"The following Table exhibits the orthography of the Chinese syllable both in the Mandarin
　　tongue and in the dialect of Canton." (p. 3)

2.1.《通用漢言之法》的粵語標音

我們試把字表中339字的廣州話記音，按聲母、韻母重新排列，重新整理當時粵語音系。不過，在整理過程中，我們必須說明一些問題。第一，字表發音不標聲調；第二，聲母不分清濁，這兩點就和馬禮遜1828年的《字彙》做法完全一樣。第三，字表中的標音偶有錯漏，不可盡信。茲舉數例如下：

（1）「憐」的標音是leem，恐是leen之誤。「憐」古屬山攝，今日粵語發音-n。1828《字彙》改作leen。

（2）「實」的標音是shi。「實」古屬臻攝質韻，收-t。1828《字彙》改作shăt。可見字表標作「舒」聲是錯誤。

（3）「閒」的標音是heen。ee的發音是[i]。「閒」古屬山攝二等，粵語不可能讀成[hin]。今廣州話讀[han]，1828《字彙》標作han。

（4）「衰」的標音是shae。ae的發音是[ai]。「衰」古屬止攝三等合口，粵語不可能讀成開口。今廣州話讀[søy]，1828《字彙》標作合口的shuy。

（5）字表中列有une、eune、uen三種拼音。une的例子有「圓短暖嫩亂戀船攢算選」。1828《字彙》保留une的拼寫，今音讀[yn]。[8] eune的例子有痊tseune、犬keune二字，1828《字彙》改作-une，今亦讀[yn]。可見eune和une當屬同一韻母。至於uen僅收「懸」huen一字。「懸」古屬山攝合口四等，上列讀une的例字，古代基本上都屬於山攝合口，「犬」和「懸」同屬四等，所以各字都應該屬於同一個韻母。1828《字彙》「犬」標作hune，現代粵語都讀[yn]韻母。所以字表中的une、eune和uen其實是同一個韻母不同拼寫，而uen也可能是手民之誤，錯把une植作uen。une還有一字：巡sune，古屬臻

8　une還收有「懦」一字，標音作une，解釋是 "timid"，後加案語 "also read No"。所以「懦」有兩讀：une和no。「懦」今讀[nɔ]，正相當於no。懦字古有二讀：泥換切，山攝合口一等；和日虞切，遇攝三等。讀une恐怕就是來自山攝。山攝一等合口的「斷亂」都讀作une，可以為證。不過「懦」讀une，不見於今日粵語。1815年字表保存的，當是舊讀。

攝，今音讀[ts'ɵn]，珠三角方言都沒有讀[yn]的情形，只有北方話讀[ɕyn]。是否會誤錄官話發音？不敢肯定。

3.《通用漢言之法》的粵語聲母系統

《通用漢言之法》字表中的聲母共17個，連零聲母共計18個：

p	拜	m	買	f	快
t	大	n	嬭			l	禮
ch	差	sh	曬		
ts	猜	s	揌		
k	誠	g	牙	h	曉
		ng	外		
kw	寡				
w	壞	y	有		

3.1. 馬禮遜標音不分送氣與不送氣。例如「彪票」皆寫作pew，「慣困」皆作kw-。《字彙》保留同樣的做法，依然不分。但是較諸《字彙》，字表顯然多了一個聲母：ng。查字表中只有兩個字標ng聲母：「外」作ngoe，「而」作nge。

「外」古屬疑聲母，是舌根鼻音，今讀[ŋ-]。按字表中屬於g-聲母的例字，包括「我敖牙昂額」等，古代都是疑母字，今日標準讀法是[ŋ-]。換言之，「外」也可以標作g-，而1828年的《土話字彙》正拼作g-。換言之，舌根鼻音聲母在1815年字表中有兩種拼寫法：g-和ng-。1828《字彙》取消ng-，統一作g-。所以，和1815年的字表相對比，看似少了一個聲母，但實際上聲母音系無別。1815年《通用漢言之法》最後一章討論方言，其中列舉的各粵語例子，「我」標音皆作ngo，可以為證。

字表中，標ng-的還有「而」。「而」古屬日母，今廣州話讀[ji]，但廣東四邑方言日母讀舌根鼻音，「而」讀[ŋi]。[9] 1815年字表記錄

9　《珠江三角洲方言字音對照》，頁108。

兩種讀法：ee 和 nge。但是 1828《字彙》取消 ng- 的讀法，只標作 e 或 ee。1815 年的 ng- 究竟是記錄別處方音，還是保留古讀，我們無從考證。不過，古代日母字如「日、人」等，方音也有讀 [ŋ-]，但是 1815 年字表都沒有鼻音的讀法。

3.2. 馬禮遜標音齒音分兩類：ch/sh 和 ts/s。1815 年字表有下列例子：

召 chew　　少 shew
蕉 tsew　　銷 sew

齒音兩分，是十九世紀粵語的最大特色。大略而言，ch/sh 主要來自古代知組和章組聲母，而 ts/s 則來自莊組和精組。舊日粵語截然二分，到了二十世紀以後，才漸漸混合。除了某些方言之外，今日粵語「召蕉」[tʃ]、「少銷」[ʃ] 都是讀同一樣的聲母。有關兩套聲母的合流的軌跡，以及在方言中的變化，請參看前人討論，這裏不贅。[10]

3.3. 字表中「犬」標音作 keune。「犬」本溪母字。1828《字彙》改作 hune。今音讀 [h-]，珠三角方言基本上都是讀 h-，字表中聲母作 k-，或許因為是 k/h 形似，錯植之誤。但是中山讀 [k'yn]，不無方言根據。字表記音是否有時會受到其他方言影響？待考。

3.4. 1815 年字表列舉的聲母和 1828 年的大體相吻合。雖然馬禮遜標音不分送氣與否，但總體而言，他的聲母系統代表整個十九世紀的粵語，二十世紀之後才有進一步的變化。[11]

4.《通用漢言之法》的粵語韻母系統

1815 年字表中呈現的韻母系統，比較複雜。簡單而言，韻母可以根據韻尾類型而分為陰聲韻、陽聲韻和入聲韻三大類。陽聲韻收

10　陳萬成等 (2000)、張洪年 (2002)、丁國偉 (2006)。

11　有關十九世紀後期的粵語變化，請參看張洪年 (2006)。

鼻音韻尾：-m、-n、-ng，入聲韻收塞音韻尾：-p、-t、-k，陰聲韻以元音或介音作結。字表中的主要元音，根據所用符號，共有a、ǎ、e、i、o、u、ǔ七個。但實際上，根據粵音系統，字表常借用兩個符號拼合來代表一個元音，如oa、oo、ee、eo、ue等。字表中三百多字，可以歸納為18個陰聲韻、21個陽聲韻、15個入聲韻，共54韻。我們以下根據元音標寫形式和性質而逐一討論各類韻母。

4.1. a 元音

a元音是粵語音系中重要的元音，出現在陰聲韻、陽聲韻和入聲韻中。例如：

a	ae	aou		am	an	ang		ap	at	ak
家	誠	教		南	慢	猛		納	八	額
ka	kae	kaou		nam	man	mang		nap	pat	gak

在粵音系統中，長短 [a] 與 [ɐ] 互相配搭，自成音位對比。1815年字表中相當於 [a] [ɐ] 的是a和ǎ，我們在這裏一併討論。

4.1.1. a

以a作韻母的字頗多，如亞a、怕pa、花fa、拏na、茶cha、家ka、寡kwa、牙ga。按今音擬構，a的發音當是 [a]。至於和a相對的ǎ，1815年的字表、1828年的字彙都沒有 [ɐ] 韻。這正符合今日粵語中 [ɐ] 並不獨立成韻的情形，古今一致。

4.1.2. ae

ae韻的例字有拜pae、買mae、快fae、曬shae、猜tsae、誠kae、壞wae。1828《字彙》ae韻改拼成ai，如「拜」作pai。有時改寫並不徹底，例如「快」共出現40處，39處作fai，只有一處作fae，保留馬禮遜早期的拼寫。顯然ae相當於今日的 [ai]。ae韻的字來自古蟹攝。但字表中有「衰」shae，古本屬止攝，今讀 [-ɵy]，1828《字彙》改作shuy。字表中標音可能有誤，見上文第2.1節。

字表中沒有標 ăe 或 ăi 的字。按十九世紀各種語料，都有 [ai] 和 [ɐi] 的對比。例如 1841 年的 *Chrestomathy*，「買」作 mai、「迷」作 mái，正是長短 a 的對立。字表中沒有 ăi 的字，可能只是偶然的闕如。不過，字表確有「迷」字，標作 mei。而 ei 韻的例字還有禮 lei、妻 tsei、細 sei、規 kwei、為 wei。1828《字彙》也保留 ei 的拼寫。馬禮遜在《字彙》書首交代發音，說明 ei 讀如英文的 height，[12] 換言之 1815 年和 1828 年書中 ei 的發音應該就是 [ɐi]。長短 a 的區分，只是分用不同的元音字母標寫。

4.1.3. aou

aou 韻有「教」kaou，今讀 [kau]。1828 年書中說 aou 的特色是 "long and broad"。顯然 aou 就是拼寫 [au] 的發音，使用 ao 兩個元音代表洪音 a 過渡到 u 的音質轉變。與 aou 相對應的是 ăou，例字有：謀 măou、頭 tăou、扭 năou、留 lăou、醜 chăou、受 shăou、求 kăou 等。1828《字彙》把 ăou 改作 ăw，而且說明發音是 "short, abrupt"，與 aou 相對比。其實在 1815 年字表中，已經有一例開始使用 ăw，「浮」標寫成 făw。

aou 韻共三字，除「教」以外，還有「秋」tsaou 和「有」yaou。「秋、有」二字，今音不讀長 a，發音是讀 [-ɐu]。1828《字彙》改作短音的 -ăw：「秋」tsăw、「有」yăw。從歷史源流來看，讀 ăou 的字都屬於古代流攝，而「秋有」正是流攝的字。而「教」屬效攝，內外轉有別。其他稍後的語料都沒有把「秋有」讀成外轉的 aou。1815 年字表標音時有錯植符號的情形，a 和 ă 形似混淆，也可以想見。

4.1.4. ay

以 a 作主要元音的陰聲韻還有 ay，例字是：這 chay、賒 shay、借 tsay、夜 yay。今音是單元音韻母，讀 [ɛ]。查 1828《字彙》中除「這」以外，都保留 ay 的拼寫。「這」寫作 che。查《字彙》發音啟示，

---

12 馬禮遜在《廣東省土話字彙》書首列有 "Powers of the Letters" 一表，簡單介紹各標音符號，有的和英語比較，有的則描述其發音高低緩急，讓讀者可以有所認識。下文引用，不再一一交代。

e 讀如 "in the middle of a word as in *Met*"，這也就是 [ɛ] 的發音。我們是否就此可以決定 ay 原就是一個單元音？假如說是複元音的組合，那又是怎麼樣的一個元音組合？限於材料僅此，只能存疑。

4.1.5. am

陽聲韻 am 共兩字：南 nam、纜 lam。相配的 ăm 沒有任何例字。

4.1.6. an

an 韻例字有：瘢 pan、慢 man、晚 man、反 fan、但 tan、產 chan、訕 shan、傘 san、慣 kwan、還 wan。另外還有二字似屬例外：殘 tsam 和 閒 heen。「殘」是山攝的字，不可能收 -m。又「閒」拼作 heen，不合音韻規則，討論已見上文第 2.1 節。

ăn 韻例字有：貧 păn、聞 măn、民 măn、真 chăn、根 kăn、困 kwăn、群 kwăn、恨 hăn、雲 wăn、恩 yăn。

an 和 ăn 成對，正符合粵語 [an] / [ɐn] 的分配。但是 1815 年字表中還有許多今音讀 [ɐn] 的例字卻標寫成 un 韻，例如「恩」和「人」今音都是 [jɐn]，但 1815 年字表中，「恩」標作 yăn，而「人」標作 yun。這一點如何解釋？我們留待下文討論。

4.1.7. ang

ang 韻有「猛」mang。相對的 ăng 韻有「棚」păng。屬於長 a 的 ang 韻，除了「猛」以外，還有房 fang、昂 gang 兩字。「猛」是梗攝字，「房昂」屬宕攝，來源不同。字表中宕攝的字多拼成 oang，例如「忙」和「房」同屬於宕攝一等唇音，而「忙」的標音是 "moang"。1828《字彙》把「房昂」的標音改作 fong 和 gong。所以 1815 年字表中，真正屬於 ang 韻的可能只有「猛」一字。

屬於短 a 的 ăng 韻有下列這些例字：棚 păng、等 tăng、能 năng、冷 lăng、增 tsăng、更 kăng、肱 kwăng、恒 hăng。按今日發音，只有「等能增更肱恒」讀短 a 的 [ɐŋ]，古屬曾攝。而「棚冷省」屬梗攝，今讀

長 [aŋ]，1828《字彙》都改成長的 -ang。換言之，1815年字表中的短
ǎ 標音可能並不正確。屬 ǎng 韻的還有「星」，今讀 [ɪŋ]，似乎與長短
a 都沒有關係。Ball (1897) 記載香山、澳門音系，「星」有二讀：sang
和 sing，今中山讀 siang。[13] 馬禮遜記 ǎng，或許是受中山方言影響。

4.1.8. ap

粵語長短 a 的對比主要是來自古代內外轉的分別，長 a 的字多屬
外轉，短 a 多屬內轉。字表中的「納」nap，是長 a，古屬外轉咸攝，
今讀 [nap]。字表中的另一字是「及」kap，也是長 a，但古屬內轉深
攝，今讀 [kɐp]。1828《字彙》「及」字共出現15次，9次作 kap，6次
作 kǎp。其他十九世紀的語料中多作短 a，但也偶然有作長 a 的例
子。因為數目不少，不敢歸咎於筆誤，但如何解釋還有待研究。[14]

屬於短 a 的 ǎp 只有一字：雜 tsǎp。按「雜」屬外轉咸攝，今音是
長 a，1828《字彙》作 tsap，只有一處作 tsǎp。我們也許可以認為字表
中的短 ǎ 是一個錯誤。

4.1.9. at

at 韻有如下例字：八 pat、法 fat、達 tat、撒 sat。今音讀長 a。但
是 at 韻還有一些比較有問題的字：襪 mat、七 tsat、日 yat，標作長
a，但今皆讀短 a。「七日」屬內轉臻攝，按理應當讀 [ɐt]。1828《字彙》
中，「七日」兩種標音都有，但多作短 a，合乎變化規則。「襪」是外
傳山攝合口，今讀短 a，比較特殊。

字表中表短音的 ǎt 只有「佛 fǎt、殺 shǎt」兩字。「佛」今讀短 a，
另附 fok 讀音，來源不詳。「殺」屬山攝，今讀長 a。字表用短 a，《字
彙》改作長 a。字表可能標寫錯誤，又或者是長短 a 的分別，時有
混淆。

13　Ball (1897)，頁 527。

14　深攝合口的字如「及吸泣」等在某些粵方言中可以讀 -a-，如恩平「及」讀 kiap。

4.1.10. ak

1815年字表中標作ak的共6字。佢ak、額gak、畫wak，屬外轉，今讀[ak]；而墨mak、得tak、刻hak，則屬於內轉，今讀[ɐk]。1828《字彙》中，「得刻」長短兩讀俱存，而「墨」只有長a一讀。反觀字表中標短a的唯一例子「北」păk，古屬內轉曾攝，今讀短[pɐk]，而《字彙》反而改作長短二讀。顯然，長短a的區分並不完全清晰。

4.1.11. 小結

綜合上述討論，我們可以把1815年字表中的長短a的總體分佈列表如下，供參考：

a	ae	aou	ay	am	an	ang	ap	at	ak
家	誠	教	借	南	慢	猛	納	八	額
ka	kae	kaou	tsay	nam	man	mang	nap	pat	gak

	ei	ăou		ăm	ăn	ăng	ăp	ăt	ăk
	規	求			聞	等	（雜）	佛	北
	kwei	kăou			măn	tăng	tsăp	făt	păk

ei歸作短a一列，請看上文第4.1.2節和下文第4.2.2節。

4.2. e元音

1815年字表用e作為元音的陰聲韻有ee、ei、ew、eu，陽聲韻有een，入聲韻有eep、eet。現分別描述如下。

4.2.1. ee

ee只有一字：此tsee。1828《字彙》有兩種標音：11處作tsee，13處tsze。發音可能是舌尖面的[ɿ]，也可能是更前的[ŋ̍]。

4.2.2. ei

字表中的ei例字，與今音對比，包括兩類，一類是相對於前文交代的[ɐi]：迷mei、禮lei、妻tsei、細sei、規kwei、為wei；另一類相當於今音[ei]：被pei、味mei、非fei、肥fei。所以同作mei的「迷」

和「味」，今音完全相異。「迷」屬蟹攝，「味」屬止攝，來源本不相同。今發音有別，本是理所當然。但為什麼1815年標音一樣？但是在1828《字彙》中，「迷」主要作mei，而「味」卻標作me。按上文討論，ei發音可能是[ɐi]，而e的發音，按馬禮遜標音指示，當讀如英文的me。標音中還有一個ee則讀如seen的元音，這也就是說兩者大概都是[i]，略有長短區別而已。「味迷」兩字發音有別，應該是由來已久。和「味」情形相同的還有「被非肥」，1815年標作ei，1828年標作e，今讀[ei]。我們知道早期粵語只有[i]，後來破裂成[ei]複元音韻母，應該是十九世紀下半期的事。[15] 1841年 *Chrestomathy* 都標作i，1888年Ball的注音都作ei。回頭看1815年字表中的情形，「味」既讀ei，似乎由i破裂成ei複元音的變化已經開始，但為什麼馬禮遜十多年後又改為單元音e？是受其他方言影響，還是只是書寫錯誤？還有待以後另有材料再作考訂。

4.2.3. ew

ew韻的字包括：彪pew、票pew、廟mew、調tew、嫋new、咬new、了lew、召chew、少shew、蕉tsew、銷sew、曉hew、要yew。1828《字彙》仍然保留ew的拼音，今音讀作[iu]。

4.2.4. een

een韻的字包括：然een、便peen、天teen、年neen、展cheen、善sheen、前tseen、先seen、見keen。1828《字彙》也都拼作een。今音讀[in]。例字中還有「憐」leem和「閒」heen，疑是錯誤，見上文第2.1節討論。1828《字彙》「憐」標音改作leen，「閒」改作han。

4.2.5. eep

按粵語音系有[im]韻，與[in]相配搭，例如「甜兼鹽」等字，今音都讀-im。但是字表中缺eem [-im]韻字。不過，入聲韻中有「脅」

15　有關粵語中單元音韻母衍生韻尾而變為雙元音的複合韻母，請看李新魁(1997)，頁426–428。

heep，今音 [hip]。所以當時語音當有 eem 韻母。1828《字彙》中 eem 韻的字頗多，包括甜 teem、兼 keem、鹽 eem 等。

4.2.6. eet

入聲韻除 eep 外，還有 eet，與陽聲韻 een 相配搭。例字有：別 peet、洩 seet。

4.3. i 元音

1815 年字表中用字母 i 作主要元音的韻不多，計有 in、ing、ik。

4.3.1. in

in 韻只有一字：紉 nin "to thread a needle"，但不見於 1828《字彙》。此字今粵音讀 [jɐn]。「紉」與「刃忍」等古同屬山攝三等，今皆讀 [jɐn]。字表標作 -in，而且只有一例，可能是一個錯誤。不過翻查《字彙》，其中拼作 [in] 的字頗多，例如「因印辰身仁仍臣珍」等等，今音皆讀 [ɐn] 韻，看來應該另有解釋。這些字古代都屬於臻攝。丁國偉 (2006) 認為讀成 in，「是馬氏從不同發音人取得臻攝三等韻字的不同讀音」。今日中山話中臻攝三等字大部分讀 [in]，馬禮遜在記音上可能滲入中山話的讀音。[16]

4.3.2. ing

字表中讀 ing 的字包括：明 ming、寧 ning、另 ling、正 ching、淨 tsing、敬 king、興 hing、仍 ying、影 ying。今音讀 [ɪŋ]，都是梗攝三四等字。另有「硬」，今讀 [ŋɐŋ]，1828《字彙》改作 gang 或 ang，屬梗攝二等。字表記音常有 āng 和 ing、ǎk 和 ik 相混的情形，可能和方言有關。見上文第 4.1.7 節。

---

16 丁國偉 (2006)，頁 66–67。

又「五」亦標作 ing。按「五」是遇攝疑母字，今讀 [ŋ]，自成音節。《字彙》保留 ing 的拼寫，而另一個自成音節的鼻音韻「唔」[m] 也標作 im，前面添加的 i，應該只是標音的設計而已。

4.3.3. ik

ik 韻母的例字包括：敵 tik、匿 nik、力 lik，古屬三四等。今讀 [ɪk]。另有勒 lik、則 tsik、塞 sik，古屬一等，今讀 [ɐk]。1828《字彙》多改作 ák。只有「則」還有一些用例保留 ik 的拼寫。上文第 4.1.7 節討論 ing 時，提及字表中有 ing 和 ăng 混淆的例子，把三等字的「星」ɪŋ 讀成一等的 ɐŋ。這種相混情形在今日中山方言入聲韻中還有類似的例子：三等的「力」，今廣州話讀 [ik]，而中山話則讀 [ɐk]，也是 i 和 ɐ 的對應。這裏「勒」等字也似乎是 [ik] 和 [ɐk] 不分的情形。不過「勒」等字是倒過來的對換，「勒」是一等字，字表中反標作三等 [ik] 的讀法，教人費解。也許是當時 [ik] 和 [ɐk] 相混，以致難以分辨。

4.4. o 元音

1815 年字表中用 o 做主要元音的韻母有 o、oe、ow、oan、on、oang、oak、ok。

4.4.1. o

o 韻的字有：阿 o、破 po、磨 mo、火 fo、多 to、娜 no、坐 tso、鎖 so、我 go、過 kwo、可 ho，相當於今讀的 [ɔ]。

4.4.2. oe

oe 韻的字有：愛 oe、代 toe、來 loe、該 koe、外 ngoe、海 hoe，皆古蟹攝一等字。1828《字彙》改作 oy，今讀 [ɔi]。另有「嬭」noe 和「猜」tsoe 兩字，今讀 [ai]。查「嬭」本二等字，按理應讀 [ai]，《字彙》「奶」拼作 nai，合乎常規。而「猜」本蟹攝一等，發音應該和「來該海」[ɔi] 相同，今讀 [ai] 是一個例外。字表的標音也許是保存舊讀，又或許是某處方音。

4.4.3. ow

ow韻例字有：傲ow、保pow、鋪pow、毛mow、逃tow、怒now、勞low、早tsow、掃sow、高kow、敖gow、好hou，古屬效攝，今讀[ou]。但是ow韻還有愁tsow、偶gow、後how、柔you四字，古屬流攝，按理當標作ãou才對。1828《字彙》改標áw，也就是相當於今日[ɐu]，正是流攝「謀頭愁受」的發音。字表把效攝的「好」和流攝的「後」歸為同一韻母，不知道是什麼緣故。

另有「丟」tow，古屬流攝，但今讀[tiu]，《字彙》亦改作tew。但不知是字表標音錯誤，還是當時確有tow一讀。

4.4.4. oan

oan韻例字只有一字：安oan，另有on韻，也只有一字：旱hon。兩字今日皆讀[ɔn]，1828《字彙》皆作oan。on大概是oan的另一種拼寫。參看下文討論。

4.4.5. oang

oang韻例字有：幫poang、忙moang、望moang、當toang、曩noang、床choang、艙tsoang、喪soang、剛koang、講koang、光kwoang、行hoang、黃woang，共13字，是字表中比較大的一韻。今讀[ɔŋ]。1828《字彙》標音改作ong，但還是有個別例字保留oang的拼法。但是字表中也有一例拼作ong：狼long。「狼」和其他各字都屬於宕攝，不可能有不同的讀法。oang和ong應該代表同樣的韻母。馬禮遜原先用上oa兩個字母，也許是強調韻母元音的洪大音色。

4.4.6. oak

oak韻母例字只有二字：國kwoak、學hoak。今讀[ɔk]。1828《字彙》中，「國」的拼音改作kwok，而「學」則大半仍然保留hoak的拼寫。

4.4.7. ok

ok韻母例字按今日讀音可以分成三組。第一組：惡ok、薄pok、諾nok、作tsok、各kok，古屬宕攝一等，今讀[ɔk]，1828《字彙》保留ok的拼寫。第二組：目mok、讀tok、竹chok、贖shok、俗sok、欲yok，古屬通攝，今讀[ʊk]，《字彙》多改作uk。第三組：若yok、虐yok，屬宕攝三等，今讀[œk]，《字彙》只有「若」，保留ok的拼寫，也許是舊讀。至於為什麼通攝和宕攝的入聲字會有混合的現象，原因待考。丁國偉 (2006) 指出《字彙》中ong韻的字來自宕攝，但也有通攝混入的情形。[17] 例如「篷」本通攝，《字彙》有二讀：五處作pung，一處作pong，但字表中的「篷」只作pung。

4.5. oo 元音

1815年字表中用oo做主要元音的韻母有：oo、ooy、oon、oot，發音大略相當於[u]。

4.5.1. oo

oo韻的例子有：母moo、父foo/hoo、都too、路loo、書shoo、阻tsoo、古koo。雖然只有七字，但按今音分配，可以分為四類。「父古」讀[u]，「母都路」讀[ou]，「阻」讀[ɔ]，「書」讀[y]。七字中，除了「母」是一個例外字、屬流攝外，其餘六字都是遇攝一等和三等的字。遇攝字在粵語中變化比較複雜。按早期粵語語料記載，原先讀[u]的字後來常破裂成複元音[ou]，一等的「路」和「都」都是其例。1828《字彙》已經改成ow的新組合。「阻書」是遇攝三等字，但莊組的字如「初阻疏」等後來發展成[ɔ]，而章組的字如「諸書處」等則發展成[y]。1828年書中的「阻」拼作cho，正是後來的發音。而「書」在字表中有兩個標音：shoo和shu。按下文討論，1815年的u就是

---

17 丁國偉 (2009)，頁73–76。

[y]。所以字表中的兩個標音，實際上是代表 u 和 oo 新舊兩種發音，
到 1828《字彙》，「書」字 81 處作 shu，只有一處保留 shoo。

至於「父」讀 foo，又音 hoo，字表指出後者是澳門等地的發音。
這也是字表中唯一一處指出有其他方言發音的現象。

4.5.2. ooy

ooy 韻的例字有：每 mooy、回 wooy，今讀 [ui]。

4.5.3. oon

oon 韻的例字有：盆 poon、盤 poon、們 moon、滿 moon、官
koon，今讀 [un]。又「官」另附一讀：kwan，今日四邑一帶仍然有讀
作 kuan 的情形。[18] 所以「官」的又讀，假如不是借自廣州鄰近方言，
也許是把官話發音移借入粵語的結果。與 oon 相配的有 oot，只有一
字：活 woot，今讀 [ut]。

4.6. u 元音

1815 年字表中用 u 做主要元音的韻母有 u、ue、uy、um、un、
une、ung、ut，應該是一個圓唇元音。

4.6.1. u

u 韻的例字有：主 chu、如 yu，今讀 [y]。1828《字彙》也保留同
樣的標音。字表中還有 ue 韻，只收一字：魚 ue，今亦讀 [y]。按「主
如魚」都是遇攝的字，《字彙》都拼作 u。顯然，ue 只是 u 的另外一種
拼寫形式。

4.6.2. uy

uy 韻的例字有：吹 chuy、內 nuy。「吹」屬止攝，今讀 [ɵy]，《字
彙》作 chuy。字表中與 uy 相對的還有 ŭy，例字比較多：推 tŭy、雷
lŭy、稅 shŭy、雖 sŭy、許 hŭy。這些字分別來自止攝、蟹攝、遇攝，

18　根據《珠江三角洲方言字音對照》(1987)，開平、恩平兩地「官」讀 kuan (頁 236)。

今音都讀[əy]。1828《字彙》一律取消 ŭy 的標音，全部拼寫作 uy。1815 年如何區分 uy 和 ŭy，條件並不清楚，我們也許可以歸為一韻。

至於「內」字，情形比較特殊。「內」屬蟹攝，今讀[ɔi]，《字彙》有兩讀：一處依舊作 nuy，但 11 處作 noy，也就是今日的發音。與「內」古同韻母的有「推雷」等字，字表都是 nuy，「內」後來讀 oy，顯然是不依常規的一個例外字。

4.6.3. um

um 韻的例字共有兩字：金 kum、甘 kum。1828《字彙》保留 um 韻母，今讀[ɐm]。《字彙》有相配對的入聲 up，如「粒」nup、「急」kup。但是字表中沒有讀 up 的字，缺此韻。

4.6.4. un

un 韻的例字共 16 字，按今音可以分兩類。一類是：分 fun、神 shun、親 tsun、新 sun、人 yun、訓 fun、因 yun，今讀[ɐn]。另一類是：頓 tun、鄰 lun、輪 lun、遜 sun、竣 tsun、春 chun、潤 yun、順 shun，今讀[ɵn]。還有一個「尊」tsun，今讀[yn]。這 16 字，古屬臻攝，有開口也有合口，有一等也有三等，1828《字彙》全部保留 un 的拼寫。顯然，今音[ɐn]、[ɵn]、[yn] 三分，在馬禮遜記錄中並不出現。

上文第 4.1.6 節中描述字表中的 ăn 韻，例如「貧真根雲聞困恨」等，今讀[ɐn]，也都是臻攝的字。顯然，臻攝的字在 19 世紀早期粵語中有兩種讀法：un 和 ăn。讀 ăn 的字，今音都讀[ɐn]，而讀 un 的字，今音可以是[ɐn]、[ɵn]或者甚至是[yn]。古代同屬臻攝三等的「真」(章母)、「親」(精母)二字，1815 年分隸 ăn、un 二韻，但是今音卻又同讀[ɐn]。先合後分，不容易解釋。李新魁 (1997) 曾經指出真韻字如「鄰秦盡信」等舌齒音字，老市區念[ɵn]，是真韻原來發音圓唇化的結果，而市區以外各方言多讀[ɐn]，是圓唇元音[ɵn]的進一步變化。[19] 這是否說馬禮遜在編寫字表的時候，也許受到不同方言發音人的影響，把廣州以外的方言發音也記錄下來？1828《字彙》的

19　李新魁 (1997)，頁 424–425。

記錄和1815年字表基本一樣，同樣按an和un區分，只是「尊」已經有tsune的標音，應該是[yn]的發音，也許是語音上新的發展。有關臻韻字在《字彙》中的發展，請參看丁國偉（2006）。[20]

4.6.5. ut

ut韻只有一例字：律lut，是臻攝入聲，正配合平聲字「輪」lun的元音。相關的ăt韻也只有一字：佛făt，屬臻攝三等，與之相配的平聲字「聞」măn、「分」fun，卻又元音二分。今音「聞分佛」的元音都是[ɐ]，而「律」卻是[ө]。

4.6.6. ung

ung韻的例字有：篷pung、朦mung、風fung、同tung、農nung、礱lung、中chung、送sung、工kung、窮kung、翁gung、兇hung、紅hung、冗yung、用yung。這是各韻中最穩定的一韻，通攝的字一直保留同樣的歸屬和發音，1828《字彙》和今日粵語都沒有什麼大變動。通攝入聲字在字表中卻沒有標作uk，一律作ok，如「目讀綠」等，和宕攝的字相混，見上文第4.4.7節。

4.7. ao 和 eo 元音

字表還有兩個陽聲韻和一個入聲韻，以ao和eo作主要元音。

4.7.1. aong、eong

aong韻的例字包括：兩laong、長chaong、匠tsaong、香haong、攘yaong、洋yaong。eong韻的例子包括：孃neong、上sheong、雙sheong。例字基本上都是宕攝三等字，今音都讀[œŋ]。1828《字彙》取消aong，一律拼作eong，利用兩個字母來記錄一個英語中不常見的特別元音[œ]。

---

20 丁國偉（2006），頁46–47、84–85。

4.7.2. eok

入聲韻母只有 eok，例字包括：略 leok、削 seok，也都是宕攝三等，今音讀 [œk]。

4.8. eu 元音

4.8.1. eu

eu 韻例字包括：女 neu、娶 tseu、鬚 seu、居 keu。屬遇攝三等。1828《字彙》標音頗有改動，韻母都改作 uy。今音以讀 [ɵy] 為常。按字表原有 uy 和 ŭy 二韻，如「吹推」等字，《字彙》一律改作 uy，今音亦讀 [ɵy]。見第 4.6.2 節。字表中讀 uy/ŭy 的字有來自遇攝，也有來自蟹攝和止攝，是否因為來源不同，而當時發音略有分別？但《字彙》只保留 uy 一個標音，所以就算當時確有 eu 韻，也只怕是正在和 uy 韻合併。這樣看來，eu 韻的主要元音 e，應該是圓唇的元音，可能是 [ɵ]，和其他 e 組合中的 [i] 很不一樣。又字表中的「鬚」，《字彙》還有其他二讀：soo 和 sow。遇攝有的字如「娶」，今有二讀：[ɵy] 和 [ou]，後者是白讀。「鬚」相信也是同樣的情形，原有二讀，現在只保留白讀。[21]

4.8.2. eut

eut 韻的例子包括：説 sheut、絕 tseut、雪 seut、血 heut。字表中另有「缺」，標作 kuet，uet 韻只此一字。查此五字都屬於山攝合口三四等，今皆讀 [yt]。1828《字彙》一律改作 uet。又字表中有 ŭt，只有一字：拙 chŭt，這也是山攝合口三等，和「説絕雪」同韻母，今音也是 [yt]。《字彙》改作 chuet。

入聲韻有 eut/uet，陽聲韻卻沒有 eun/uen。這是為什麼？其實陽聲韻中就有這樣一個字：懸 huen，是山攝四等字，今音多 [yn]，正

21　請參看郭必之（2004），頁 590。

好和「決」huet 相配搭。不過，今讀[yn]的字，字表中基本上都標作 une。見上文第 2.1 節。

4.8.3. une

une 韻母的例字包括：圓 une、短 tune、暖 nune、嫩 nune、亂 lune、戀 lune、船 shune、攢 tsune、痊 tseune、算 suen、選 sune、犬 keune。「痊犬」拼作 eune，恐是 une 的變體，今皆讀[yn]，1828《字彙》都一律改作 une。我們知道英文沒有[y]元音，為了標寫這個圓唇元音，書中便採取一個 une 的新組合。但書寫上不完全一致，《字彙》才把情形修訂。但是相配合的入聲韻卻不好在 une 後加上 -t，也許是為此緣故而保留 eut/uet 的拼寫。

4.9. aing

1815 年字表中，用兩個元音來表示一個元音的應該還有下一例：aing。aing 韻的例字包括：平 paing、定 taing。1828《字彙》的標音各有兩個：ping/peng，ting/teng。根據書中發音指引，在字中間的 e 當讀成像英文的 met。這也就是說，eng 的發音當是[ɛŋ]，相對的 ing 應該是[ɪŋ]。粵語中，「平」有二讀，文讀是[ɪŋ]，白讀是[ɛŋ]。相信 aing 正是標誌這個[ɛŋ]的讀法。

4.10. ing

現代粵語中，有所謂自成音節的鼻音韻母 m 和 ng，來自古遇攝一等疑母。1828《字彙》有「唔」im 和「五」ing，是其例。字表中只有「五」一例，作 ing。

4.11. 小結

根據上述，我們可以重新整理字表的韻母系統，把重複的韻母合併，歸納成 46 或 47 韻。

a	ae	aou	am	an	ang	ap	at	ak
		ăou		ăn	ăng		ăt	ăk
ay					aing			—
e	ei	ew	—	een		eep	eet	
					ing			ik
o	oe	ow		oan	oang		—	oak
								ok
oo	ooy			oon			oot	
u/ue	uy (?)[22]			um	un	ung	ut	—
	eu			une			eut	
					eong			eok
ing								

　　表中劃橫線的表示或許欠缺的韻母，現根據陽入互補的音韻規則補上，計有aik（如「錫」）、[23] eem（如「店」）、[24] oat（如「渴」）、[25] up（如「急」）。[26] 這樣看來，1815年的韻母系統當有51韻。

　　這51韻和今音相比，最明顯的分別是：

　　（1）ei韻的字，今音有兩種讀法：ɐi和ei。見上文第4.2.2節。

　　（2）un韻的字，今音有兩種讀法：ɐn和ɵn。見第4.1.6和4.6.4節。

　　（3）ok韻的字，今音有兩種讀法：ok和uk。見第4.4.7節。

　　（4）uy韻和eu韻的字，今音基本都讀eui。見第4.6.2、4.8節。

　　（5）字表中缺今音[œ]韻，如「靴」，1828《字彙》拼作heue。

22　uy韻和eu韻是否當合成一韻，還有待研究，見上文討論。暫分作二韻。

23　1828《字彙》中，「錫」作sek。

24　《字彙》中，「店」作teem。

25　《字彙》中，「渴」作hoat。

26　《字彙》中，「急」作kup、kap、kăp。

5. 餘論

馬禮遜1828年編寫《廣東省土話字彙》，詳細記錄當時的粵語音系，是今日研究早期粵語語音最重要的參考資料。但是在1815年，馬禮遜已經對粵語語音進行初步的研究。他在《通用漢言之法》中開列字表，用字母標寫339字的粵語發音，這應該是今日可以看到的最早語音記錄。雖然字數不算太多，而且標音不表聲調、不分送氣與否，不無缺憾，而且拼寫或有錯漏，但總體而言還是能看到當時的音系大概。

從聲母系統來看，最重要的一點當然是當時齒音分兩列，古代知精莊章的合併變化，有跡可尋。韻母方面，和今日音韻大體無別。但是各韻例字歸屬，似乎還不穩定。例如臻攝的字分別出現在ăn和un二韻，ok的字分別來自通宕二攝，分合的條件並不清楚，似乎是有的字在語音變化中遊離於不同韻母之間。不過，有的字的特殊發音很可能是受到別的方言影響。在字表中，馬禮遜特別提到「父」的發音有二讀：foo和hoo，並且在腳注中説明hoo是澳門一帶的發音。澳門本屬中山方言，而今日中山石岐 "fu" 正是hu。[27] 上文提到「犬」的標音，聲母作k，今日珠三角一帶都讀h-，只有石岐讀k-；[28]「星」標作săng，並不配合廣州ing的讀法，但石岐確有siang的發音。[29] 這些例字在在都可以看成是中山方言留下的痕跡。馬禮遜來華期間，許多時間都住在澳門。[30] 1815年的《通用漢言之法》的序是在澳門寫成，他1828年的《廣東省土話字彙》也是在澳門出版。馬禮遜的發音人，可能有的是澳門人士，説話之間帶有中山口音。又如上文提過的「官」字有kwan和koon兩種標音。koon確實是粵音，

27　《珠江三角洲方言字音對照》，頁47。

28　《珠江三角洲方言字音對照》，頁251。

29　《珠江三角洲方言字音對照》，頁353。

30　有關馬禮遜來華的經歷，請看王振華譯：《馬禮遜——在華傳教士的先驅》(2006)。

但kwan卻是今日開平、恩平等地的發音。又「佛」字也記有兩種發音：făt和fok。「佛」是臻攝字，粵語不可能讀成-k，只有潮汕一帶的方音，-t尾的字可以變成-k。[31] 這樣看來，馬禮遜的記音可能是以廣州音為基礎，但偶爾也會摻雜其他方言。我們查閱字表，不能掉以輕心。不過，因為有1815年339字的粵語注音，我們可以有真憑實據探索當時的語音系統。假如字表中雜有其他方音，這也只是如實反映出當時方言交接影響的結果。總體而言，1815年字表是一份記錄兩個世紀以前的真實珍貴語料，容有錯漏，但三百字記音卻讓我們有機會把歷史視窗推得更開，讓二百年前的語言真相重現在我們眼前，我們當深以為幸。

附：《通用漢言之法》字表

字表共收339字。注音分左右兩欄。第一欄是1815年注音，第二欄1828年注音是按馬禮遜1828年《廣東省土話字彙》補上，並列供參考。不見於《字彙》的字，則按古聲韻或同或近、或同音異調的字補上，以斜寫為標記。如「略」據「掠」補、「娜」按「挪」補。如缺合適的字，則闕如。

亞	a	a	敖	gow	gow
安	oan	oan	額	gak	gak
傲	ow	gow	我	go	go
茶	cha	cha	偶	gow	gáw
差	chae	chai	海	hoe	hoy
產	chan	*chan*	旱	han	hoan
長	chaong	cheong	恨	hăn	hán
召	chew	chew	行	hoang	hong
這	chuy	che	恒	hăng	háng

31　潮州方言「佛」讀作huk。《漢語方言字彙》(1989)，頁32。

知	che	che	好	how	how
直	chik	chik	喜	he	he
展	cheen	cheen	香	haong	heong
真	chăn	chán	曉	hew	hew
正	ching	ching	脅	heep	*heep*
竹	chok	chuk	閒	heen	han
醜	chăou	chaw	學	hoak	hoak
主	chu	chu	許	hŭy	huy
拙	chŭt	chute	血	heut	heut
船	shune	shune	懸	huen	*une*
春	chun	chun	訓	fŭn	fun
中	chung	chung	兇	hung	hung
吹	chuy	chuy	卨	hun	
床	choang	shong	興	hing	hing
衣	e	e, ee	火	fo	fo
法	fat	fat	護	foo	oo
反	fan	fan	後	how	háw
房	fang	fong	紅	hung	hung
肥	fei	fe	畫	wak	wak
非	fei	fe	花	fa	fa
佛	făt, fok	fát	壞	wae	wai
父	foo, hoo	foo	還	wan	wan
浮	făw	fáw	黃	woang	wong
分	fun	fun	活	woot	oot
風	fung	fung	回	wooy	ooy
愛	oe	oy	攘	yaong	*yaong*
安	oan	oan	日	yat	yát
恩	yan	yun	然	een	een
昂	gang	gong	仍	ying	ying
硬	ying	gang	人	yun	yun
若	yok	yok	規	kwei	kwei
柔	yow	yáw	過	kwo	kwo
如	yu	u	國	kwoak	kwok
懦	une	no	蠟	lap	lap
潤	yun	yun	來	loe	loy
冗	yung	*yung*	纜	lam	lam

該	koe	koy		狼	long	long
甘	kum	kum		冷	lăng	lang
根	kăn	kán		勞	low	low
剛	koang	kong		禮	lei	lei
更	kăng	káng		勒	lik	lak
高	kow	kow		兩	laong	leong
起	ke, he	he		了	lew	lew
刻	hak	hak		力	lik	lik
家	ka	ka		憐	leem	leen
誡	kae	kai		略	leok	*leok*
講	koang	kong		律	lut	lut
教	kaou	kaou		戀	lune	*lune*
及	kap	kap, káp		留	lăou	láw
見	keen	keen		鄰	lun	lun
居	keu	kuy		另	ling	ling
決	keut	*-uet*		綠	lok	luk
犬	keune	hune		路	loo	low
群	kwăn	kwán		輪	lun	lun
窮	kung	kung		壟	lung	*lung*
求	kăou	káw		雷	lŭy	luy
金	kum	kum		亂	lune	lune
敬	king	king		馬	ma	ma
可	ho	ho		買	mae	mai
各	kok	kok		慢	man	man
古	koo	koo		忙	moang	mong
工	kung	kung		猛	mang	mang
寡	kwa	kwa		毛	mow	mow
快	fae	fai		迷	mei	mei
慣	kwan	kwan		墨	mak	mak
官	kwan, koon	koon		廟	mew	mew
困	kwăn	kwán		滅	meet	meet
光	kwoang	kwong		每	mooy	mooy
肱	kwăng			免	meen	meen
民	măn	mán		癩	pan	*pan*
明	ming	ming		幫	poang	pong
磨	mo	mo		棚	păng	pang

目	mok	muk	保	pow	pow
母	moo	moo	庇	pe	pe
謀	mǎou	máw	北	pǎk	pak
們	moon	moon	票	pew	pew
朦	mung	mung	別	peet	peet
滿	moon	moon	便	peen	peen
拏	na	na	被	pei	pe
納	nap	nap	彪	pew	pew
嫲	noe	nai	貧	pǎn	pán
南	nam	nam	平	paing	peng
曩	noang	nong	破	po	po
能	nǎng	náng	薄	pok	pok
哎	new		鋪	pow	pow
你	ne	ne	剖	pow	páw
孃	neong	neong	盆	poon	poon
嬲	new		篷	pung	pung
匿	nik	nik	盤	poon	poon
年	neen	neen	撒	sat	sat
虐	yok		摋	sae	
女	neu	nuy	傘	san	san
扭	nǎou	náw	喪	soang	song
紉	nin	yun	瘖	sǎng	shang
寧	ning	ning	掃	sow	sow
娜	no	no	細	sei	sei
諾	nok	nok	塞	sik	sák
怒	now	now	銷	sew	sew
嫩	nune	nune	事	see	sze
農	nung	nung	洩	seet	seet
內	nuy	noy	先	seen	seen
暖	nune	nune	削	seok	seok
阿	o	oh	鬚	seu	soo, suy
惡	ok	ok	雪	seut	seut
怕	pa	pa	選	sune	sune
八	pat	pat	巡	sune	tsun
拜	pae	pai	修	sǎw	sáw
沙	sha	sha	得	tak	ták

殺	shăt	shat	調	tew	tew
曬	shae	shai	敵	tik	tik
訕	shan	shan	天	teen	teen
當	toang	tong	丟	tow	tew
上	sheong	sheong	定	taing	ting
少	shew	shew	多	to	to
賒	shay	shay	讀	tok	tuk
時	she	she	都	too	tow
實	she	shát	頭	tăou	táw
善	sheen	sheen	雜	tsăp	tsap
神	shun	shun	猜	tsoe	chai
升	shing	shing	殘	tsam	tsan
贖	shok	shuk	艙	tsoang	tsong
書	shoo, shu	shu	增	tsăng	tsáng
受	shăou	sháu	早	tsow	tsow
順	shun	shun	妻	tsei	tsei
稅	shŭy	shuy	則	tsik	tsuk
耍	sha	sha	匠	tsaong	tseong
衰	shae	shuy	蕉	tsew	tsew
雙	sheong	sheong	借	tsay	tsay
説	sheut	shuet	此	tsee	tsze
新	sun	sun	七	tsat	tsat
星	shăng	sing	前	tseen	tseen
鎖	so	so	娶	tseu	tsuy
俗	sok	tsok	絕	tseut	tsuet
數	soo	show	痊	tsune	tsune
遜	sun	sun	蹉	tsun	*tsun*
送	sung	sung	秋	tsaou	tsáw
雖	sŭy	suy	親	tsun	tsun
算	sune	sune	淨	tsing	tseng
大	tae	tai	坐	tso	tso
達	tat	tat	作	tsok	tsok
代	toe	toy	阻	tsoo	cho
但	tan	tan	愁	sow	sháw
當	toang	tong	尊	tsun	tsune
等	tăng	tang	總	tsung	tsung

逃	tow	tow	攢	tsune	*tsune*
地	te	te	頓	tun	tun
同	tung	tung	佰	ak	*ak*
推	tŭy	tuy	洋	yaong	yaong
短	tune	tune	要	yew	yew
翁	gung	yung	夜	yay	yay
而	e, nge	ee	言	een	een
襪	mat	mat	有	yaou	yáw
外	ngoe	goy	因	yŭn	yun
晚	man	man	影	ying	ying
聞	măn	mán	欲	yok	yuk
望	moang	mong	魚	ue	u
味	mei	me	月	yut	uet
為	wei	wei	圓	une	une
我	go	go	雲	wăn	wán
五	ing	ing	用	yung	yung
牙	ga	ga			

參考書目

丁國偉。2006。《1828年至1947年中外粵語標音文獻反映的語音現象研究》。香港：香港中文大學哲學博士論文。

中國科學院語言研究所。1964。《方言調查字表》。北京：科學出版社。

王振華譯。2002。《馬禮遜——在華傳教士的先驅》。鄭州：大象出版社。

北京大學中國語言文學系語言學教研室。1989。《漢語方音字彙》。北京：文字改革出版社。

李珍華、周長揖。1993。《漢字古今音表》。北京：中華書局。

李新魁。1997。〈數百年來粵方言韻母的發展〉。載李新魁著：《李新魁音韻學論集》，頁413–428。汕頭：汕頭大學出版社。

張洪年。2002。〈21世紀的香港粵語：一個新語音系統的形成〉。《暨南學報（哲學社會科學）》，第2期，頁25–40。

郭必之。2004。〈從虞支兩韻「特字」看粵方言跟古江東方言的聯繫〉。《語言暨語言學》，第3期，頁583–614。

陳萬成、莫慧嫻。1995。〈近代廣州話「私」「師」「詩」三組字音的演變〉。《中國語文》，第 245 期，頁 118–122。

詹伯慧、張日昇。1987。《珠江三角洲方言字音對照》。香港：新世紀出版社。

Ball, J. Dyer. 1897. "The Hong Shan or Macao Dialect." *The China Review* 22: 501–531.

Bridgman, E. Coleman. 1841. *Chinese Chrestomathy in the Canton Dialect*. Macao: S. Wells Williams.

Cheung, Hung-nin Samuel. 2006. "One Language, Two Systems: A Phonological Study of Two Cantonese Manuals of 1888." *Bulletin of Chinese Linguistics* 1(1): 171–199.

Morrison, Robert. 1815a. *A Grammar of the Chinese Language* [通用漢言之法]. Serampore: The Mission Press.

———. 1815b. *Dictionary of the Chinese Language*. Macao: The Honorable East India's Company Press.

———. 1828. *Vocabulary of the Canton Dialect* [廣東省土話字彙]. Macao: The Honorable East India's Company Press.

Yue, Anne Oi-kan. 2004. "Materials for the Diachronic Study of the Yue Dialects." In *The Joy of Research: A Festschrift in Honor of Professor William S-Y. Wang on His Seventieth Birthday* [樂在其中：王士元教授七十華誕慶祝文集], ed. Feng Shi and Zhongwei Shen, 246–271. Tianjin: Nankai University Press.

原載丁邦新、張洪年、鄧思穎、錢志安編，《漢語研究的新貌：方言、語法與文獻》（香港：香港中文大學中國文化研究所吳多泰中國語文研究中心，2016），頁 319–348。

承傳與創新
趙元任 1947 年的《粵語入門》

Cantonese Primer

Yuen Ren Chao

粵語入門

趙元任

提要：趙元任是二十世紀結構語言學派的大師，他對漢語的研究，對方言的探索，著作等身，至今還難有學者能望其項脊。他1948年出版的《國語入門》是漢語教學的經典作品，1968年出版的《中國話的文法》是迄今對漢語研究至為精細的巨著。其實早在1947年，他已經出版《粵語入門》，對粵語的描述和分析，正是後來兩書的基本模式。《粵語入門》全書24課，以會話和故事為主，用口語寫成。課文所記錄的正是當時的語言實況。趙書拼音，自成一派，這原是他自己創立的羅馬拼音，聲韻調三者歸一，利用聲母韻母拼音的變化，來表示聲調的不同。趙元任創立粵語羅馬字，背後原有他自己的理念。他的拼音所反映的不只是現代一地方言，其實他也在利用拼音變化來擬構古漢語的語音。換言之，他的創新在於把聲韻調融成一體，同時又把擬音融入拼音。學習粵語的同時，也可以從拼音漸漸初窺古音堂廡。本文謹就趙書的拼音和其他相關問題，提出一些初步的分析。

關鍵詞：趙元任、粵語入門、羅馬注音、當代粵語、古代漢語

1. 引言

趙元任先生是中國現代語言學的開山祖師，高山仰止，其實他在語言教學方面的成就，也是一代宗師。他 1948 年出版 *Mandarin Primer*《國語入門》，是當年北美漢語教學的主要教科書。書前的緒論詳細描述漢語語音和語法的特徵，後來翻譯成中文，對中國語言學界的影響深遠。[1] 他 1968 年出版的 *A Grammar of Spoken Chinese*《中國話的文法》就是以此為基礎，擴大研究，寫成八百頁的大書，是當時結構語言學派的扛鼎巨著。[2] 其實，在《國語入門》面世之前，趙先生已經為當時在哈佛學習粵語的學生，寫成 *Cantonese Primer*《粵語入門》，1947 年出版。趙元任原籍江蘇常州，在北方長大，第一語言本非粵語，但是他對粵語的觀察巨細無遺，對語音的分析、對語法的處理，遠超乎前人所獲得的成果。

當然，粵語是一地方言，對粵語有興趣的學生和學人不多，所以一般人對《粵語入門》認識不深，討論不多。但是我們要是研究粵方言發展，尤其是想對二十世紀中期的粵語有所認識，這書是必備的參考書。全書 24 課課文，提供豐富的口語語料，緒論部分的綜述，每課課文後面的注釋，對粵語作出全面的描述，觀察精細，分析詳盡。[3] 我們從課文所用的詞彙和句型，歸納分析，再和其他早期材料相對比，可以進一步了解二十世紀中粵語發展的大概痕跡。

西方人學習粵語，早在十九世紀開始，就漸漸蔚然成風。當時為學習粵語而編寫的教科書和詞典，陸續出版。不過這些教學材料，主要是西方傳教士或學者在本地人的協助之下，編寫刊行。[4]《粵語入門》卻是由一位語言學大家親自編撰，而且趙先生自己也操粵

---

1 重要的翻譯有李榮（1952）的《北京話口語語法》。

2 1980 年由丁邦新翻譯成《中國話的文法》。

3 《國語入門》的綜論部分，其實是根據《粵語入門》的引言，改寫增編而成。見 *A Grammar of Spoken Chinese*, p. vii。

4 有關這方面的材料的記錄，可參看引用書目。有關研究，可參看張洪年等著作。有關早期粵語語料檢索，可參看 Cheung、Chin、Yiu 等語料庫。

語，審音精細，所以無論在編寫方法上或者是講解語音語法方面，都是體大思精。而且更重要的一點是《粵語入門》建立趙先生自己獨到的羅馬字系統，與前人或後來者的拼音方案迥然相異。

粵語羅馬字（下文簡稱「粵羅」）最大的特點是趙先生對聲調的處理。十九世紀以來的粵語教科書，利用拼音記音，有的不標聲調，[5]有的把聲調放在一個音節的四側。[6] 二十世紀以後的教科書，有的用各種升降小符號放在音節的主要元音之上，[7] 有的在音節之後附加數目字，[8] 表示聲調。這種種處理方法，都把聲調視為外在元素，和漢語是聲韻調三位一體的觀念，很不一樣。趙先生早年參加國語羅馬字的制訂工作，把聲調拼入音節之中，[9] 差不多一個世紀之後，還是有些學者認為這是最好的拼音方案。[10] 趙先生編寫《粵語入門》就秉承這個原則，為粵語制訂一套羅馬字，以調入字，不假外求。因為音節的拼寫要反映聲調，粵音九調，所以拼寫規則就更為繁複。本文希望通過分析粵羅的拼音組合，進一步討論趙先生編寫羅馬字背後的原理，和他對語言研究和語言教學的一些看法。

2.《粵語入門》和粵語羅馬字

《粵語入門》引言第一章就開宗明義説明，粵語一詞可以有廣義和狹義兩種解釋。從廣義來看，凡粵地的語言，包括廣東、廣西一

---

5 如 Morrison (1828)，「東懂凍」都標作 tung。

6 如 Ball (1883)、Eitel (1911)，「東」標作 ₌tung，「懂」作 ꞈtung，「凍」作 tung꞊。

7 如 Hoh & Belt (1936)，「東」標作 tung，「懂」作 túng，「凍」作 tùng；Huang (1960)，「東」作 tùng，「懂」作 túng，「凍」作 tung。

8 如香港語言學會的粵拼系統 (1993)，「東懂凍」分別標作 dung1、dung2、dung3。詳見 http://www.lshk.org。

9 以「巴、拔、把、罷」陰陽上去四字為例，國語羅馬字的拼法是 ba、bar、baa、bah。國羅聲調的拼寫規則，請參看《國語入門》和《中國話的文法》二書有關部分。

10 趙先生的 *A Grammar of Spoken Chinese* (1968)，中文譯本《中國話的文法》(1980)，例句拼音一律採用國語羅馬字。普林斯頓大學出版社 2000 年出版的 *Chinese Primer*，國羅和拼音並用。

帶，以至海外許多華人地區通行的語言，都可以統屬粵語。但是，狹義的粵語則以廣州省城的語言為正宗。從廣州南下直達香港九龍，同屬一個體系。所以《粵語入門》一書所描述和教授的語言，以廣州粵語為模式。[11]

《粵語入門》的粵音系統，經整理以後，現改用國際音標開列如下：

聲母共 19：

[p]	[ph]	[m]	[f]	
[t]	[th]	[n]	[l]	
[ts]	[tsh]		[s]	[j]
[k]	[kh]	[ng]	[h]	
[kw]	[kwh]			[w]

倘若把零聲母計算在內，則一共計有 20 聲母。

韻母共 53，並根據元音長短，分長 (L)、短 (S) 韻母兩大類：

L	S	L	S	L	L	L	S	L	L
a		ε		œ	i	ɔ		u	y
ai	ɐi		ei			ɔi	ɵi	ui	
au	ɐu				iu		ou		
am	ɐm				im				
an	ɐn				in	ɔn	ɵn	un	yn
ang	ɐng	εng	ɪng	œng·		ɔng	ʊng		
ap	ɐp				ip				
at	ɐt				it	ɔt	ɵn	ut	yt
ak	ɐk	εk	ɪk	œk		ɔk	ʊk		
m	ng								

11　"Since . . . the dialect of Canton City has considerable cultural prestige and is regarded more or less as the standard form of Cantonese, it is the usual form of Cantonese foreigners or Chinese from other provinces would expect to learn. It may be noted that, while the form of Cantonese changes more and more as one travels south from Canton down to the Canton–Kowloon Railway, the dialect in Kowloon and Hong Kong is nearer to that of metropolitan Canton than to those of the neighboring districts." (*Cantonese Primer*, p. 6)

聲調共九調，調值如下：

	平	上	去	入
陰	53: ~ 55:	35:	33:	5: (上陰入) 33: (下陰入)
陽	21:	23:	22:	2: ~ 22:

大體而言，趙書的粵語音韻系統和袁家驊 (1960) 等的描述，[12] 並無分別，但相對於十九世紀末、二十世紀初的系統，變化較大。和今日二十一世紀的粵語新系統，也頗有差別。詳細討論，可參看張洪年 (2002) 的討論，這裏不贅。所以從音韻發展過程來說，趙書所代表的正是二十世紀所謂標準粵語的全貌。而且，趙書把各元音輔音的具體發音都用國際音標標出，聲調的相對調值也用調型、數字標寫，尤其是所謂的變調，趙書都一詞一字標明。因此從書中記載，我們對二十世紀中的粵語確實語音可以有很清楚的認識。

3. 粵羅拼音系統

趙先生的粵語羅馬字是怎麼拼寫粵音？下列例子，驟然一看，完全無法了解這些字母所拼寫的會是粵語詞彙。

sex can	：	寫真
fox key	：	夥計
poopoo	：	補補
lomax	：	羅馬
say ok	：	細屋
patman	：	不文
fat shoe	：	拂水
tax law	：	打漏
thin man	：	天文

12　袁家驊《漢語方言概要》第九章。由詹伯慧主筆。袁家驊 (1960)、張洪年 (1972)、高華年 (1980)、Matthews & Yip (1994) 等描述基本上都是 20 聲母、53 韻母、9 聲調。

　　粵羅看似複雜，但是它有一定的拼寫規則。只要能掌握規則，就可以按拼音讀出各字各詞，聲韻調分毫不差。

野？

第一課　你我佢，四個人」

一、邊個！

二、我，係我！

一、我，係邊個！

二、你，係邊個！

一、我係王二，你呢！你係邊個呢？

二、我呼，我係丁一，呀——張三係七

一、李三係人。

二、李四係七野？

一、李三係人。

二、張三係人。

二、李四都係人，佢都係一個人。張三同

四、佢地係兩個人。

一、我係一個人，你都係一個人，張三

都係一個人。你同佢，你地係兩個人。張

三、係一個人，李四係一個人，張三李四

NEE[2] NGOX GHOE[3] 'SEYKOH[4] YAN'[5]

DAYIAT[1] FOH

1. Pin°koh? [6]
2. Ngox, hay[7] ngox.
1. Nee hay pin°koh? [8]
2. Ngox hay Woang Yih. Nee nhe°?[9] Nee hay pin°koh nhe°?
1. Ngox ah,[10] ngox hay Teng Iat. Ah,— Ceung Saam° hay mhi°yex?
2. Ceung Saam° hay yan.[11]
1. Lee Sey hay mhi°yex?
2. Lee Sey tou°hay[12] yan, ghoe tou° hay iatkoh yan.[13] Ceung Saam° dhong[14] Lee Sey, ghoedey[15] hay leugkoh yan.
1. Ngox hay iatkoh yan, nee tou° hay iatkoh yan, Ceung Saam° tou°, hay iatkoh yan. Nee dhong ghoe, needey hay leugkoh yan. Ceung Saam° hay iatkoh yan, Lee Sey hay iatkoh yan. Ceung Saam° Lee Sey, ghoedey

趙元任《粵語入門》第一課部分課文

3.1. 粵羅聲母

　　我們先看粵羅系統中開列的各聲母。聲母共分五大類，每類之後開列粵羅所用符號數目，如唇音共有八個符號。

Labials	p	ph	mh	f		
	b	bh	m	v		8
Dentals	t	th	nh	lh		
	d	dh	n	l		8
Palatals	tz	ts		s		
	c	ch		sh	i	7
	dz	ds		z		
	j	jh		z(h)	y	7
Gutterals	k	kh	(ngh)	x		
	g	gh	ng	h		8
Labialized Gutterals	kw	khw			u	
	gw	ghw			w	6

44

粵羅聲母共44個。但實際上趙書的粵語只有19聲母，零聲母除外。19個聲母怎麼會採用44聲母拼寫，數目擴大至兩倍以上？同一個輔音為什麼會變成兩個或更多的標寫符號？究其所以，就是趙先生把聲調拼寫入拼音，而拼寫的其中一個方法，就是利用聲母符號的變化來表示聲調的某些區分。

3.2. 粵羅聲調

粵語聲調分陰、陽兩大類。所謂平、上、去、入四調，各分陰陽。傳統標音，常常在一個漢字的四側用半圈來表示四個聲調，陽調則在半圓底下加橫線。

	平	上	去	入
陰	꜀X	꜂X	X꜄	X꜆
陽	꜁X	꜃X	X꜅	X꜇

　　趙先生以為這樣的標調對初學粵語的人來説，會造成干擾。在音節以外添加外置符號，會讓學生以為聲調是額外的音調升降，就像歐美語言中的語調高低，並不會影響每個字本身的意義。中國語言聲韻調三位一體，缺一不能組成有意義的音節單位，所以他把聲調插入拼音，聲調有別，拼音字母也就有所變動。按《粵語入門》的説法，粵羅拼音雖然是比較複雜，但是每個字各有自己獨立的面貌，音義配合，各自分明。[13] 如上所説，這原是趙先生早年參與制訂國語羅馬字時的基本原則，粵羅沿用同樣的規則。粵語中的陰陽二類區分，陰聲調的音節用 p/t/k 等聲母，陽聲調的音節就利用 b/d/g 等輔音字母來表示。例如：

			陰		陽	
ph-	vs.	bh-[14]	篇 phin	:	便 bhin	平聲
f-	vs.	v-	分 fan	:	焚 van	平聲
t-	vs.	d-	到 to	:	盜 do	去聲
s-	vs.	z-	酸 sun	:	旋 zun	平聲
			寫 sex	:	社 zex	上聲
ch-	vs.	zh-	差 cha	:	茶 jha	平聲
k-	vs.	g-	菊 kok	:	局 gok	入聲

這樣陰陽的對排，我們很容易看出一點，就是表示陰聲調的聲母符號是清輔音，如 f-；表示陽聲調的聲母符號是濁輔音，如 v-。當然，今日粵語聲母並不呈現清濁的對立，所以在教學上並不會出現清濁的對比。[15] 但是聲調的陰陽二分，原來自古代聲母清濁之分。

13　"The distinctive feature of . . . Romanization is that it spells syllables in different tones with different letters, instead of with different diacritical marks or figures. . . . This makes the spelling more complicated, but it gives an individuality to the physiognomy of words, with which it is possible to associate meaning in a way not possible in the case of forms with tone-signs added as an afterthought." (*Cantonese Primer*, p. 10)

14　p-、b- 後的 -h-，表示送氣。

15　趙書以為學生倘若真的把 b/d/g 等的音節讀成濁聲母，只會產生洋腔洋調的感覺，但並不會造成溝通上的障礙。"The use of voiced consonant . . . is not absolutely correct and will give a strong foreign accent. But foreign accent or no foreign accent, the distinction . . . must be maintained at all costs." (*Cantonese Primer*, p. 20)

我們知道古代漢語的聲母原是清濁對立，例如 f：v；後來時移世易，許多方言都發生濁音清化的現象，v 轉成 f。粵語也不例外，不過濁音清化的時候，原來清聲母的字讀成陰聲調，濁聲母的字讀陽聲調。趙元任就假借這些聲母原來的清濁，來表示今日粵語聲調中的陰陽。我們試以「分焚」二字為例說明。「分焚」都是平聲字，「分」古代聲母是非母 *f（加 * 號表示古音），屬清聲母；「焚」古代聲母是奉母 *v，屬濁聲母。今日粵語中，「分焚」只有清聲母 f- 一讀，但聲調有別，「分」是陰平字，「焚」是陽平字。

	分	焚
古代	*f（非母）	*v（奉母）
	*平聲	*平聲
今粵語	[f]	[f]
	陰平	陽平
粵羅標音	f-	v-

輔音之中具清濁之分的，包括塞音、塞擦音和擦音。我們翻看粵語中這三類聲母共 13：[p, ph, f, t, th, ts, tsh, s, k, kh, x, kw, kwh]。我們先撇開 ts/tsh/s 不談，容後討論；剩下的十個聲母，一開為二，就有20 個標寫符號。

[p,	ph,	f,	t,	th,	ts,	tsh,	s,	k,	kh,	h,	kw,	kwh]	
粵羅	p	ph	f	t	th	tz	ts	s	k	kh	x	kw	kwh	（陰調）
	b	bh	v	d	dh	dz	ds	z	g	gh	h[16]	gw	gwh	（陽調）

古代次濁聲母的字，包括鼻音 m-、n-、ng-、邊音 l-，本來都讀陽調。但是也有個別情形，可以讀陰聲調，於是趙書便把這些所謂「例外」的字，在聲母之後加上 -h-，表示讀陰聲調。例如：

16　在國際音標系統中，"h" 並不代表濁音。

陽調	陰調
茅 maau	貓 mhaau
農 nong	燶 nhong
綠 lok	礫 lhok

四個次濁聲母，一開為二，共有八個粵羅符號：

	[m,	n,	ŋ,	l]	
粵羅	m	n	ng	l	（陽調）
	mh	nh	ngh	lh	（陰調）

半元音聲母 i- 和 u- 的字，陰陽二分，也就按同樣道理，分作 y- 和
w-。兩個聲母，共有四種寫法：

陰調	陽調
因 ian	人 yan
汪 uoang	王 woang

這樣一來，原來六個聲母，總共多了12個聲母符號，連原先的20，
一共是32。那麼，粵羅44個符號，還有12個聲母符號來自什麼？
這又牽涉到古代聲母的歷史演化。

研究古音的人都知道，古代齒音塞擦音和擦音聲母共有四套：
*ts- （精）、*tr- （知）、*tsr- （莊）、*tsj- （章）。這四套聲母，在今日粵
語中已歸為一套：[ts-]。但是在十九世紀、二十世紀初的粵語還分
作兩套：ts- [ts-]、ch- [tʃ-]。[17]

古代	十九世紀	二十世紀中以後
將（精組 *ts-）	⟶ ts-	
莊（莊組 *tsr-）		
章（章組 *tsj-）	⟶ ch- ⟶	ts-
張（知組 *tr-）		

---

17 四套聲母演化的途徑，詳情請參看張洪年（2003）。

查趙書的粵音系統只有一套齒音，但是粵羅拼音卻分成兩套：
tz- 和 c-。於是「將」（古精母）和「張」（古知母）今本同音讀 [tsœŋ]，但
粵羅標音有別：

將 (*ts)：tzeung

張 (*tr)：ceung

這兩套標音，又各按送氣與否等再細分為：

tz-   ts-   s-
c-   ch-   sh-

而每套又按聲調陰陽（即古聲母清濁）再分為：

古清聲母	tz-	ts-	s-
	將	槍	相
古濁聲母	dz-	ds-	z-
	匠	牆	
古清聲母	c-	ch-	sh-
	張	昌	傷
古濁聲母	j-	jh-	(zh- → z-)
	丈	長	上

趙書說 zh- 的字很少，一律只單用 z-。[18] 於是，原來的三個聲母 ts-、
tsh-、s-，趙書中寫成 11 或 12 個聲母符號。這樣一來，粵羅總共就
有 44 個聲母。

我們試把實際語言中的聲母和粵羅的拼音並排如下。第一排
是實際語言中的聲母，第二、三排是粵羅的標音，而二排代表陰聲
調，三排代表陽聲調。

---

18 "We do . . . distinguish . . . between *tz, ts, s* and *c, ch, sh*; for example, *tzong* 'ancestor':
cong 'middle'; *tson* 'village': *chön* 'spring'; *siw* 'laugh': *shiw* 'young.' Similarly, the
corresponding lower-tone initials *dz* and *ds* are distinguished from *j* and *jh* respectively. For
z and *zh*, however, since the great majority of words concerned belong to one variety (*zh*),
we shall not distinguish the two. Furthermore, for the sake of simplicity, we shall write both
as *z*." (*Cantonese Primer*, pp. 18–19)

Labials	p	ph	m	f		
	ph	ph	mh	f		
	b	bh	m	v		8
Dentals	t	th	n	l		
	th	th	nh	lh		
	d	dh	n	l		8
Palatals	ts	tsh		s	y	
	tz	ts		s		
	c	ch		sh	i	7
	dz	ds		z		
	j	jh		z(h)	y	7
Gutterals	k	kh	ng	h		
	kh	kh	(ngh)	x		
	g	gh	ng	h		8
Labialized Gutterals	kw	khw			w	
	khw	khw			u	
	gw	ghw			w	6

44

3.3. 粵羅聲母中的齒音

關於趙書把齒音三個聲母各分為二的處理，還有一點必須注意。今日粵語只有一套，但是根據十九世紀的記錄，當時確實分成 ts- 和 ch- 兩套。趙書分成兩套，是否表示二十世紀四十年代還截然二分？其實不然。《粵語入門》很清楚地說明：

The two rows of palatals are only graphic distinctions with no difference in sound, so far as the dialect of Canton is concerned. Thus, *ts* and *ch* are pronounced alike with a sound between aspirated *ts* and aspirated *ch*. (p. 19)

　　這也就是說，趙書中的 ts/ch 區分是人為的劃分，並沒有實際語音根據。但是，為什麼趙元任硬要把一套聲母分成兩套？趙先生也說，這種人為的區分對學生來說並不會造成什麼學習上的困難，因為書上怎麼教，學生就怎麼學。但是實際語言中既沒有這樣的區分，所以硬要分開標寫，對老師、對母語說粵語的人來說，這會是一種困擾。趙先生的解釋是：

Our excuse for adopting them is that by starting on this basis, which takes little or no extra time, one gains an enormous initial advantage when taking up later the study of Mandarin . . . (p. 19)

所以趙先生硬性區分 tz/ts/s 和 c/ch/sh，原來是為了便於學生將來學習國語或其他方言，容易掌握。在北方方言中，tz/c 等的對立十分普遍。國語既然區分，所以雖然是在學習粵語，要是一開頭就學會標音如何不同，以後轉學國語，可以省卻許多麻煩。

　　就這一點來看，正可以看出趙先生制訂粵語羅馬字方案的背後，有一個更大的想法。中國各方言的發音表面似乎差異很大，但是基本上都來自同一個古音系統，相互之間，常常有通換的規則。c 系的字和 tz 系的字，來源本不相同，粵語相混，但是國語大體還能區分，c 系的字讀捲舌為主。粵人學說國語，總不知道什麼時候該捲舌，什麼時候不捲舌。現在趙書一上手就用拼音區分，學生將來學國語，捲與不捲的劃分、翹與不翹的區別，就會比較容易上手，事半功倍。

　　這也就是說，趙元任的粵羅其實不只是在描述當代的粵語，有好些地方是從古代的語音系統來看現代的粵語。上述的 c 和 tz 的人為區分，即是一例。另外一個更明顯的例證就是聲母用上 p/b 等的區分，一方面是表明今日聲調的陰陽，另一方面也在記錄古代聲母的清濁。這都是趙先生匠心獨運、別出心裁的做法，融古於今，把古今之間的承傳歷史演變，盡量保留在今日的拼音系統之中。

3.4. 粵羅聲母中的 l-、n-、ng-

循著這個思路再往細處去想，我們也就明白趙先生對下列一些問題的處理。我們都知道粵音演變中，n- 和 ng- 聲母顯得十分不穩定。今日粵語，古泥母字本應讀 n-，常常讀成 l-，所以「你李」同音，「農龍」不分。另一方面，古疑母字在粵語中的發音會和零聲母相混。如本來是疑母字的「外」[ngoi] 會讀成 [oi]，或者本來是零聲母的「愛」[oi] 會讀成 [ngoi]。n- 和 l-、ng- 和零聲母相混的現象，由來已久，趙書也注意到。書中頁 18 說：

> About one out of four persons in Canton has no initial *n*, and pronounces an *l* in words beginning with *n* for other speakers; for instance, *lee* for both "you" and "plum", whereas the pronunciation of the majority is *nee* for "you" and *lee* for "plum". We shall follow the majority and keep the distinction between *n*- and *l*-.
>
> Another majority of the speakers of Cantonese, not necessarily the same persons who have no initial *n*, have no initial *ng*. Here again we shall follow the practice of the majority by pronouncing the initial *ng*.[19]

趙先生的選擇似乎是從眾。大部分人的發音，就成為書中的標準發音。按照這個看法，那麼粵人不分 c-/tz- 而拼音二分，就分明有乖於這取捨原則。我們要是換一個角度來看，趙先生是從整個歷史大架構來看一個語言，歷史的脈絡，能在拼音系統中保存下來的就盡量保存。這種做法並不等同正音，雖然正音的其中一個理由是以古音做根據。趙先生的拼音按古音系統來給粵語訂立一套聲母，說是有

19　關於零聲母和 ng- 聲母的區分，趙書清楚指出大多數的人都把零聲母的字讀成 ng-，只有若干語氣詞和名詞詞頭「阿＿」，才讀零聲母。"Except for interjections, particles, and the proper noun prefix *Ah*, which begin with an open vowel for all types of speakers, about one fourth of the speakers of Cantonese pronounce . . . words with an open-vowel beginning while the remaining three fourths pronounce them with initial *ng*." (*Cantonese Primer*, p. 21)

利於學習國語或其他方言；説深一層，也就是打開古音的門戶，打通古今的承傳脈絡。趙先生這種宏觀的想法，後來落實於他的通字系統，拼音就是根據不同方言中最能反映古音的語音特點，制訂一套南北古今通用的羅馬字。[20] 但是要注意的是，通字中的聲母分清濁，並不是根據粵語，而是按吳語中保留的古代清濁區分。

4. 粵羅的韻母

趙書的韻母系統按《粵語入門》頁27排列如下，表中的L和S代表元音長短的分別。

		L	S	L	S	L	L	L	S	L
—	平	a		e		eu	i	o		u
	上	ax		ex		eux	ix	ox		ux
	去	ah		eh		euh	ih	oh		uh
-i	平	aai	ai		ei			oai	oi	ui
	上	aae	ae		ee			oae	oe	ue
	去	aay	ay		ey			oay	oy	uy
-u	平	aau	au				-iu		ou	
	上	aao	ao				io		oo	
	去	aaw	aw				iw		ow	
-m	平	aam	am				im			
	上	aamx	amx				imx			
	去	aamm	amm				imm			
	入	aap	ap				ip			

（續下頁）

20　趙元任《通字方案》(1983) 前一部分是根據他的 "A Project for General Chinese" (1967) 翻譯而成。有關通字的構想和原則，請看書中的序論。其實在《粵語入門》的引言部分 (頁14) 已經提出這種看法。

		L	S	L	S	L	L	L	S	L
-n	平	aan	an				in	oan	on	un
	上	aanx	anx				inx	oanx	onx	unx
	去	aann	ann				inn	oann	onn	unn
	入	aat	at				it	oat	ot	ut
-ng	平	aang	ang	eang	eng	eung		oang	ong	
	上	aag	ag	eag	eg	eug		oag	og	
	去	aaq	aq	eaq	eq	euq		oaq	oq	
	入	aak	ak	eak	ek	euk		oak	ok	

　　這韻母大表總共有113韻母。[21] 其實，這是韻母加聲調的變化總和。我們說趙書把聲調放入整個音節，主要原則是陰陽之分在聲母上顯示，平上去之分則放在韻母上顯示。韻母加聲調的變化，相當複雜。簡單而言，假如是單元音韻母，上聲在音節後加x，去聲則加h。如：

平	上	去
巴 pa	把 pax	霸 pah
知 ci	指 cix	志 cih

韻母收-i尾的，上聲則-i轉為-e，去聲則轉為-y。韻母收-u尾的，上聲則-u轉為-o，去聲則轉為-w。如：

彌 nei	你 nee	膩 ney
收 shau	手 shao	瘦 shaw

鼻音韻尾收-m和收-n的音節，上聲加-x，去聲則重疊鼻音。如：

監 kaam	減 kaamx	鑑 kaamm
分 fan	粉 fanx	訓 fann

21　《粵語入門》的韻母大表(頁29)只列112韻母。原因是e、ex、eh的平上去三分，實際上並沒有上聲的字，所以表中只錄e和eh，不收ex。

鼻音韻尾收 -ng 的，上聲則改作 -g，去聲改作 -q。如：

東 tong　　　　懂 tog　　　　凍 toq

我們按此道理，只算韻母，不把聲調變化計算在內，則韻母表可以簡化成：

L	S	L	S	L	L	L	S	L
a	—	e		eu	i	o		u
aai	ai		ei			oai	oi	ui
aau	au				-iu		ou	
aam	am				im			
aan	an				in	oan	on	un
aang	ang	eang	eng	eung		oang	ong	
aap	ap				ip			
aat	at				it	oat	on	ut
aak	ak	eak	ek	euk		oak	ok	

趙書一共有 48 個韻母，和今音 53 韻母相比，少了 5 個韻母，似乎是趙書和今音不同。其實不然，因為趙書把鼻音自成音節的韻母 m 和 ng，拼成 mu 和 ngu（頁 22）。如：

唔 mu
吳 ngu　　　　五 ngux　　　　誤 nguh

又，[y] 元音拼作 iu，以別於 -iu（頁 23）。所以 [yn]、[yt] 也就拼成 iun 和 iut。如：

[y]	:	iu:	愚 yu	語 yux	遇 yuh	
([iu]	:	iu:	搖 yiu	繞 yio	耀 yiw)	
[yn]			鉛 yun	遠 yunx	怨 yunn	
[yt]			月 yut			

所以，把這些特別拼法的韻母[m、ŋ、y、yn、yt]計算在內，一共是53韻，和今日標準粵語無別。

4.1. 粵羅對韻母的處理

趙書對粵語韻母的處理，可以分幾個層面來看。

第一，從拼音角度來看，趙先生要求連韻帶調拼出來的音節，看起來像一個英文或外文的音節，所以，鼻音自成音節的m和ng，都加上元音-u。[22] 又[y]元音，拼作iu，是因為y在英文中一般不作元音。譬如上舉的「遇」字，單拼寫成y，看起來不成音節。所以，趙先生改作iu，「遇」就拼成yuh。[23]

第二，粵羅的韻母，共有五個主要元音：a、e、i、o、u。另有eu韻母，其實相當於[œ]，但是趙書寫成eu，因為趙先生用的全是英文打字機上已有的字母，不假外求其他符號。

第三，趙先生強調粵語中長短元音的區別。而粵羅的單元音韻母：a、e、i、o、u，一概全是長元音。但是複元音韻母、收鼻音韻母、收塞音韻母，則長元音改用兩個元音，短元音單用一個元音。最明顯的例子當然是：aaX和aX的對比。例如「監」kaam：「甘」kam。aa是[a]，a是[ɐ]，改標成兩個a和一個a，就不用牽涉到打字機上找不到的特殊符號。相似的例子還有eaX和eX的對比。ea表示長元音[ɛ]，但單用一個e則表示短元音[e]，例如「聽」theang：「丁」teng。

第四，從語音系統角度來看，趙書的處理和傳統並不完全一樣。我們舉兩例說明。

22　美國華人許多姓吳或伍的，常拼作Eng，也就是在ng前加上元音，這樣看起來、說起來，都比較像一個英文音節。

23　粵羅的iu可以代表[y]和[iu]。零聲母的音節，[y]的聲調拼法是：iu（於）、iux、iuh、yu、yux、yuh，而[iu]的拼法是：iiu（腰）、io、iw、yiu、yio、yiw。

第一例是 o 的標音。o 單讀是 [ɔ]，ou 的 o 則讀 [o]，oi、on、ot 的 o 則讀 [ø]，[24] ong、ok 的 o 則讀 [ʊ]，所以 o 實際代表四個不完全相同的元音。我們以下列早期的材料為例，對比趙書的標音，很清楚看得出來趙先生的處理自成一格。這些材料包括 1828 年 Morrison 編撰的 *A Vocabulary of the Canton Dialect*、1841 年 Bridgman 編撰的 *Chinese Chrestomathy*，和二十世紀 1924 年 Ball 編撰的 *Cantonese Made Easy*。

	1828 Morrison	1841 Bridgman	1924 Ball	1947 趙	
哥	ko	ko	ko	ko	[ɔ]
高	kow	kó	kó	kou	[o]
居	kuy	kü	köü	koi	[ø]
春	chun	ch'un	ch'un	chon	[ø]
出	ch'ut	ch'ut	ch'ut	chot	[ø]
公	kung	kung	kung	kong	[ʊ]
谷	kuk	kuk	kuk	kok	[ʊ]

四種發音，Morrison（1828）標音用 o 和 u 表示，Bridgman（1841）用 o、ó、u 和 ü，Ball（1924）用 o、ó、ö、u、ü 五個符號，趙書則單用一個 o。

另一方面，與 [ɔ] 同元音的 [ɔi]、[ɔn]、[ɔng]、[ɔt]、[ɔk]，趙書卻拼成 oa。如：

歌	ko	[ɔ]
該	koai	[ɔi]
乾	koan	[ɔn]
剛	koang	[ɔng]
割	koat	[ɔt]
角	koak	[ɔk]

換言之，明明是同一個 [ɔ]，趙書卻又標成兩個不同的符號：o 和 oa。這其間的選取，趙書一定有背後的道理。

---

24 [ø] 標音作 o，但是在趙書緒論部分，卻標作 ö，如「春」標作 chön（頁 19）。從音位角度來看，ö 當然可以歸為 o，所以書中其他部分都不另標 ö。

我們仔細查看上舉各例字，「居」古代是魚韻，屬遇攝；「春、出」是諄韻，屬於臻攝；「公谷」古代是東韻，屬通攝。遇、臻、通都是內轉的韻，趙書用同一 o 來表示。[25] 而相對的「該」koai、「乾」koan、「剛」koang 等都是外轉的字。換言之，趙似乎是以 o- 和 oa- 的對立來表示古代內外轉的分別。

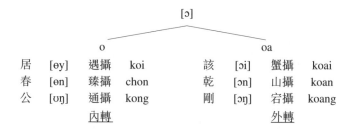

		o				oa	
居	[ɵy]	遇攝	koi	該	[ɔi]	蟹攝	koai
春	[ɵn]	臻攝	chon	乾	[ɔn]	山攝	koan
公	[ʊŋ]	通攝	kong	剛	[ɔŋ]	宕攝	koang
		內轉				外轉	

這只是我的臆測，書中並沒有交代。當然我們可以說，「居春公高」等字，粵語發音大都屬於較後的圓唇元音，歸為一音位，處理也很合理。但是，能歸為一個音位的還有許多別的可能。例如 [œ] 和 [ɵ]，發音位置比較接近，互為對補，一般都當一個元音處理，而趙先生卻反而分拆開來，把 [ɵ] 歸入 /o/，[26] 表面看來，用意不明。但是，假如我們試從趙先生的立場來看，粵羅拼音除了要反映當代的語音系統以外，還要照顧古代的傳統，這樣看來，趙先生的拼音自有他的道理和依據。

第二例是趙先生對 [u] 和 [y] 的處理，也和前人有所不同。粵音中有 [u] 和 [y] 的對比，但是在粵羅系統中，卻統一作 "u"。[27] 顯然趙先生只用 "u" 一個字母表示兩種發音。為什麼趙先生會採取這樣的處理方法？原來，粵語中的 [u] 和 [y]，除了在零聲母音節的情形以外，都呈現互相對補的現象。所以在零聲母的場合，粵羅拼作

25　例字中的「高」是效攝豪韻的字，屬外轉，標作 o，像是例外。但是內轉遇攝一等的字，也常有讀 [ou] 的情形，如「布、度、怒、做」等。不過「歌」屬於外轉果攝，卻用 o。而古音中並沒有和果攝相對的內轉。

26　請參看張洪年 (1972) 等討論。

27　《粵語入門》在綜論部分指出，[y] 的正確拼寫符號是 [ü]，所以課文部分開頭幾課用 [ü]，後來不用 (頁 22)。

"u : iu"；在其他聲母之後，只單用"u"。確實發音，按聲母不同而有
所區分。在唇音、牙音聲母之後，"u" 作 [u]，如「夫」[fu]，粵羅拼
作 fu；但在其他聲母之後，就讀作 [y]，如「豬」[tsy]，粵羅拼作 cu。

u → [u] / 唇音聲母 _____   夫 [fu] : fu

                           寬 [fun] : fun

u → [y] / 其他聲母 _____   豬 [tsy] : cu

                           捐 [kyn] : kun

我們試看前人的拼音，除趙書以外，[u] 和 [y] 的對比，都採用
個不同的元音符號標示。

	1828 Morrison	1841 Bridgman	1924 Ball	1947 趙
烏 [u]	oo	ú	wu	u
於 [y]	u	ü	yu	iu
夫 [fu]	foo	fú	fú	fu
豬 [tsy]	chu	chü	chü	cu

趙先生的做法，顯然是另闢蹊徑。[u] 和 [y] 出現場合不同，根據音
位原則，二者自然可以互補合併。不過，再請看下面的例子。

官 [kun] : 捐 [kyn]

括 [khut] : 缺 [khyt]

前後聲母和韻尾都完全一樣，按音位原則，[u] 和 [y] 顯然不能合
併。但是，趙先生還是併作 u。再請看前人和趙先生的拼音：

	1828 Morrison	1841 Bridgman	1924 Ball	1947 趙
官 [kun]	koon	kún	kwún	kwun
捐 [kyn]	kune	kün	kün	kun
（專 [tsyn]	chune	chün	chün	cun）

	1828	1841	1924	1947
	Morrison	Bridgman	Ball	趙
括 [k'ut]	—	kút	kwút	khwut
缺 [k'yt]	—	küt	küt	khut
（撮 [ts'yt]	—	ts'üt	ts'üt	tsut）

舌根音聲母的字，十九世紀以來的標音一般都是分用兩個不同的元音符號。但是趙先生把 "u" 和 "y" 的對比，歸在聲母是否圓唇的條件之下。圓唇的 kw- 之後，則讀 [u]；不圓唇的 k- 之後，則讀 [y]。換言之，趙先生還是利用音位的觀念來處理 [u] 和 [y] 的關係。但是，為什麼趙先生要這麼大費周章來處理這個問題？這樣的處理，當然可以避免英文書寫中不會出現 "y" 單做元音的現象。其實，我們可以更進一步討論這問題。

$u \rightarrow [u] / kw\_\_\_\_\_$

官 [kun]	:	kwun
括 [k'ut]	:	khwut

$u \rightarrow [y] / k\_\_\_\_\_$

捐 [kyn]	:	kun
缺 [k'yt]	:	k'ut

按古音系統來看，今粵語中的 [un] / [yn]、[ut] / [yt] 的字，古代大部分都是山攝合口的字。「官」[-un] 和「括」[-ut] 是山攝合口一等字，「捐」[-yn] 和「缺」[-yt] 是山攝合口三等字，主要元音應該相同。現代方言中，以國語為例，「官」(guan) 和「捐」(juan) 的基本元音還都保留作 [a]。趙先生統一標作 "u" 正可以說明這些字原來是歷史同源，也可以讓我們知道他們在國語中的發音，也應該是屬於同一主要元音。至於「烏：於」、「夫：豬」，按古音同屬遇攝：

	粵羅
烏：遇攝合口一等模韻 [u]	u
於：遇攝合口三等魚韻 [y]	iu
夫：遇攝開口三等虞韻 [fu]	fu
豬：遇攝開口三等魚韻 [tsy]	cu

四字都屬於遇攝，古本同源，雖然今天粵音有別，但是在標音仍然顯示它們的歷史關係。

5. 學者對粵羅的意見

前人討論趙書的拼音，不一定明白作者用心良苦。例如研究粵語的學者 K. P. K. Whittaker（1949）認為，趙書應當仿效國語羅馬字的做法，把聲母送氣與不送氣的對比改用 b/p 等來表示。他說趙書把 b/p 當作高低兩調的劃分，處理牽強：

> In this Cantonese Romanization system, *k* and *g*, *p* and *b*, *t* and *d* are used as distinguishing initials for the two pitches, high and low, in the general Chinese tone pattern. As modern Cantonese has three pitches, it seems a pity that *k* and *g*, *p* and *b*, *t* and *d* have been earmarked for the arbitrary division of two pitches instead of being employed as aspirated and unaspirated initials *k*, *p*, *t* to make reading Cantonese less difficult for the English-speaking beginner; for *ph* is almost as *p'* for a beginner, and to make *bh* equal to "an initial aspirated *p* of a low-pitched tone" needs some working out.[28]

Whittaker 的說法當然有一定的道理。既有 p/b 的對比，再有 ph 和 bh 的區分，個中道理所在，不容易掌握。這也許正是粵羅不能流通的主要原因。但是趙先生要在古今中外之中找到一個立足點，當然有一定的困難。國羅是用 b 表示不送氣的 p，用 p 表示送氣的 ph。國語和粵語本來都沒有清濁之分，為什麼他不乾脆就採用國羅的做法？這就是因為粵語聲調有陰陽之分，而陰陽來自古音的清濁，所以他把古代聲母三分 b/p/ph 保留下來。為什麼還會有 bh？這又牽涉到古今音的變化。

古代全濁聲母的字，在今日粵語中清化，但是塞擦音則按聲調而分送氣和不送氣兩條路徑變化：平上送氣，去入不送氣。於是：

28　Whittaker（1949）書評，*Journal of the Royal Asiatic Society*（New Series）81: 98。

	陪	倍	背
*b-	（平）	（上）	（去）
	bhoi	bhoe	boy

三字古代都是並母字（*b-）。今屬陽調，雖讀清音，但是拼音還是作b。可是又因為平上送氣，所以拼作bh-，去聲不送氣，所以拼作b-。聲母ph/p/b/bh四分，實在是表示古代清濁、今音送氣與否的兩個層次的分別。我們且用下面圖表來顯示，粵羅怎麼利用這四分來說明古今之間的歷史演變。

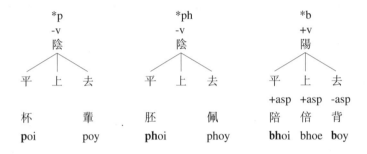

6. 粵羅反映語言的變化

以上討論重點都在說明，粵羅如何在拼音中反映古代的音韻系統。但是趙書中，還有許多標音其實是在反映現實語言中的變化現象，最明顯的有兩點。

6.1. 長短元音變化

第一是長短元音的變化。我們知道粵語有文、白兩個層次。許多文讀是短元音的 [ɐng]，白讀都說成較長的 [ang]。以「生」為例，粵語有 [sɐng] 和 [sang] 二讀，趙書兩者俱存。[29]

---

29 「陷」字，是咸攝二等，與「咸、鹹、喊」等同，當讀長元音 [a]，但是今日多讀短元音 [ɐm]。趙書標作長元音，如淪陷區lonhaamm khoi（第18課），保存舊讀。

生命：shangmeq   生長：shaangceug
生產：shangchaanx   生意：shaang'ih

但是也有白讀是長元音，文讀是短元音，如 [ɛng] 和 [ɪng] 的對立。趙書也是兩者並錄。

嚐：meang "have not"   明：meng「明白」
平：bheang "cheap"   平：bheng「平民」

有的時候，因為元音長短的關係，會造成聲調的變化。上文說過，粵語入聲字的陰入會分二讀，短元音讀下陰入，即 33: 調；長元音讀上陰入，即 5: 調。例如「牆壁」的「壁」，可以有上陰入和下陰入兩讀，上陰入讀短元音 [ɪk 5]，下陰入讀長元音 [ɛk 33]。粵羅就利用元音長短來區分。

壁   pek 5:   peak 33:

不過我們試以另一例來看，「黑」字也有二讀，可以讀短元音的 [hɐk 5:]，也可以讀長元音的 [hak 5:]，但是聲調同讀上陰入。長元音讀上陰入，這就違反粵語聲調的規則。趙書如何處理？其標音是：

黑   xak   xaak°

讀長元音的上陰入，不按規則，所以標為變調，在音節後加小圈以示識別。其實，「黑」原屬曾攝一等登韻入聲，本應讀上陰入 [hɐk 5:]，今口語讀 [hak 5:]，是元音的改變，而並非聲調的變化。但是這種變化比較曲折，在標音上不易注明，現在標作變調，只是一種權宜的處理。這也說明趙先生在描述語言方面，並沒有恪守成規，在必要的時候，他可以不按歷史演變的規律，把口語中的變化，反而視作常規。

另舉一例。「必、鱉、別」三字，讀 [pit 5:]、[pit 33:]、[pit 22:]，聲韻同，但聲調有別。但是粵羅不容許這樣的相同元音入聲三分

的拼法。於是趙先生就把讀上陰入的「必」標作變調。按粵羅拼法如下：

必　pit°[30]　　鼈　pit　　別　bit

其實，「必」讀pit°，是一個變例。按「必」古屬臻攝真韻入聲，「筆、畢」同音，所以理論上應該讀pat。現代粵語讀pit，是一個例外字。按歷史演變規則，讀上陰入是正調，讀長元音 [-i] 反而是不規則的變化。但是趙書按粵語實際發音，把pit°當做是變調來處理。

6.2. 聲調變化

第二是所謂變音的聲調變化。十九世紀以來，各教科書都對粵語中的變調現象，十分注意。[31]趙書對變調的字，都一一標明。變高升的，讀同陰上，就在原來音節後加星號；變高平調，就加小圈。例子很多，不贅，上文討論的「必」，拼寫成pit°，就是一例。書前引論部分也對變音的現象詳加描述。我們這裏只想指出書中某幾課課文列舉的一些變調例子，今已不用。例如：

先頭 (第16課)　　sindhau*　　（今讀：sindhau）
火柴 (第22課)　　foxjhaai*　　（今讀：foxjhaai）

又如下列的常用詞，都標作變調，今日多不用。[32]

雖然 (第9課)　　soiyin*
當然 (第11課)　　toangyin*
天然 (第20課)　　tinyin*
公然 (第23課)　　kongyin*
居然 (第24課)　　koiyin*

30　「必」在《粵語入門》總共出現九次，五次標pit°、四次標pit。也就是説，其間可能有手植之誤。

31　有關早期粵語中的變調現象，請參看張洪年 (2000)。

32　但是書中的「既然」(第22課) 不變調：keyyin。

6.3. 粵羅標音和今音不同

《粵語入門》中有個別例子，發音和今日很不相同。例如：「除」今讀[ts'ey]，趙書作jhu，也就是説，元音作[y]。查十九世紀材料，「除」皆作[y]，由是可知趙書當時還是保留[y]的讀法。[33] 另外，書中有一些字的標音，可能在印刷時出現錯誤。例如：

(1)「節」(第12課) 聖誕節：sheqtaanntzek。「節」是山攝四等先屑韻，所以應該收-t尾。按今日粵語的發音[tsit]，粵羅應該作tzit。翻查十九世紀的語料，都收-t尾。[34] 趙書標作-k尾，恐怕有誤。

(2)「袱」(第6課) 衫袱：saam°vu。「袱」古音是奉母字，平聲。所以《粵語入門》標音作vu，是正確的。但是，粵語中只説[sam 55: fu 33:] (粵羅作saamfuh)，漢字寫作「衫褲」。「褲」是遇攝合口一等模韻暮去聲溪母字，正是fuh的發音。這也就是説，《粵語入門》錄「衫袱」一詞，可能不對。翻查別的材料，都沒有這樣的寫法或發音。

(3)「吟」：(第7課) 乜野吟：mhi°yex iay "what is bad"。「吟」是口語詞，表示不好的意思。今音讀上聲，按粵羅的寫法，當拼作iae。不過，按《廣州方言詞典》，「吟」當作「哋」，廣韻祭韻餘制切，「古次濁去聲，今應讀陽去，口語變讀陽上，有的人讀作陰平」。[35] 所以，趙書讀作去聲iay，可能是當時的説法，今無法考證。不過，今日粵語仍然有「吟吟」一詞，表示小孩不聽話的意思，保留陰平的讀法。

---

33 十九世紀的教材，如1841年的 *Chrestomathy*、1888年的《英語不求人》，都把「除」標作ch'ü。「除」是遇攝魚韻的字，同韻的字如「豬、儲」等，今韻母還是讀[y]。而虞韻的「廚」，韻母今讀[y]，也可以讀[ey]。

34 如1828年的《廣東省土話字彙》、1841年的 *Chrestomathy*、1907年的 *Cantonese Made Easy*，「節」都一律收-t。

35 白宛如 (1988)，頁131。

7. 結語

　　趙先生制訂粵語羅馬字，用的是一般常見的英文字母，但是他能夠憑著這一套拼音，把當時粵語整個語音的聲韻調系統，以及其間的巨細變化，全面照顧。粵羅的基本立場是描述當代粵語的實況，但是在盡可能的範圍中，粵羅又兼顧語言的歷史發展變化，以便學習其他方言。這一點在聲母的處理上，特別明顯。但是，趙書對實際語言的每一個細節，都沒有忽略。粵語口語中長短元音的變化，高平高升變調的使用，他都如實記錄。這就表示趙先生非常注重實際口語，口語中的語音變化，以至語法和詞彙各方面的種種現象，他都觀察入微。《粵語入門》雖然是七十多年前編寫的教材，但是我們今天仔細翻閱，仍然可以知道二十世紀中的粵語是怎麼一個語言。書中的粵語雖然是以廣州粵語為根據，但是相對當年的香港粵語，大差不離。近年來，許多學者都在努力擬構粵語早期發展的歷史。《粵語入門》給我們提供最好的語料和討論，我們根據趙先生的分析，再和這以前的粵語教科書及以後的各種記錄，詳加對比，我們可以很有信心地進一步探討整個粵語演變的過程和步伐。

參考書目

白宛如。1988。《廣州方言詞典》。江蘇：江蘇教育出版社。

袁家驊。1960。《漢語方言概要》。北京：文字改革出版社。

高華年。1980。《廣州方言研究》。香港：商務印書館。

張洪年。1972。《香港粵語語法的研究》。香港：香港中文大學。

———。2000。〈早期粵語中的變調現象〉。《方言》4: 299–312。

———。2003。〈21 世紀的香港粵語：一個新語音系統的形成〉。《第八屆國際粵方言研討會論文集》。北京：中國社會科學出版社，頁129–152。

趙元任著，李榮譯。1952。《北京話口語語法》。開明書店。

趙元任著，丁邦新譯。1980。《中國話的文法》。香港：中文大學出版社。

趙元任。1983。《通字方案》。北京：商務印書館。

Ball, J. Dyer. 1883. *Cantonese Made Easy*. Hong Kong: China Mail Office.

———. 1907. *Cantonese Made Easy* (3rd edition). Singapore, Hong Kong, Shanghai, Yokohama: Kelly & Walsh.

———. 1924. *Cantonese Made Easy* (4th edition). Singapore, Hong Kong, Shanghai, Yokohama: Kelly & Walsh.

Bridgman, E. C. 1841. *Chinese Chrestomathy in the Canton Dialect*. Macao: S. Wells Williams.

Chao, Yuen Ren. 1947. *Cantonese Primer* [粵語入門]. Cambridge: Harvard University Press.

———. 1948. *Mandarin Primer* [國語入門]. Cambridge: Harvard University Press.

———. 1968. *A Grammar of Spoken Chinese*. University of California Press.

Cheung, H. Samuel. *Early Cantonese Colloquial Texts: A Database*. http://pvs0001.ust.hk/Candbase/.

Chin, Andy. *A Linguistic Corpus of Mid-20th Century Hong Kong Cantonese*. http://corpus.ied.edu.hk/hkcc/.

Eitel, E. J. 1877. *A Chinese Dictionary in the Cantonese Dialect*. London: Truner and Co.; Hong Kong: Lane, Crawford and Co.

Hoh, Fuk Tsz [何福嗣], and Waiter Belt [皮泰德]. 1936. *A Pocket Guide to Cantonese, the Revised and Enlarged Edition* [增訂粵語撮要]. Guangzhou: Lingnan University.

Huang, Parker Po-fei, and Gerard P. Kok. 1960. *Speak Cantonese, I*. Yale University: Institute of Far Eastern Languages.

Matthews, Stephen, and V. Yip. 1994. *Cantonese: A Comprehensive Grammar*. London: Routledge.

Morrison, Robert. 1828. *A Vocabulary of the Canton Dialect*. China: The Honorable East India Company's Press.

Stedman, T. J., and K. P. Lee. 1888. *A Chinese and English Phrase Book in the Cantonese Dialect*. New York: William R. Jenkins.

Whittaker, K. P. K. 1949. *Cantonese Primer*, Review, *Journal of the Royal Asiatic Society* (New Series): 81.

Yiu, Carine. *Early Cantonese Tagged Database*. http://pvs0001.ust.hk/WTagging.

原載錢志安、郭必之、鄒嘉彥編，《現代漢語語言學之父：趙元任先生紀念論文集》（台北：文鶴出版社，2016），頁 19–38。

早期粵語中的變調現象

提要：本文根據James Dyer Ball（1847–1919）編撰的粵語教科書 *Cantonese Made Easy*（CME）所提供的語料，對一百多年前的粵語高平變調和高升變調作初步的探討；同時也分析因變調而產生的詞性變化，以及變調與詞彙擴散等有關現象。變調原是研究粵語的一個重要課題。舊日材料中所呈現的各種現象，對我們今日的研究仍然具有重要的參考價值。

關鍵詞：粵語聲調、高平變調、高升變調、詞性變化、詞彙擴散

1. 緒言

粵語聲調系統四聲九調，看似複雜，但就變調而言，與吳閩等其他方言相比，反較簡單。流行廣州、香港、澳門一帶的粵語，只有兩個變調，一個是高平變調，另一個是高升變調。不少學者對這兩種變調現象作過種種研究，不過這些研究主要著眼在共時性的描述，對現代粵語中的變調現象進行語音、語法、語義、語用分析。[1]其實這兩種變調現象，由來已久。從現存材料來看，十九世紀的香港粵語中已呈現變調。本文選取在香港編印的 *Cantonese Made Easy* (CME) 一書前後兩版 (1888、1907)，按引言及正文舉例，對一百多年前的高平高升變調，作初步的探討和分析。

2. *Cantonese Made Easy*

2.1. CME 是一本粵語教科書，為學習粵語的英語人士編寫。書首開宗明義，有簡略數語，說明 CME 的內容和形式：

Cantonese Made Easy: A book of simple sentences in the Cantonese dialect, with free and literal translations, and directions for the rendering of English grammatical forms in Chinese.

全書分 15 課，由日常簡單用語到有關家庭、宗教、交通、買賣、上學、看病各種對話，短短二三十句話語，不但反映出當時香港社會的現狀，同時也記錄了一百多年前香港粵語的實況。每課課文分四欄，一頁兩欄，左右兩頁對照。第二欄是漢語，第三欄是拼音，第一、四兩欄都是翻譯：最左一欄是意譯，最右一欄是逐字直譯，也就是簡介中所謂的 free 和 literal 兩種翻譯。課文之前有四五十頁的發音導論，詳細描述粵語中聲韻調的特點。書後附有比較詳細的粵語文法，從詞類到句型，分細節討論。

1 　請參看宗福邦 (1964)、張日昇 (1969)、張洪年 (1972)、高華年 (1980)、Matthews & Yip (1995)、Bauer (1997)。

全書編寫以務實為主，課文淺顯實用。利用拼音教發音，利用翻譯顯示中英文遣詞造句的異同。文法部分尤其翔實，多列例句，說明粵語中特別的句構詞法。對初學粵語的人來說，CME是一本十分有用的教科書。對研究粵語的人來說，CME所記所載更是不可多得的歷史語料。

2.2. CME的作者James Dyer Ball（1847–1919），在中國生長，通曉多種中國方言，任香港高等法院傳譯。當時的報章*Academy*在1884年1月12日載有一段對Ball的簡介，今迻錄如下：

> Born in China, of European parentage, favored with exceptional advantages for the acquisition of the dialects of China, having a natural gift for this particular work, and being employed in Her Majesty's Civil Service as Interpreter for the Supreme Court, he [Ball] has had every opportunity to gain an accurate knowledge of Cantonese.

這一段文字也見於CME（1888）書後廣告部分，頁II–III。Ball對中國文化及語言熱誠愛好，撰有多種著作。除CME外，東莞方言、香山方言、順德方言，均有專書著作。其中尤以*Cantonese Made Easy*最受歡迎。詳見《粵語方言研究書目》。

Cantonese Made Easy 書後廣告也交代了作者背景，以及當時書價港幣兩元

2.3. CME前後四版。據第二版所載首版前序，第一版當於1883年之前出版；第二版是增訂本，1888年由香港China Mail Office出版，序文年份是1887年；第三版是1907年由Kelly & Walsh出版，序文年份是1902年；第

四版是1924年出版，同出版公司。我手上資料只有第二和第三版，兩書出版前後相差19年，但根據書前序文日期，相差則僅15年。第二版卷首說明這是修訂增補本 (revised and enlarged)。第三版對第二版則作更進一步的增訂；修訂部分，尤以聲調為主。序文說：

> . . . attention has been most fully called to those most important tones—the variants which form a part of the very language itself . . . (p. XII)

換言之，第三版對所謂的變調現象描述更為詳盡。

3. CME所記錄的粵語聲調

3.1. 粵聲九調，平上去各分上、下二類，即所謂陰陽二分。而入聲分上、中、下三種，上入即上陰入，中入即下陰入，而下入即陽入。CME標調形式如下：在音節四角標平上去入。半圓符號標陰調，半圓加橫線標陽調。中入則在音節右下角加圈作記。舉例如下，例字取自CME (1888)，頁 XXXIV–XXXVII。

上平：東 ꜀tung　上上：董 ꜂tung　上去：凍 tung꜄　上入：急 kap꜆　中入：甲 káp。
下平：容 ꜁yung　下上：勇 ꜃yung　下去：用 yung꜅　下入：及 k'ap꜆

3.2. 粵語變調，CME稱之為 variant tones，分兩種。但1888、1907年兩版對兩種變調的描述和標記都稍有不同，現分述如下：

第一種變調是高平變調，1888年版稱為中平調 (medial upper even tone)。平聲分上下或陰陽，所謂 upper even tone 就是指上平調，而由上平轉化來的變調就是第二個上平調 (the second upper even tone)，或名為中平 (medial even tone)，前加 "medial" 以示區別。但1907年的CME則直呼為上平變音 (second or higher upper even tone)。這裏用的 "higher" 是描述上平變音的音色，和中平調的

"medial" 所指並不一樣，上平變調調值較高。Ball 在 1888 年版頁 xxv
中說，中平調的特色是：

> . . . a slight shriek, differing not only in musical pitch (being nearer
> to the 上平 . . . in that respect than to the 下平 . . .) from the other
> two Even Tones, but also in the manner of its pronunciation, it
> having a certain quickness or jerkiness of pronunciation.

根據這樣的描述，中平調或上平變音的音色高而急。1907 年版指
出上平、下平皆降調（頁 xxvii），上平高降，下平低降，上平變音
較上平為高，調型似是高平，發音高而且略有尖銳的感覺。標調形
式，1888 年版是在字左下角加小圈：如「貓」﹍máu、「鎗」﹍ts'öng（頁
xxv），而 1907 年版則除左下角加圈表示讀高調外，而且常在字右上
角加星號，表示變調：如「街」﹍kái*、「多」﹍to*（頁 92）。不過兩書變
調標法偶有不一致的地方，如 1888 年版中「仙」字（當 "cent" 解），原
調陰平，今標﹍sin*，當讀上平變調，有星號而無小圈（頁 19）。又如
1907 年版中「聽」字（「聽日」即「明日」）只加小圈，不注星號：﹍t'ing
（頁 23），用時不得不多加小心。

　　上舉各例都是從上平轉讀上平變音，但也有的字是從其他聲調
轉讀高平變調，而兩書標調方式並不一樣。例如：

　　伯爺公：　1888　　　pák﹝﹜﹍ye* ﹍kung　　（頁 40）
　　　　　　　1907　　　pák﹝﹜﹍ye* ﹍kung　　（頁 40）

「爺」字本調是陽平，現加星號當讀變調，但究竟讀上平﹍ye*，還是
讀上平變調 ﹍ye*？兩書似乎有別。而更有意思的是「公」字，1888 年
版維持原調﹍kung，而 1907 則改讀 ﹍kung，雖然沒有加星號，但顯然
是上平變音，兩書讀音不同。

　　第二種變調是高升變調。CME 稱之為 "the Third Rising Tone"，也
就是第三種上聲，以別於原來的上上和下上。1907 年版頁 xxxi 對這
個變調有較詳盡的描述：

. . . this has a distinct fall and a long rise, in fact, being the most prolonged of any of the rising tones, and much emphasis is thrown into the voice on its recovery from the fall, increasing in its volume as it rises to a good crescendo and dying away at the end again.

這個變調是先降而後高升，似乎和今日的高升變調不完全一樣。今日的高升變調是全高升，並沒有先降的部分。究竟 Ball 的描述是否完全正確，還是他所謂的先降只是強調變調當從低開始？又或許這真的是一個先降後升的曲折調？現在很難確定。不過，Ball 的描述特別強調這變調的聲調不但長而且越來越高昂，顯然是一個高升調。發生高升變調的字，原調可能是其他任何一種聲調。但聲調不同，字詞的用法也不一樣。1888年版頁 xxvi 中説：

The Third Rising Tone differs from all the other tones in this that every word that is used in this tone belongs originally to another tone and is generally likewise used in this other tone as well. Nearly all the tones contribute words which are occasionally, or often, as the case may be, used in the Third Rising Tone.

Ball 在書中更指出最常發生高升變調的字是名詞，尤其是原屬下去（陽去）的常用名詞。下平（陽平）轉讀高升的字也很常見，上去（陰去）的字偶然也有變高升的情形。上上（陰上）和下上（陽上）變化的字比較少見，而上平（陰平）的字則絕無僅有。另一方面，1888、1907年兩版都強調説明：高升變調只發生在口語交談之中，讀書音中並無此現象；同時變調的字，往往是獨用詞；和其他的字連用，則恢復原調。例如「渡」字原調是陽去，單用則讀高升變調 [tò，連詞「渡船」的「渡」讀原調陽去 tò₂。由此可見變調不只是一種聲調變化的現象，變調其實和字詞的用法有關。

　　高升變調的標調形式，兩書不同。1888年版在字右上角標星號表示變調，字左上角加 " [" 符號標明第三上聲的讀法：[□ *。到了1907年修訂時，Ball 不但用星號表示變調，而且按各字原調把標誌

放在字的四角，屬陰調的字，標誌是 ⌐；屬陽調的字，標誌是 ∊，也就是把原來陽調標記 ∊ 顛倒過來。

3.3. CME 這前後兩版，注變調的字亦頗有出入。有 1888 年版不作變調的字，1907 年版讀變調，亦有倒過來的例子，十數年間變化頗大。不過有的例子前後不同，並不反映讀音的變化，而只是 1888 年版標調錯誤，1907 年版加以改正而已，現分別舉例說明如下：

（1）粵語中有不少陽上變去的例子，但口語讀書音變化不同，如「坐」、「重」各字口語是陽上，讀書音是陽去。1888 年版有時把口語的陽上誤標作高升變調，1907 年版則一一改正。由此可見陽上和高升變調調值頗近，因而發生標調錯誤的現象。例如：

坐：得閒嚟坐 ⌐ts'o* (1888，頁 96) → ∊ts'o (1907，頁 104) [2]
重：加重嚴辦 ⌐ch'ung* (1888，頁 13) → ∊ch'ung (1907，頁 13) [3]
抱：叫奶媽嚟抱佢 ⌐p'ò* (1888，頁 15) → ∊p'ò (1907，頁 15)

（2）粵語動詞可以利用高升變調來表示完成體貌，詳見下文。不過 1888 年版中有的變調例子，於文意不合，1907 年版改為原調。例如：

過：你應承交千八銀過我 ⌐kwo* (1888，頁 19) → kwo⌐ (1907，頁 19)

這一句是應承句，交錢動作還未發生，不當用完成體變調。所以 1907 年版的改動是正確的。

（3）粵語常利用變調作構詞手段，用高升變調標名詞（詳見下文）。1888 年版有時忽略這樣變調的例子，誤以為原調本如此，1907 年版改正。如：對對（作「對對子」解）tui⌐ ∊tui (1888，頁 35) →

2　又如「重」字，1888 年版頁 98 作 ⌐ch'ung*，1907 年版頁 106 作 ∊ch'ung。

3　但 1888 年版中「抱」亦有標陽上，如頁 99「取心抱」(to take a daughter-in-law) 的「抱」字標 ∊p'ò。

töü˭töü]*（1907，頁35）。[4] 第一個「對」字是動詞，讀陰去原調；第二個「對」字是名詞，作「對子」解，由陰去變高升。1888年版標作陰上有誤，1907年版改為高升變調。不過也有一些例子是1907年版改錯了。例如：「渡」（作「渡船」解）ˡtò*（1888，頁29）→ tò˭（1907，頁29）。「渡」當動詞或和其他字連用，讀陽去，如「渡船」tò˭ ₌shün（1907，頁29）。不過「渡」字單用作「渡船」解，則讀高升變調。1888、1907年兩版在前言部分都舉此字為例，說明變調的現象（見1888，頁xxvii；1907，頁xxix）。由此可見，1907年版把˭tò*改作tò˭是錯誤。

　　1907年版的變調改動例子頗多，雖偶有錯誤，但總體而言是補訂1888年版的不足。作者Ball在修訂時用功辛勤，用心良苦，也就是說1907年版中記載的變調現象，更能正確地反映二十世紀初口語中的實況。

4. 關於CME記錄的高平變調和高升變調

4.1. 高平變調

4.1.1. 1907年的CME書中一共記載了114個高平變調的例子，而1888年版只有31例，相比之下，1907年版多了約三倍，十數年間，變化似乎頗大。不過1888年版列31例，其中三分之二都在書首練習發音部分，而且有的例字和後文實例不合。如「貓」字是陰平調，1888年卷首標作 ₌máu（頁xxv），但同書頁77則作₌máu；前者是高平變調，後者是陰平原調。而1907年版則前後同調，皆作 ₌mau*（頁xxvii、83），其他例子如「鎗」、「香」皆然。[5] 由此可見，1888年版在

4　韻母標音，兩版用的符號不同，1888年沿用舊標音ui，而1907年則改作öü（頁vii）。

5　「鎗」：1888年版頁xxv作 ₌ts'öng，頁51、93皆作₌ts'öng，而1907年版一律作 ₌ts'öng*。「香」：1888年版頁xxxiii作 ₌höng，頁50、57、68皆作₌höng，而1907年版一律作 ₌höng*。

處理高平變調時並不一致，錯漏的地方，1907年版加以訂正。換言
之，同書兩版之間的三倍差異，有的可能只是改正錯誤，並不代表
語言真正的變化。

現舉一些兩書正文中都作高平變調的例子（標音後括號內注明原
書頁碼）。

	原調	CME 1888	CME 1907
一文	陽平	꜂man* (19)	ₒman (19)
十仙	陰平	꜀sin* (19)	ₒsin (19)
貨倉	陰平	ₒts'ong (23)	ₒts'ong (23)
烏蠅	陽平	꜀ying* (58)	ₒying* (61)
多	陰平	ₒto (25)	ₒto (25)
乞兒	陽平	꜀yi* (99)	ₒyi* (106)
伯爺	陽平	꜀ye* (41)	ₒye* (41)
雨微	陽平	꜀mei* (9)	ₒmei (9)

高平變調字的來源以陰平居多，陽平也有一些。上舉各例，以陽平
來源為主。這些字今日仍讀高平，印證CME兩版，可見變調讀法遠
在一百多年前已經流行。

再舉一些例子，由一讀而變為二讀。1888年版中不變調，而
1907年版中則原調變調並列。由此可見，這些詞的變調讀法是在
二十世紀初才開始流行。

	CME 1888	CME 1907
聽日	꜀t'ing (23)	꜀t'ing（或 ₒt'ing）(23)
月虫	꜀chung (65)	꜀chung（或 ₒchung*）(70)
巡理廳	꜀t'eng (33)	꜀t'eng（或 ₒt'eng）(33)
出街	꜀kái (9)	꜀kái（或 ₒkái）(9)
孫女	꜀sün (15) ·	ₒsün（或 ꜀sün）(15)
兩仔爺	꜀ye (40)	꜀ye（或 ₒye）(41)
一張刀	꜀tò (53)	꜀tò*（或 ꜀tò）(55)

兩讀標音，1907年版中分兩種處理方法。一種是先列原調，再舉變調，放在括號中，如「巡理廳」的「廳」字。一種是先列變調，再用括號標舉原調，如「刀」字。列舉次序先後，究竟有什麼不同，書中並沒有解釋，我們也許可以認為放在前邊的代表一般讀法，放在括號中的比較少用。以「刀」字為例，1907年版中有兩讀，先列高平變調，高降原調放在括號中。翻檢同書其他「刀」字用例，往往只標變調一讀，如1907年版頁55有「一把刀」，「刀」字只標變調 tò*。可是由高降轉讀高平的變化過程已接近完成，當時讀法應以變調為常。另一方面，如「巡理廳」magistracy 的「廳」字，舊讀原調，新讀變調。顯然正由高降轉向高平，但變調放在括號中，似乎當時讀法還是以原調為常。不過同書有「廳」字單用，當 "sitting room" 解，舊讀原調 ₌t'eng（1888，頁52），新讀變調 ₒt'eng（1907，頁53），而且只有一讀，前後兩例並舉，可見雖同一「廳」字，變調與否，因詞而異，變調發生在個別字詞身上，在詞彙中逐漸擴散。

4.1.2. 高平變調的字，絕大部分是名詞，而且約有一半是物件名稱，四分之一和人有關。指人的詞尤以親屬詞佔多數。1907年版中增補親屬詞彙，有很多都是讀高平變調，如「尊翁」的「翁」₀yung*（頁141）、「表兄」的「兄」₀hing*（頁143）、「舍親」的「親」₌ts'an（或 ₌tsan*）（頁144）、「千金」的「金」₀kam*（頁141）、「二奶」的「奶」₀nái*（頁141），例子很多。

4.2. 高升變調

高升變調的例子，1888年的 CME 一共有101條，而1907年版有162條。兩書相比，後者多了一半有餘，增添量相當可觀。

高升變調的來源，以陽平字居多，其他上去入的字也有轉讀高升。1907年版中的162例，來源分配如下：陽平低降調，73例，佔總數45%。陽去52例，陽入4例，它們調值相同，都是中平調，可

以合併，共56例，佔總數34%。陰去18例，陰入3例，它們的調值也相同，可以合併，共21例，佔總數13%。陽上低升調，12例，佔總數8%。

高升變調的字以名詞居多，佔六成。其間又以物件詞佔一半，親屬詞次之，佔16%。現舉一些高升變調的例子如下：

	CME 1888		CME 1907
藥丸	ˈyün* (ꜛyün) (25)	→	ꜛyün* (25)
綿羊	ꜛyöng	→	ꜛyöng* (yöng) (61)
繩	ꜛshing	→	ꜛshing* (17)

第一例的「丸」字，1888年版已有二讀，但陽平原調放在括號中；到了1907年版時，只留下變調的讀法。第二例的「羊」字，1888年版只有陽平一讀，1907年版則並列原調變調，而且變調先行，原調反放在括號中。第三例的「繩」字，1888年版只有陽平原調，而1907年版亦只有一讀，但是高升變調。高升變調在當時顯然是一個相當普遍的現象，而且有外來詞亦轉讀變調的例子，如1888年版「喱呢」(minute) ꜛmin ꜛni（頁64），在1907年版標為 ｡min* ꜛnei（頁68）。雖然書中並沒有在「呢」字側加變調標記，但由陰平改讀陰上，正是外來詞常見的讀法。[6]

不過，同書也有個別例子呈現由變調改讀原調的變化。例如：1888年版菠蘿ˈlo* (lo)（頁11）在1907年版標為ꜛlo（頁11）。1907年版只標陽平一讀，並在同頁加注說明「蘿」字以讀原調為宜，也就是說作者顯然知道另有變調讀法，不過時至1907年，變調已不復流行。「菠蘿」的「蘿」今日仍讀陽平，要不是有1888年的記載，我們根本不知道一百年前「菠蘿」可以說成 ꜛpo ꜛlo*。

6　參看張洪年 (1972) 第六章。又「喱呢」的「喱」亦由高降min改讀高平 ｡min*，拼音前後標記清晰。「呢」字由ni改讀nei，元音複化，是二十世紀初粵音變化的一個重要現象。

4.3. 變調的演變過程

從音變的過程來說，我們可以有三個時間據點：T_1–T_2–T_3。T_1是在未變之前，T_3在已變之後，T_2是未變體和在變體並存交替的轉換期。我們假如以X代表原調，Y代表變調，我們可以把變調的演變三階段圖解如下。

$$T_1 \qquad\qquad T_2 \qquad\qquad T_3$$
$$X \longrightarrow X \sim Y \longrightarrow Y$$

CME前後兩版（1888、1907）中記載的各種變調例字，正好記錄了這三段變化的過程，有的字如上舉的「繩」，在1888年版中還是原調讀法，也就是在T_1階段，不過在接著的十數年間，聲調開始變化，步伐較快的，到了1907年版已轉化完成，只留下變調一讀，也就是到達T_3階段；變化較慢的如上舉的「羊」，在1907年版中是原調變調並存，是T_2階段。也有一些例子如上舉的「丸」，顯示變調早在1888年之前已經發生，1888年版反映兩讀交替的T_2階段，到了1907年才轉化完成，屬於T_3。「繩」、「羊」、「丸」三例正代表這三個階段的變化。

5. 因變調而產生詞性變化等現象

粵語中高平和高升變調，似乎是兩個獨立的聲調變化現象。但細究之下，高平高升變調有一些共同的詞性變化規則，現分述如下。

5.1. 變調表名詞化

變調的字，不論是高平或高升，都以名詞居多。CME書前介紹高平變調部分，列舉一些高平高降對比的例子，高平是名詞，高降

是動詞或形容詞，前後兩版皆如此（見1888，頁XXXIII；1907，頁XLII）。

膏 ꜀kò "plaster"（名）	:	高 ꜁kò "high"（形）
欄 ꜀lán "market"（名）	:	躝 ꜁lán "to crawl"（動）
廳 ꜀t'eng "a court"（名）	:	聽 ꜁t'eng "to hear"（動）
箋 ꜀tsin "note paper"（名）	:	煎 ꜁tsin "to fry"（動）
貓 ꜀máu "cat"（名）	:	踎 ꜁mau "to squat down"（動）
英 ꜀ying "a salad"（名）	:	英 ꜁ying "superior"（形）

當然也有一些例外，如「燶」to scorch（動）作高平꜀nung；又如「鄉」village、「丁香」的「香」clove都是名詞，前者讀高降꜁höng，後者讀高平꜀höng。

高升變調的例子如：

對	"antithetical sentences"（名） ꜂tui（1888，頁35）[7] töü⌉*（1907，頁35）	:	對	"to construct"（動） tui꜄（1888，頁35） töü꜄（1907，頁35）
話	"patois, dialect, language"（名） wa⊐*（1907，頁XXXII）		話	"to speak"（動） wa꜅（1907，頁XXXII）
犯	"prisoner"（名） ⌈fán*（1888，頁31） fán⊐*（1907，頁31）	:	犯	"to commit crime"[8] fán꜅
買辦	"comprador"（名） ⌈pán*（1888，頁23） pán⊐*（1907，頁23）	:	辦	"to sentence"（動） pán꜅（1888，頁13） pan꜅（1907，頁13）

上面列舉的例子，高平和高升兩類情形稍有不同。高升的例子是一字兩用，很清楚看得出是名動相對，以變調區分。但高平一類，因為材料有限，同音對比的例子難找，所以只能多舉同音異字的例子，不過高平高降分工還是十分清楚。動詞或形容詞保持原調，名詞轉讀變調。以變調表名詞這種用法，除了單詞外，在一些複合

---

7 1888年版中「對」（名）標陰上調有誤，1907年版改作高升變調，見上文討論。

8 CME原書1888、1907年兩版都沒有「犯」字讀原調的例子。但「犯」現有變調作名詞的用法，依理推據，當有原調原義，今補上以示對比。

詞中也看得出痕跡，而且以高升變調為主。上文舉的「買辦」即一例。1907年版頁100另舉一例：行船 $_{\subset}$shün "to go a voyage"，行船嘅 shün* "a sailor"。「行船」是動賓結構，「船」字不變調，「行船嘅」是「行船嘅人」之省，變調表名化。其他例子如：

		CME 1888		CME 1907
打<u>雜</u>	"a general assistant"	tsáp$_{\sqsupset}$ (93)	→	tsáp$_{\sqsupset}$* (100)
打伙<u>記</u>	"inmate of a brothel"	kei$^{\sqsupset}$ (93)	→	kei$^{\sqsupset}$ ~ kei$^{\sqsupset}$* (100)
傳<u>話</u>	"interpreter"	$^{\ulcorner}$wá* (33)		wá$^{\sqsupset}$* (33)
掌<u>櫃</u>	"accountant"	$^{\ulcorner}$kwai* (23)		kwai$^{\sqsupset}$* (23)
接<u>盤</u>	"contractor"	$_{\subset}$p'un (94)	→	$_{\subset}$p'un* (101)

這些複合詞都是指從事某種行業的人，動賓結構借變調而名詞化。不過利用高平變調表行業的只有一例：大<u>車</u> "chief engineer"、二<u>車</u> "second engineer" 的「車」，1888年版頁29都作$_{\subset}$ch'e，1907年版頁29都作 $_{\circ}$ch'e。同書有「車」字作名詞或動詞用，皆不變調：

車 "carriage"　　　$_{\subset}$ch'e (1888，頁28)，$_{\subset}$ch'e (1907，頁28)
車 "to go"　　　　$_{\subset}$ch'e (1888，頁29)，$_{\subset}$ch'e (1907，頁29)

從上舉各例，可以看得出兩書標調並不完全一樣，有的例子是早期不變調、後期變調，也就是說從1888年到1907年期間，正是這些詞借變調表名化的過渡期。

　　CME書中還有一個高平變調現象和構詞有關。我們知道粵語中常常把形容詞後置，表名物化。如「生魚」倒置成「魚生」。這種構詞形式在CME書中頗有一些例子，作者Ball以為漢語中形容詞有時可以在名詞之前，有時可在名詞之後，但意思有別。舉例如下：

		CME 1888，頁59		CME 1907，頁63
<u>乾</u>荔枝	"a dry li-chi"	$_{\subset}$kon		$_{\subset}$kon
荔枝<u>乾</u>	"dried li-chis"	$_{\subset}$kon	→	$_{\circ}$kon*
<u>乾</u>龍眼	"dry lung-ngans"	$_{\subset}$kon		$_{\subset}$kon
龍眼<u>乾</u>	"dried lung-ngans"	$_{\subset}$kon	→	$_{\circ}$kon*

從英文翻譯可見「乾」字後置，是名物化的用法。而兩書相比較，後置的「乾」字正由原調轉讀高平變調，利用變調表名詞化。1888年版中不作變調，是因為當時還未發生調值變化，還是記音的人漏了記錄音變？我們很難決定。不過在1907年版中另有一例，證明形容詞名物化後置而發生變調，在二十世紀初是剛開始不久的現象。

生魚　　"fresh fish"　₌sháng（1888，頁59），₌sháng（1907，頁63）

魚生　　"a dish composed of uncooked fish"
　　　　　　　　　　　₌sháng（1888，頁59），₌sháng（1907，頁63）

上述「乾、生」的例子，在1907年版中並列同頁，「乾」字後置，發生變調，而同類型的「生」字後置，卻不變調，顯然變調現象因詞而異，逐步擴散。「魚生」的「生」字在1907年版中還保持高降原調，但今日粵語中只有高平一讀，變調先後、變化緩速是不一樣的。

　　類似的例子還有「雞公、狗公、牛公、馬公」的「公」字，在1888年版中皆保持陰平原調kung（頁40），而1907年版則改讀變調 ₒkung（頁40），今日仍讀高平調。

5.2. 名量分化

　　CME書中有一些詞兼作名詞量詞，但以變調區分。量詞保留原調，名詞轉讀變調，高平高升皆如此，這也是變調表名詞化同一模式的現象。例如：

		CME 1888	CME 1907
(1a)	一枝樹枝（量）	₌chi（49）	₌chi（50）
(1b)	一枝樹枝（名）	₌chi（49）	ₒchi*（50）
(2a)	一餐飯（量）	₌ts'an（68）	₌ts'an（72）
(2b)	起餐"meal"（名）	₌ts'án（5）	ₒts'án（5）
(3a)	一杯茶（量）	₌pui（68）	₌púi（72）
(3b)	玻璃杯（名）	₌pui（110）	ₒp'ui*（119）

(4a)	一<u>包</u>書 (量)	₌páu (58)	₌páu (62)
(4b)	荷<u>包</u>鎖 (名)	₌páu (28)	ₒpáu (29)
(5a)	一<u>面</u>鏡 (量)	min⁼ (52)	min⁼ (54)
(5b)	船<u>面</u> (名)	ˈmin* (29)	min⁼* (29)
(6a)	一<u>堂</u>蚊帳 (量)	₌tʻong (56)	₌tʻong (58)
(6b)	祠<u>堂</u> (名)	₌tʻong (56)	₌tʻong* (或 ₌tʻong) (58)
(7a)	一<u>台</u>戲 (量)	₌tʻoi (55)	₌tʻoi (58)
(7b)	<u>檯</u> (名)	ˈtʻoi* (17)	₌tʻoi* (17)
(8a)	一<u>行</u>字 (量)	₌hong (58)	₌hong (61)
(8b)	你間<u>行</u> (名)	ˈhong* (23)	₌hong* (23)

以上例1至4是名詞轉高平變調，例5至8是名詞轉高升變調。例
(2a) 的量詞「餐」字前後兩版皆作tsʻan，和名詞的tsʻán似有長短元音
之別，但較之其他各課「餐」字作量詞的例子，短元音a疑是手植之
誤，今日仍讀長元音。CME書中名量兼用而以高升變調區分互成相
比的例子不多。1907年版有一例，量名同句，而原調變調對舉：

(9) 幾多<u>面面</u>？ "how many facets?"　　　min⁼— min⁼* (頁54)

由此可見，名量分工，以變調區分，量詞不變，而名詞變調，
高平高升變化，同出一轍。名量分化在十九世紀末已經發生，而且
從「枝、堂」等例來看，前後兩書標調不同，名詞轉讀變化，似乎正
在這十數年間進行，而「堂」字兩讀₌tʻong*：₌tʻong，當是轉變尚未
完成，還在過渡階段。

5.3. 形容詞變調

1907年版中頗有一些形容詞變調的例子，但不見於1888年版，
先舉二例：

<u>幾大</u>"How old (is he)?"　tái⁼ (1888，頁98)　→　tái⁼* (1907，頁106)
<u>幾高</u>"How high (is it)?"　₌kò (1888，頁98)　→　ₒkò (1907，頁106)

前一例的「大」字在1907年版中轉讀高升變調，後一例的「高」轉讀高平變調。尤有意思的是，有同一形容詞在1907年版中可兼以兩種變調形式出現：

CME 1888，頁60		CME 1907，頁63	
嗰隻咁大 tái⁼	→	tái⁼	"as large as that one"
		tái⁵* / ｡tái*	"as small as that one"
呢條咁長 ⊆ch'öng	→	⊆ch'öng	"as long as this one"
		⊆ch'öng*	"like this one so long" /
		｡ch'öng*	"like this one so short"

「大」字本調陽去，「長」字本調陽平，在1888年版中都只有原調一讀，也只有一解，即原義。但根據1907年版記載，這兩個字除原讀外，皆可變讀高升高平。從語義來看，書中英文翻譯說明讀原調的是字的本義，讀變調則衍生別的意思。先看高平變調。「大」字讀高平變調，反作「小」的意思，「長」讀高平變調，反作「短」的意思。也就是說，不管形容詞原字聲調高低，一轉高平，詞義也就顛倒過來。這種構詞手段，今日粵語中仍有跡可尋，詳見袁家驊（1960）。粵語中時有用高調表小稱，如「雨微」"slight shower"的「微」，由⊆mei轉｡mei（1888、1907年版同頁9）。「大、長」聲調變高，所指轉小，正是同一現象。

形容詞轉讀高升變調，語義上有什麼改動？我們另舉一例說明。

冇一半咁遠 "not one half so far"

⊆yun（1888，頁17）→ ⊆yun*（1907，頁17）

「冇一半咁遠」也就是「沒有一半的距離」的意思。「遠」字由陽上低升變作高升調，意義已不專指「遠」，而是泛指遠近距離、既非正面的「遠」，也不是相反的「近」，而是一種中性的用法，表路程遠近。反過來看「大、長」二字讀高升變調，用法相當。「長」字讀 ⊆ch'öng*，意思是 "like this so long"，也就是「像這條的長短」，「大」字讀 tái⁵*，英文注解並沒有特別標明是大小巨細的意思，但從其他各例類推，

「咁大」讀高升調,當作「如此大小」解,今日粵語中「大、長」讀高升˙,依然表大小長短。

形容詞變調辨義的現象,不多見於1888年版。是當時還沒有這樣的變化,還是作者疏忽遺漏?很難斷言,不過1888年版中偶然還有一些例子可供參考。

幾耐 "how long"	noi* (1888,頁23)	noi⁵* (1907,頁23)
好耐 "for a long time"	noi (1888,頁25)	noi² (1907,頁25)

「耐」字本調陽去,是「長久」的意思。CME前後兩版皆有原調和變調的讀法,但用法似乎有別。從英文翻譯來看,讀本調是「時間長久」原義,讀高升變調是問句,問的是時間長短,意不在「長久」。也就是說「好耐」和「幾耐」的分別正在形容詞義是否中性化,中性化的「耐」表時間長短,變調讀高升。這個變調現象,兩書都有記載,可見由來已久。

陰平調的形容詞也有類似的變化,由高降變高平,表中性泛指的用法。如「多」和「深」:

	CME 1888	CME 1907
幾多 "how many?"	꜀to (35)	₀to (35)
好多 "great many"	꜀to (35)	꜀to (35)
幾深 "how deep?"	꜀sham (28)	₀sham (28)
好深 "very deep"	꜀sham (33)	꜀sham (33)

原調表原義,變調表中性,這種區分在1907年的導論部分已有清楚的說明,這裏不待詳說。1907年版頁33有句「又唔係幾淺,又唔係幾深」,這裏「深」字當原義解,「幾深」是「很深」的意思,而不是「有多深?」的問句。但標調卻作高平₀sham,和上述變調表中性的現象不合。書中例子不多,但似乎在「幾……」之後出現的陰平調形容詞,常讀高平變調,這是否是「幾」字句的特色,由問句而外延其他非問句的用法,還有待進一步的分析。

5.4. 變調表時態

CME有一些用變調表動作完成的例子。請看：

<u>嫁咗</u>（or 嫁）唔曾吖？ "Is she married?"
ká꜆ ꜂cho (or ꜂ká *) (1888，頁15)
ká꜆ ꜂cho (or ká꜕*) (1907，頁15)

「咗」字是體貌詞尾，附在動詞之後，表完成。「嫁咗」即「已經嫁了」的意思。但動詞本身也可以利用高升變調表完成，相當於「動詞＋咗」，再舉一些例子：

	CME 1888	CME 1907
現時冇，但係<u>過</u>年想請個 "Not at present, but he wishes to engage one after the new year."	kwo* (33)	kwo꜕* (33)
我大佬已經<u>中</u>舉咯 "My brother has taken his M.A."	꜁chung* (35)	chung꜕* (35)
你<u>計</u>數唔曾呀？ "Have you made up your accounts?"	꜁kai* (23)	kai꜕* (23)
佢就致<u>行</u>出街 "He has only just gone out."	꜀háng (93)	꜀háng* (100)
佢<u>話</u>我 "He scolded (or told) me."	wá꜆ (38)	wá꜆ ~ wá꜅* (38)

最後兩例，似乎是由1888年的原調正走向1907年的變調。其實這兩句根據上下文意，可以用完成式，也可以不用。所以變調與否，並非必然。在今日粵語中，依然兩可。CME前後兩書的不同，並不一定代表過渡期的聲調變化。利用高升變調表完成，其實在早期粵語中已經是一個相當普遍的現象。

CME表形容詞強化的句型是「形＋過頭」，1888年版中的「過」可讀陰去原調，也可讀高升變調，但1907年版一律作變調：

	CME 1888	CME 1907
熱過頭 "It's too hot"	yit꜕ ꜁kwo* ꜀t'au (9)	yit꜕ kwo꜕* ꜀t'au (9)
	yit꜕ kwo꜆ ꜀t'au (59)	yit꜕ kwo꜕* ꜀t'au (62)

「過」字變調，亦可看作是「動詞 + 詞尾」（「過咗頭」）的變化。

動詞變調，有時用法和完成體詞尾並不完全相當。如 1907 年版頁 95 有下面一句：

> 佢夥計翻<u>嚟</u>咯 "His partner has returned." ꜀fán ꜀lai*

這一句可以用完成體，但詞尾必須出現在動詞「翻」之後，如「翻咗嚟」，而不會是「翻嚟咀」。但這一句的變調卻發生在補語「嚟」，顯然變調的用法和普通詞尾稍有不同，有待進一步的研究。

以上討論是關於高升變調，高平變調是不是也可以表完成？CME 全書並沒有提供例句，但 1907 年版卻在前言中增補一句，很清楚地交待高升變調表完成的功能：

> There is . . . a Second, or Higher, Upper Even Tone into which words are put and which also at times shows past tense, etc. (p. XXVII)

我們從其他早期材料中，也可以找到一些陰平調動詞利用高平變調表完成的用例。請看 Cheung（1997），這裏不贅。

5.5 因句調而造成的變調現象

CME 有一些變調情形和詞法句法無關，而是因為句調而發生聲調變化的現象，書中例子不多：

> 係？"yes?"　　　　　ꞌhai*?（1888，頁 85），hai꜒*?（1907，頁 91）
> 佢係嚟 "Has he come?"　　ꞌlai*（1888，頁 85），꜊lai*（1907，頁 91）

1888、1907 年兩版都説明這樣的變調是因為問句句調高升，而把高升調套在句末一字的字調上，不過 1907 年版對第二例的「嚟」字變調補充説明：

> . . . besides the interrogative the 嚟, ꜊lai*, being in a variant tone also expresses past time. (p. 91)

這也就是説「嚟」字由陽平變高升，一方面是受到疑問句聲調的影響，另一方面是利用變調表完成的結果。一個變調代表兩種變化。

因句調而發生高平變調的情形只有一例，而且只見於1907年版：

你知呢啲事幹唔<u>知</u>呀？"Do you know about these matters?"
_ᴄchi (1888，頁100) → _ₒchi* (1907，頁107)

1907年版改動聲調，但並沒有説明改動原來標調的原因，句末動詞「知」由高降原調變高平，很可能是因為強調語氣而發生的變調現象。句末助詞「呢」_ᴄni 和「吖」_ᴄá，一般都讀陰平高降，但1907年版書末補充説，在加強語氣時，這兩個助詞都可變讀高平 _ₒni（頁124）和 _ₒá*（頁122）。

6. 粵語變調與詞彙擴散

6.1. 粵語中的高平高升變調，雖然有時和詞法句法有關，有規律可循，但總體而言，這些變調是一個詞彙層面的現象，先發生在某些詞身上，然後外延開去，在詞彙中慢慢擴散。CME前後兩書的記音，正可反映這個擴散的痕跡。先舉「人」為例。「人」是陽平字，書中一般皆標原調_ᴄyan。但也有一些例子由原調改讀變調，如：

告呢個<u>人</u>"prosecute this man"　　_ᴄyan (1888，頁31)，
　　　　　　　　　　　　　　　　　　_ᴄyan (1907，頁31)
拉嗰個<u>人</u>"arrest that man"　　　　_ᴄyan (1888，頁13)，
　　　　　　　　　　　　　　　　　　_ᴄyan (或 _ₒyan*) (1907，頁13)

這兩個「人」字用法一樣，但1907年版中後一例的「人」可以兩讀。前一例的「人」是否一定不可以讀變調？書中沒有交待。但顯然「人」字有時可以讀原調，有時可以讀變調，而且在不同的詞條組合中，有的變調，如「男人」_ᴄyan*，有的不變調，如「唐人」_ᴄyan；有的在1907年版中還是兩讀，如「主人」_ᴄyan：_ₒyan*，詳見下文。變調在詞彙中擴散外延，變調的詞條也因時而陸續添增。

「人」字的詞條很多，但為什麼有的變調，有的不變？其間準則何在？研究粵語變調的學者認為變調可以是一種語用手段，表熟悉，表親暱，表小稱，甚至表輕蔑。變調的詞往往是我們常見或很想接觸到的事物名稱，帶變調的詞不是一種正式或尊敬用語，使用場合也比較隨便（詳細討論請看 Tsou [1994]）。我們試以 CME 書中一些例子來説明。

祠<u>堂</u>"ancestral temple"　　₌tʻong（1888，頁56）
　　　　　　　　　　　　　　→ ₌tʻong*（或 ₌tʻong）（1907，頁58）
禮拜<u>堂</u>"chapel"　　　　　　₌tʻong（1888，頁27），₌tʻong（1907，頁27）

同一「堂」字在兩個不同的詞條中，一個聲調不變，一個在1907年版中開始轉變，兩讀並用。從社會文化角度來看，祠堂是中國人祭祀祖先的地方，而禮拜堂則是外來洋教聚集的處所。對十九世紀末的粵人來説，禮拜堂自然顯得比較陌生，而祠堂是比較常去的廟堂。祠堂的「堂」字變調，而禮拜堂的「堂」字不變，也許正代表那個時期的人們對兩種建築的不同文化認同。今日耶教在香港流行，教堂的「堂」字，在二三十年前還是讀陽平原調，現在只有高升變讀。變易的發展，正如祠堂的「堂」字一樣，在很短的時期內，由陽平變讀高升。聲調的變化，或多或少可以反映當時人們的社會文化意識。

6.2. 再舉一些例子説明變調在詞彙中擴散的現象：

	CME 1888	CME 1907
學生 "scholars"	₌sháng（33）	˳sháng（33）
醫生 "doctor"	₌sháng（25）	˳sháng（25）
先生 "teacher"	₌sháng（35）	₌sháng（35）

1907年版説明「學生、醫生」的「生」都可讀˳shang，也就是説讀短元音 [ɐ]，而不是長元音 [a]（1888、1907年兩版中，「先生」的「生」又可讀₌seng）。「生」讀˳shang，是高平變調的例子。變調擴散似乎決定於社會等級和受尊重的程度，地位越高，越受尊重，稱謂也越正式，以不變調為常；地位低的，用小稱對待，可以變調。「學生」的

「生」，由高降原調改讀高平，可以理解作小稱的手段。「生」字變調在1888年版中並沒有記載，在1907年版中則已發生，而且擴延到「醫生」的「生」，但「先生」的「生」並沒有受到波及，1907年版還是作原調，同書頁43並說明「先生」一詞是敬語稱謂：

> 先生 ₌sin-₌sháng, literally, elder born, but which is applied to teachers, is also used in the same way that *Monsieur* and *Herr* are in French and German respectively. It is not confined in its use to preceptors therefore, but is often used for Mr. and also means Sir or gentleman.

最有意思的是同頁加注說："The boys in foreign homes in Hong Kong are styled 先生₌sin-ₒshang." 也就是說在洋人家中工作的男僕，可以呼為「先生」，但「生」字變讀高平。由此可見，高平變調表小稱帶貶義的特殊用法。

6.3. 變調帶貶義的現象，也見於高升變調。以「婆」字為例：

	CME 1888		CME 1907
寡母婆 "widow"	₌p'o (15)	→	₌p'o* (15)
媒人婆 "female go-between"	₌p'o (40)	→	₌p'o* (40)
伯爺婆 "old woman"	₌p'o (40)	→	₌p'o* (40)
蛋家婆 "boat woman"	₌p'o (40)	→	₌p'o (或 ₌p'o*) (40)
屋主婆 "land lady"	₌p'o (40)		₌p'o (40)

前四項「婆」字詞條可能都語帶輕蔑，由原來的陽平（1888）轉讀高升（1907），正代表變調表蔑稱的用法。與此相反的是「屋主婆」，女房東身份理應尊敬，所以不變調。但是請看下面兩詞：

	CME 1888		CME 1907
主人婆 "mistress"	₌p'o (40)	→	₌p'o* (40)
事頭婆 "mistress"	₌p'o (40)		₌p'o (40)

兩詞同義，指的都是東主人物，應該以禮相待，以禮貌語言稱謂，但為什麼一個發生變調（1907），一個不變？又如「家婆、老婆」二詞：

	CME 1888	CME 1907
家婆 "mother-in-law"		꜀p'o* (142)
老婆 "wife"	꜀p'o (27)	꜀p'o (27)

「家婆」是丈夫的母親，待之以禮，為什麼稱謂變調？是表暱稱的用法嗎？「老婆」是自己的眷屬，本可以暱稱或小稱相呼，為什麼反而不變調？其間變化道理，並不能一言道其所以。

我們回頭再舉「人」字條，進一步説明變調擴散的例子，有時可以用詞義詞用來解釋，但有的時候，變調似乎是偶發現象。

	CME 1888	CME 1907
男人 "man ~ husband"	꜑yan* (15)	꜀yan* (15)
女人 "woman ~ wife"	꜑yan* (15)	꜀yan* (15)
乜人 "who"	꜑yan* (27)	꜀yan* (27)
嗰個人 "that man"	꜑yan* (13)	꜁yan (꜀yan*) (13)
呢個人 "this man"	꜁yan (31)	꜁yan (31)
主人 "master"		꜀yan* (少作 yan) (139)
夫人 "(your) wife"		꜁yan 或 ꜀yan* (140)
尊夫人 "(your) wife"		꜁yan 或 ꜀yan* (140)
如夫人 "(your) concubine"		꜀yan* (41)
內人 "my wife"	꜁yan (15)	꜁yan (15)
唐人 "Chinese"	꜁yan (27)	꜁yan (27)
法蘭西人 "Frenchmen"	꜁yan (27)	꜁yan (27)
大人 "His Lordship"	꜁yan (31)	꜁yan (31)
佛大人 "Mr. Fut"	꜁yan (31)	꜁yan (31)
司事人 "manager"	꜁yan (23)	꜁yan (23)
熊人 "bear"	꜁yan (49)	꜁yan (50)

CME書中「人」字詞很多，有一些例子，前後兩書皆讀變調，也有一些例子，皆讀原調，一律不變。變的如「男人、女人、乜人」，都是日常用語，變調先行，可以明白。「唐人、法蘭西人」表國籍，「大人、司事人」表職銜，「佛大人」是面稱，都屬於正式用語，不能變調是意料中事。「熊人」非人，體大勢凶，不是一般人常見或喜愛的動物，所以不能以變調表暱稱小稱。「夫人、尊夫人、如夫人、內人」都是禮貌語言，自然以不變調為常。但為什麼前三者可以變調，而

「內人」不變？「主人」是對上而言，為什麼轉讀高升？「呢個人」只一讀，而「嗰個人」可以二讀，意思有什麼分別？還是屬於自由變體？總而言之，粵語變調繁複多元，我們可以歸納出的熟稱、暱稱、小稱、蔑稱用法，也許只能解釋其中一部分的現象而已。

7. 結語

CME（1907）的引言部分（頁 xxxii）舉了下面三個「大」字例，說明粵語變調的情形：

(1)　　一個大人 tái², a big man, a grown up person, also 大人 is a title for high officials such as Your, or His, Excellency, Your, or His, Honour, etc.

(2)　　Tái³*, i.e., in the Variant Rising Tone of the Lower Retiring as in the phrase 你大個嗰時, when you have grown up. Here the variant tone shows the growing being attained or looked forward to, without its use, when that meaning was to be conveyed, the phrase would fall flat and tame.

(3)　　。Tai in the Higher Upper Even Tone as in the phrase 啲咁大個, a tiny mite, 你啲咁大個嗰陣時, when you were a little mite of a child.

「大」字三讀，各有所指，可見作者Ball對變調現象的重視。他不但能掌握調值變化，而且更能精確地描述變調所帶有的語法語意變化。CME書中記載的變調現象十分豐富，而且1888、1907年兩版中標調不同，正反映這十數年間變調發生和擴散的過程。我們上面的描述只是按書中例句分析而得，材料只能作大略的歸類，有很多個別例子都未能作進一步討論；同時，我們也沒有把CME和其他年代的材料放在一起研究，作更詳盡的歷時性分析。不過僅此數百例，

我們還是可以看到粵語聲調在十九世紀末的變化痕跡。James Dyer Ball 以一人之力，編寫 *Cantonese Made Easy*，前後四版，數訂其稿。修訂之間的更動添補，好供後人用來研究早期粵語的發展過程和規律。本文討論的變調現象，只是其中一項可以深入探討的課題。

參考書目

宗福邦。1964。〈關於廣州話陰平調的分化問題〉。《中國語文》，第5期，頁 376–389。

袁家驊等。1960。《漢語方言概要》。北京：文字改革出版社。

高華年。1980。《廣州方言研究》。香港：商務印書館。

張日昇。1968。〈香港粵語中的陰平調及變調問題〉。《中國文化研究所學報》。香港：香港中文大學中國文化研究所。

張洪年。1972。《香港粵語語法的研究》。香港：香港中文大學。

張敏、周烈婷。1993。〈粵方言裏的「兒化」現象——從廣西玉林的小稱變音說起〉。第四屆國際粵方言研討會。

陳忠敏。〈論廣州話小稱變調的來源〉(文稿)。

Bauer, Robert, and Paul Benedict. 1997. *Modern Cantonese Phonology*. New York: Mouton de Gruyter.

Cheung, Hung-nin Samuel. 1997. "Completing the Completive: (Re)Constructing Early Cantonese Grammar." In *Studies on the History of Chinese Syntax*, ed. C. F. Sun, *Journal of Chinese Linguistics Monography Series 10*. Berkeley.

Matthews, Stephen, and Virginia Yip. 1994. *Cantonese: A Comprehensive Grammar*. London: Routledge.

Tsou, Benjamin K. 1994. "A Note on Cantonese Tone Sandhi (CTS) as a Diffusional Phenomenon." In *Interdisciplinary Studies on Language and Language Change*. Taiwan: Pyramid Press.

原載《方言》2000年第4期 (北京：商務印書館)，頁299–312。

粵語量詞用法的研究

提要：量詞是現代漢語語法中重要的一環，也是南北方言必具的語法成分。不過粵語中量詞的表現和其他方言頗有不同。本文試對比粵語和國語使用的例句，發現粵語可以在量名的組合中，量詞兼作定稱的標誌。而且量詞可以和形容詞結合，發展成新的「形量」結合體，具形容詞性能，其中尤以「大、細」的表現最為獨特。量詞一般以單數為單位，但粵語中的量詞有時卻以單概雙，這種用法亦不見於國語。

關鍵詞：量詞、量名結合、指稱、量形結合、單雙

1. 引言

在現代漢語中，數詞一般不能直接放在名詞之前，數名結合，中間必須加插量詞，[1] 如「一<u>個</u>學生」、「兩<u>本</u>書」、「三<u>枝</u>筆」。量詞當然也有表示物事形狀或某種特徵的意思，但從語法上來看，量詞是一種功能詞。不用量詞，數詞就無法修飾名詞。這是現代漢語語法的規律。中國各方言所用量詞，因地而異，但這條語法規律，南北恪守不悖。古文裏的「一馬」在現代方言中都算是錯句。數量結合成詞組可以重疊起來，放在名詞之前，表示數量很多，如「一本一本的書」（後一個數詞「一」可以省略）。量詞本身也可以重疊，表示遍指，如「個個學生」。這些量詞的引伸用法，南北方言也都常見。不過，南方方言中有些量詞獨特的用法，卻是標準國語裏所沒有的。本文謹就香港粵語裏量詞的用法作一探討，提出一些特別的現象，供研究方言者參考。[2]

2. 量詞作定稱用

漢語裏的名詞詞組，除數詞量詞外，還可以兼帶指示詞，指示在前，和數量結合成定語，共同修飾後面的名詞，圖解如下：

1　量詞一般可分名量和動量兩種，而名量又可按意思、來源、用法等細分數類。詳見趙元任《中國話的文法》第七章，本文討論的是名量詞。

2　有關粵語量詞的研究，主要有：(1) 高華年《廣州方言研究》第二章第五節；(2) Siew-yue Killingley 的 *Cantonese Classifiers: Syntax and Semantics* (Newcastle upon Tyne: Grevatt and Grevatt, 1983)。高華年以廣州粵語為對象，而 Killingley 所描述的是南洋粵語。高書中舉出雙音節量詞，如一<u>串聯</u>葡萄、一*kwanglang*豬肉、一<u>堆雷</u>蟲仔，香港粵語並不常見。

　　名詞帶有指示詞，即表示指稱確定，粵語中表定稱的指示詞是
「呢」nī和「嗰」gó，[3] 相當於國語的「這」和「那」。「呢」表近指，「嗰」
表遠指。

2.1. 定稱有指的名詞組

　　所謂定稱有指，就是説不但指稱確定，而是近指遠指亦清楚標
明，如：

（1a）　呢一本書（國：這一本書）

　　　　　nī yāt bún syū

（1b）　嗰一啲人[4]（國：那一些人）

　　　　　gó yāt dī yàhn

數詞是「一」的時候，往往省略成「指示＋量＋名」的組合：

（2a）　呢本書（國：這本書）

　　　　　nī bún syū

（2b）　嗰啲人（國：那些人）

　　　　　gó dī yàhn

3　　本文粵語標音是按耶魯式拼音。

4　　「啲」dī相當於國語的「些」，數目不定的名詞組可用「啲」作量詞。國語的「些」還可以
　　和原來量詞連用，如「這些枝筆」，粵語的「啲」則不可以和原量詞並舉。「啲」或寫作
　　"D"。

詞組中的名詞亦可按上下文語境而刪去，結果「呢本」nī-bún、「嗰啲」gó-dī便獨立成為所謂的「定量複合詞」，可以作句子的主語或賓語。例如：

> (3a) 我想買呢本翻去睇吓。
>
> Ngóh séung máaih nī-bún fàanheui tái háh.
>
> (國) 我想買這本回去看看。
>
> (3b) 嗰啲全部都係我學生。
>
> Gó-dī chyùhnbouh dōu haih ngóh hohksāang.
>
> (國) 那些全都是我學生。

定量的組合，國語裏也有。不過國語裏的「這」和「那」可以單獨作代詞用，如「這是我朋友」、「那是一本中文雜誌」；也可以直接放在名詞之前，如「這書」、「那雜誌」。但粵語裏的指示詞「呢、嗰」，卻永遠是連用詞，而且一定是和數量詞連用，所以粵語裏沒有「呢書」、「嗰報」的組合，也不能説：

> (4a) *呢係我朋友。[5]（國：這是我朋友。）
>
> *Nī haih ngóh pàhngyáuh.
>
> (4b) *嗰係一本中文雜誌。（國：那是一本中文雜誌。）
>
> *Gó haih yāt bún Jùngmáhn jaahpji.

換言之，粵語裏的量詞是(1)指示詞、(2)數詞、或(3)指示數詞結合時必備的語法成分。國語裏有數詞的名詞組一定有量詞，粵語裏則除數詞外，指示詞也必定要和量詞同用，這是國粵語量詞用法的不同第一點。

2.2. 定稱無指的名詞組

漢語中表示名詞組指稱確定，除了利用指示詞來標明以外，還可以利用詞序來表示。凡充當主語或「把」字句賓語的名詞組，都是

5　句子前加星號(*)表示是病句。

定稱。假如這種定稱的名詞組，不帶任何指示詞，則是定稱無指，例如國語的「書在桌上」、「我把書看了」。兩句中的「書」都確有其物，並非任何的一本書，但因遠指近指不明，所以是定稱無指。粵語中除了利用詞序來表示定稱無指，如（5a）、（5b），更常見的是在名詞之前冠以量詞，如（6a）、（6b）。

（5a）　書喺枱處。（國：書在桌上。）

　　　　Syū hái tói syu.

（5b）　我將書睇咗。（國：我把書看了。）

　　　　Ngóh jèung syū táijó.

（6a）　本書喺枱處。

　　　　Bún syū hái tói syu.

（6b）　我將本書睇咗。

　　　　Ngóh jèung bún syū táijó.

量名結合，前面不加指示詞，而只利用量詞來表示定稱，這種語法結構並不見於國語。這是國粵語量詞用法不同的第二點。下面再舉一些粵語裏量名獨用的例子：

（7a）　你擠咗枝筆喺邊處呀？

　　　　Néih jàijó jì bāt hái bīn syu a?

　　　　（國）你把筆放在哪兒？

（7b）　琴日架車又壞咗。

　　　　Kàhmyaht ga chē yauh waaihjó.

　　　　（國）昨天車又壞了。

（7c）　啲人飲完咖啡，又唔洗乾淨翻啲杯，真係冇乜手尾。

　　　　Dī yàhn yám yùhn gafē, yauh m̀hsái gònjehng fàan dī buì,

　　　　jàn haih móuh māt sáuméih.

　　　　（國）那些人喝完了咖啡，又不把杯子洗乾淨，真不負責任。

　　上述這兩點不同，其實可歸為一點。就是量詞的出現與否，在國語則只由數詞決定，但粵語中則除數詞外，定稱也可以決定其取捨。從語義組合來看，中文的名詞組可以包括數目和指稱這兩大成分。數目可單可複，可實數亦可不定量，但有數目則必須有量詞，倘單複無關重要，則數目根本不標，量詞也就無用。這是國語粵語共同遵守的大原則。不過在這條語法規律之下，粵語還添一重指稱和量詞的關係。指稱確定，則必有量詞，假如是定稱而有指，就利用遠指近指的指示詞標出，如「呢本書」、「嗰枝筆」。假如是定稱而無指，則僅用量詞，如「本書」、「枝筆」。「呢、嗰」這兩個指示詞，都派不上用場。在數目和定稱這兩項因素之間，數目是首決條件，數量兼有的時候，量並不能表示定稱，有量而無數，量才有表定稱的可能，如「三本書」：「本書」。

2.3. 指稱不定的名詞組

　　漢語裏指稱不定的名詞組，一般只出現在賓語位置，如：

(8a)　　(國) 買了三本書。

　　　　(粵) 買咗三本書。

　　　　　　Máaihjó sàam bún syū.

(8b)　　(國) 我想去看 (一) 個電影。

　　　　(粵) 我想去睇 (一) 齣戲。

　　　　　　Ngóh séung heui tái (yāt) chēut hei.

數詞「一」通常可省去。又假如數目一項根本不出現，則量詞亦可省去，如：

(8c)　　(國) 我們快去買票。

　　　　(粵) 我哋快啲去買飛。

　　　　　　Ngóhdeih faaidī heui máaih fēi.

2.4. 量–名組合

句(8b)中的「一齣戲」可以簡作「齣戲」，但只有充當賓語的名詞組才可以省作「量–名」簡式。另一方面，因為粵語的量詞身兼二用，所以量名組合，如「本書」一例，除了可以是「一本書」之省外，也可以是定稱的說法。下面兩句，國語句只有一解，粵語句卻可以有兩種意思。

(9)　　（國）他找到本書。← 他找到一本書。

(10)　　（粵）佢搵到本書。← 佢搵到一本書。

或：佢搵到（定稱）本書。

Kéuih wán dóu bún syū.

這充當賓語的「本書」究竟是指稱不定還是定稱無指，這就要看上下文來決定了。如：

(11a)　佢喺圖書館搵咗好耐，終於搵到<u>本書</u>係講數理邏輯嘅。

Kéuih hái tòuhsyūgún wánjó hóu noih, jùngyù wán dóu bún syū haih góng souléih lòhchāp ge.

（國）他在圖書館找了很久，終於找到一本書是講數理邏輯的。

(11b)　佢終於搵到<u>本書</u>嘑，如果今日重唔還，圖書館就罰五蚊嘅嘑。

Kéuih jùngyù wándóu bún syū lahk. Yùhgwó gàmyaht juhng m̀hwàahn, tòuhsyūgún jauh faht m̀h mān gelahk.

（國）他終於把書找到了，要是今天還不還，圖書館就要罰五塊錢了。

句(11a)裏的「本書」是「一本書」之省，這本書在沒有找到之前，指稱並無確定；但句(11b)裏的「本書」卻確有其書，是已知事物，所以改用國語來說，可以用「把」字句來表示定稱。國語量詞不表定稱，所以「本書」只可能是「一本書」之省。粵語量詞，既由數目支

配，亦由定稱決定，「本書」可以是「一本書」之省，亦可視作是「這本書、那本書」的定稱無指的一種說法。

2.5. 領屬句

粵語中表示領屬關係的「嘅」ge 相當於國語的「的」，置於領與屬之間，如：

(12a)（國）我的這（一）本書。

(12b)（粵）我嘅呢（一）本書。

　　　　　Ngóh ge nī (yāt) bún syū.

表屬的名詞組如有指示詞，則領屬助詞可以省略，國粵語皆然。

(13a)（國）我這本書

(13b)（粵）我呢本書

　　　　　ngóh nī bún syū

但粵語句中，假如是定稱無指，還可以進一步省略指示詞，讓表領的名詞直接放在量詞之前，如(14)各句；但是這樣的組合在國語都是病句。

(14a) 我本書（國：*我本書：我的書）

　　　　ngóh bún syū

(14b) 我本書唔見咗。（國：我的書不見了。）

　　　　Ngóh bún syū m̀hginjó.

(14c) 邊個攞咗王太本書？（國：誰拿了王太太的書？）

　　　　Bīn go lóhjó Wòhngtáai bún syū?

倘上下文意清楚，表屬的名詞根本可以不說，只留下表領的名詞和量詞直接結合在一起，如：

(15a) 我本好睇過你本。（國：我的 [書] 比你的好看。）

　　　　Ngóh bún hóutáigwo néih bún.

（15b）王太本喺櫃桶處。（國：王太太的在抽屜裏。）

　　　Wòhngtáai bún hái gwaihtúng syu.

這種名量的結合，是因為粵語的量詞兼有表定稱的功能。「書」之前既有表領屬的「我」，則「書」確有所屬，並非空指。指稱既是確定，則定稱決定量詞，於是產生「我本書」或「我本」這樣名量的組合。國語裏的量詞與定稱無關，所以「書」前雖加上表領的「我」，指稱有定，但也不能説成「我本書」這樣的句子，要説「我的書」或「我（的）這一本書」才合國語的文法。[6]

　　粵語中的「我本」所表的意義有兩層，一是表領屬，一是表定稱，而且是用領屬來決定定稱，就因為這雙重意義，所以下面的這個句子就顯得有點重點分不清楚：

（16a）＊呢本書係我本。（國：這本書是我的。）

　　　＊Nī bún syū haih ngóh bún.

句（16a）所強調的既是領屬關係，而非定稱，於是為了要清楚點出這層關係，不得不用領屬助詞「嘅」來標明：

（16b）呢本書係我嘅。

　　　Nī bún syū haih ngóh ge.

2.6. 修飾結構中的量詞

　　領屬句是修飾結構的一種，表領屬的助詞「的」、「嘅」其實是修飾結構的記號。漢語裏的名詞語修飾結構，一般是修飾語在前，名詞組在後，修、名中間的修飾助詞，有時可按上下文意或其他原因刪去。如：

6　國語的領屬句中，如果表領的是人稱代詞，表屬的是親友等名詞，那麼領屬之間的助詞「的」可以省去，如「我爸爸」。粵語亦然。但粵語還可以説「我個阿爸」ngóh go a-bàh，用量詞「個」來表定稱。

(17) （國）藍書 ～ 藍色的書

（粵）藍書 ～ 藍色嘅書

làahm syū—laàhmsīk ge syū

名詞的修飾語可分限制性和描寫性兩種，前者如國語的句 (18a)，後者如句 (18b)。

(18a) （國）藍色的那本書是我的。

(18b) （國）那本藍色的書是我的。

兩句的「書」都是指稱有定，但 (18a) 的定稱主要是由「藍色」來決定，非紅非綠，而是「藍色」的一本。至於 (18b) 的定稱則由「那本」來決定，不是這一本藍色的書，是那一本藍色的。[7] 粵語中的情形一樣。

(19a) （粵）藍色嘅嗰本書係我嘅。

Làahmsīk ge gó bún syū haih ngóh ge.

(19b) （粵）嗰本藍色嘅書係我嘅。

Gó bún làahmsīk ge syū haih ngóh ge.

(18a) 和 (19a) 兩句中的修飾標記「的、嘅」都可省略，句子變成：

(18c) （國）藍色那本書是我的。

(19c) （粵）藍色嗰本書係我嘅。

Laàhmsīk gó bún syū haih ngóh ge.

不過，正因為「藍色」決定了指稱，假如這句子中的名詞是定稱無指，近指遠指不明，則粵語句中的指示詞「嗰」不留。句 (19c) 可以改成：

(19d) （粵）藍色本書係我嘅。

Làahmsīk bún syū haih ngóh ge.

7　有關限制性和描寫性的區別，請看趙元任《中國話的文法》第五章第三節。説話時輕重音不同，則「限制」、「描寫」的區別，也可能不一樣。

其間「書」又可按上下文意略去，再寫成：

(19e) （粵）藍色本係我嘅。

Laàhmsīk bún haih ngóh ge.

國語裏的量詞，並不由定稱決定，所以和粵語相對的句子都算
是錯句：

(18d) （國）＊藍色本書是我的。

(18e) （國）＊藍色本是我的。

描寫性的修飾語句子，如句(18b)和(19b)，定稱是由「那本」和「嗰
本」決定。定稱無指，粵語的(19b)可寫成(19f)，但國語的(18b)則
不能作如是省略。

(18f) （國）＊本藍色的書是我的。

(19f) （粵）本藍色嘅書係我嘅。

Bún laàhmsīk ge syū haih ngóh ge.

下面再舉一些其他例子，説明粵語裏修飾語直接放在量詞之前
的用法：

(20a) 前邊喬樹係桃樹。

Chìhnbihn pò syu haih tóusyu.

（國）前邊的那棵樹是桃樹。

(20b) 一九七五年架太舊了，我想買一九八五年嗰架新啲嘅。

Yāt-gáu-chāt-ńgh nìhn ga taai gauh lahk, ngóh séung máaih

yāt-gáu-baat-ńgh nìhn gó ga sàn dī ge.

（國）一九七五年那輛太舊了，我想買一九八五年那輛新
一點兒的。

(20c) 瘦蜢蜢啲人，冇乜人鍾意。

Sau-máang-máang dī yàhn, móuh māt yàhn jùngyi.

（國）瘦子，沒什麼人喜歡。

修飾語可以是表領屬的名詞，可以是形容詞，也可以是一個句子，假如這是一個限制性的修飾子句，定稱有指，則用指示詞表示，定稱無指，則僅用量詞。如 (21a) 和 (21b)：

(21a) 我擠喺處嗰對鞋，俾邊個攞咗？

Ngóh jài hái syu gó deui hàaih, béi bīn go lóhjó?

（國）我擺在這兒的那雙鞋，誰給拿走了？

(21b) 我擠喺處對鞋，俾邊個攞咗？

Ngóh jài hái syu deui hàaih, béi bīngo lóhjó?

定稱無指而兼帶修飾子句，在國語裏根本不用定量詞，如：

(21c)（國）我擺在這兒的鞋，給誰拿走了？

國語裏修飾子句的「的」通常不可省去，但粵語則以略去「嘅」為常，如：

(22a)（國）我今天早上教的那班，學生很多。

(22b)（粵）我今朝教嗰班，學生好多。

Ngóh gàmjīu gaau gó bāan, hohksāang hóu dò.

刪去助詞「嘅」，有時會導致句子意思不清，例如 (23) 這樣的句子：

(23) 我買嗰啲嘢。

Ngóh máaih gó dī yéh.

「嗰啲嘢」可以是「買」的賓語，整個組合是一個獨立的句子，相當於國語裏的「我買那些東西」，但 (23) 又可以是「我買嘅嗰啲嘢」之省，意思是「我買的那些東西」；其間分別，請看下面兩個句子：

(24a) 我買嗰啲嘢，好艱難。

Ngóh máaih gó dī yéh, hóu gaànnaàn.

（國）我買那些東西，很難。

(24b) 我買嗰啲嘢，好貴。

Ngóh máaih gó dī yéh, hóu gwai.

（國）我買的那些東西，很貴。

第一句裏的「我買嗰啲嘢」是一個句子，整句作「好艱難」的主語。但第二句中的主語是「嗰啲嘢」，而「我買」又是「嗰啲嘢」的修飾子句。

有的時候，就算有了上下文交待，這樣的組合究竟是怎麼樣的結構，還是不容易分辨。例如：

(25) 佢講嗰啲嘢，好清楚。

Keúih góng gó dī yéh, hóu chìngchó.

這一個句子的意思可以是 (25a)，也可以是 (25b)：

(25a)（國）他講那些東西講得很清楚。

(25b)（國）他說的那些話，很清楚。

前者的「嗰啲嘢」是「講」的賓語，而在後一句中則是被「佢講」修飾的名詞組。

又有些句子，意思似乎是模棱兩可，但其實按粵語語法分析，則只有一解，如：

(26) 我俾你嗰啲錢。

Ngóh béi néih gó dī chín.

這個句子的意思是「我給你的那些錢」，是一個帶修飾子句的名詞組，但照字面來看，似乎是「我給你那些錢」。不過粵語裏的雙賓語結構是直接賓語在前，間接賓語在後，與國語的語序不同，所以 (26) 不可能有兩種解釋。

3. 量詞轉化形容詞

粵語裏描述事物大小，最普通的説法是把形容詞「大 daaih /細 sai」加在適當的量詞之前，組成一種新的「形量」結合體，如：

(27a) 呢間房好<u>大間</u>。

　　　Nī gàan fóng hóu *daaih-gàan*.

　　　（國）這間屋子很大。

(27b) 嗰件衫真係<u>細件</u>。

　　　Gó gihn sàam jàn haih *sai-gihn*.

　　　（國）那件衣服真小。

(27c) 把遮<u>大把</u>得滯。[8]

　　　Bá jē *daaih-ba* dākjaih.

　　　（國）傘太大了。

在這些句子裏「大 /細 + 量」都是充當形容詞謂語。在下面兩句中，「大 /細 + 量」則作修飾語用。

(28a) 唔該俾間細間嘅房我。

　　　Mhgòi béi gàan sai-gàan ge fóng ngóh.

　　　（國）請給我一間小的房間。[9]

(28b) 我想買張大張啲嘅紙。

　　　Ngóh séung máaih jèung daaih-jèung dī ge jí.

　　　（國）我想買一張大一點兒的紙。

8　「大把」粵語裏也是一個特別的複詞，意思是「很多」，如「佢大把錢」keúih daaihbá chín：（國）他錢很多。

9　國語可以説「給我一瓶小瓶的啤酒」或「一杯大杯的Coke」。這只限於借用的量詞，專有的個別量詞都不能這樣用，如*「一間小間的屋子」。又「小瓶」、「大杯」都不能前加「很」，如*很大杯、*很小瓶，所以和粵語裏的「大 /細 + 量」的情形並不一樣。

　　分析這種結構，我們也許可以説形容詞本來就是「大」和「細」，但説話的時候，我們把和名詞相配搭的量詞翻版重複，放到「大 /細」之後，於是就產生了新的表層詞語。不過有些形量結合，已成定用，並不受句子中的量詞影響，如：

（29）　呢個人好細粒。

　　　　Nī go yàhn hóu sai-nāp.

　　　　（國）這個人（個子）很小。

「人」的量詞本是「個」，但形量詞中所用的卻是「粒」。「粒」本是量詞，原指細小的東西，如句（30）。引伸借用，「細粒」可解作人的身形細小。

（30）　呢粒糖好細粒。

　　　　Nī nāp tóng hóu sai-nāp.

　　　　（國）這顆糖很小。

描述人也可以借用原量詞「個」來和「大 / 細」結合，組成像下面這樣的句子，但這個句子裏的「細個」卻並不表示人的身形瘦小，而是指人的年齡幼小。

（31）　呢個人好細個。

　　　　Nī go yàhn hóu sai-go.

　　　　（國）這個人（年紀）很小。

與「細個」相對的「大個」是指年長，但相對「細粒」的卻沒有「大粒」。因為「粒」雖來自量詞，但在這新「形量」複詞中，「粒」所強調的是「細小」之意，倘若説成「大粒」則發生語義上的矛盾。不過在下面這一句中，「粒」又回復他本來的量詞身份，所以可以説「大粒」。

（32）　呢粒珍珠好大粒。

　　　　Nī nāp jànjyù hóu daaih-nāp.

　　　　（國）這顆珍珠很大。

　　與「細粒」、「細個」相似的還有「大舊」一詞。「舊」本來是指東西物件，像國語裏的「塊」，所以要是指肉塊太小，可以説：

(33)　呢舊豬肉好大舊，嗰舊就細舊啲。

　　　　Nī gauh jyùyuhk hóu daaih-gauh, gó gauh jauh sai-gauh dī.

　　　　(國) 這塊豬肉很大，那塊就小一點兒。

但「大舊」可引伸作個子高大、肌肉發達的意思。這時的「舊」另有所指，不可能和「細」合成「細舊」一詞。

(34)　呢個人夠晒大舊。

　　　　Nī go yàhn gau saai daaih-gauh.

　　　　(國) 這個人塊頭可真夠大。

　　除了這些個別特定的形量詞外，還有一種情形可以説明形量詞並不只是從名詞組中把量詞翻版重複而來。句 (35) 中的名詞組是複數量，用的是表不定數的量詞「啲」，但形量結合中的量卻是名詞原有的個體量詞。

(35)　呢啲花好大朵。

　　　　Nī dī fā hóu daaih-déu.

　　　　(國) 這些花很大。

「大／細＋量」這種形量新詞，在語法表現上和一般的形容詞一樣。形容詞的幾種比較式變化，形量新詞亦照變無訛。

(36)

	稍進級	更進級	最高級
貴	貴啲	重貴	最貴
gwai	gwai dī	juhng gwai	jeui gwai
細間	細間啲	重細間	最細間
sai-gàan	sai-gàan dī	juhng sai-gàan	jeui sai-gàan

「大／細＋量」作形容詞，亦可以出現在比較句中，如：

(37a) 呢間屋細間過舊時嗰間。

Nī gàan ngūk sai-gàan gwo gauhsí gó gàan.

（國）這個房子比從前那個小。

(37b) 你隻錶冇我隻咁大隻。

Néih jek bīu móuh ngóh jek gam daaih-jek.

（國）你的錶沒我的大。

(37c) 三千蚊同五千蚊一樣咁大筆。

Sàamchìn mān tùhng ńghchìn mān yātyeuhng gam daaih-bāt.

（國）三千塊跟五千塊一樣是那麼一大筆錢。

粵語裏有一些特別句式，供形容詞用，而形量新詞也可以照用。例如「鬼咁－形容詞」這樣的句型表「十分／非常」的意思：

(38a) 鬼咁嘈

gwái gam chòuh

（國）嘈得不得了

(38b) 鬼咁細枝：枝筆鬼咁細枝，點揸呀？

gwái gam sai-jì: Jì bāt gwái gam sai-jì, dím jà a?

（國）這麼小的一枝：這枝筆這麼小，怎麼拿？

(38c) 鬼咁大本：本字典鬼咁大本，重到死。

gwái gam daaih-bún: Bún jihdín gwai gam daaih-bún,

chóhng dou séi.

（國）這麼大的一本：這本字典這麼大，重得要命。

另外一個特別句型是「攔－形容詞」，意思是「自以為很－形容詞」，如：

(39a) 攔叻。

láahn lēk.

（國）自以為了不起。

(39b) 讕細個：讕細個，成日喊。

láahn sai-go: Láahn sai-go, sèhng yaht haam.

(國) 自以為很小：自以為很小，整天在哭。

(39c) 讕大間：讕大間，其實得三個房喏。

láahn daaih-gàan: Láahn daaih-gàan, kèihsaht dāk sàam go fóng jēk.

(國) 自以為 (房子) 很大，其實只有三個房間。

最能教人看出「形量」新詞具備形容詞性能的是「大／細＋量」，可以和表完成體的「咗」一起出現，這是漢語形容詞的特質。如：

(40a) 搬咗間屋，點知重細間咗添。

Bùnjó gàan ngūk, dím jì jung sai-gàanjó tīm.

(國) 搬了家，怎麼知道地方反而小了。

(40b) 啲花一日唔睇，就大朵咗好多。

Dī fā yāt yaht mhtái, jauh daaih-déujó hóu dò.

(國) 這些花兒一天不看，就大了很多。

(40c) 呢啲事，你大個咗之後先至明白。

Nī dī sih, néih daaih-gojó jihauh, sìnji mìhngbaahk.

(國) 這些事，你長大以後才會明白。

從上述各種變化來看，「大／細＋量」實在等同形容詞，但從另外一些變化來看「大／細＋量」的組合，還是稍異於正常的雙音節形容詞。例如粵語可以利用形容詞的重疊來表示程度的增減，如：

(41a) 形–形哋：稍「形」

(41b) 形–形：非常「形」

重疊中同時發生變調，所有不是高平調的字在重疊句式 (41a) 中，後字發生變調，也就是第二音節轉讀高升調；而在 (41b) 句式中，前字變調，第一音節變高升調。所有不是高平調的形容詞皆恪守這規則。現舉例如下：

(41c) 紅紅哋 hòhnghóngdéi

(41d) 紅紅 hónghòhng

這種重疊變調的變化，只限於單音節的形容詞，雙音節形容詞不在其列。[10] 但「大／細＋量」的組合，則可以產生像 (41b) 的變化：

(42a) 呢間屋，大大間，有成十幾個房。

Nī gàan ngūk, dáaidaaih-gàan, yáuh sèhng sahpgéi go fóng.

(國) 這房子，大極了，有十幾間屋子。

(42b) 呢啲蟲，細細隻，唔戴眼鏡好難睇倒。

Nī dī chùhng, sáisai-jek, m̀hdaai ngáahngéng, hóu naàhn tái dóu.

(國) 這些蟲非常小，不戴眼鏡，很難看得見。

換言之，這「大／細＋量」的組合中，「大」和「細」還是獨自保留了它的形容詞本性。然而，這只是部分保存，因為「大／細＋量」的組合不能產生 (41c) 的變化。[11]

粵語裏雙音節的形容詞，可以作 AABB 式的重疊，表生動的說法，如「乾乾淨淨」，但「大／細＋量」的結合卻不能重疊，唯一的例外是「細粒」一詞，如：

(43) 你唔好以為佢細細粒粒，其實佢好好力。

Nèih m̀hhóu yíhwàih kéuih sai-sai-nāp-nāp, kèihsaht keúih hóu hóu-lihk.

(國) 你別以為他個子小，其實他力氣很大。

---

10 這種高升變調表程度的用法，在今日粵語中已漸漸消失。

11 「大／細＋量」有一種重疊，不發生變調，表生動的說法，如：

間屋細細間，都幾骨子嘅。Gàan ngūk saisai-gàan, dōu géi gwātjí ge.

(房子小小的，但很精緻。)

買嘢送人，大大件，好睇啲。Máaih yéh sung yàhn, daaihdaaih-gihn, hóutái dī.

(買東西送人，東西大大的，比較好看。)

其他就算是表年齡的「大個」、「細個」，表強壯的「大舊」這些特別的「形量」複詞，都不能重疊使用以表生動。

粵語雙音節形容詞還有一種表生動的方法，就是在兩音節中間，加插「鬼」或一些較粗俗的字眼 "lán"、"gàu"，如 (44a)、(44b) 和 (44c)：

(44a) 論鬼盡 leuhn-gwái-jeuhn（國：很笨拙）

(44b) 麻 *lán* 煩 màh-lán-fàahn（國：很麻煩）

(44c) 孤 *gàu* 寒 gù-gàu-hòhn（國：很吝嗇）

(44d) ＊大鬼個 ＊daaih-gwái-go

但「形量」的組合，如 (44d)，一加插這樣的字眼，就覺得刺耳不通。

所以「大／細＋量」儘管在比較、時態等變化方面，和真正的形容詞表現一致，但在重疊變化或表生動的詞構中，也和形容詞的表現有所不同。同異之間，正說明這些「大／細＋量」的複詞，還是一種新組合。身份雖未完全確定，但形容詞性已越來越明顯。

粵語裏「形量」作形容詞的用法，只限於「大、細」二詞，其他形容詞一律不可作如是變化：

(45a) ＊隻錶好靚隻。（國：錶很好。）

　　　＊Jek bīu hóu leng-jek.

(45b) ＊枝筆真係長枝。（國：這筆真很長。）

　　　＊Jì bāt jàn haih chèuhng-jì.

其實國語裏的「大、小」二詞，用法也有別於其他形容詞。請比較下列各句：

(46a) 那麼大（的）一張紙

(46b) 那麼一大張紙

(47a) 那麼小（的）一塊石頭

(47b) 那麼一小塊石頭

（48a）那麼高（的）一座樓

（48b）＊那麼一高座樓

（49a）那麼薄（的）一本書

（49b）＊那麼一薄本書

從上舉四例對比來看，只有「大、小」二詞才可以顛倒詞序，產生「那麼–形容詞＋量＋名」的組合，其他形容詞一經倒置，就成病句。而且，就算是「大、小」二詞，後面的量詞一定不可以是「個」，如：

（50a）那麼大（的）一個學校

（50b）＊那麼一大個學校

（51a）那麼大（的）一所學校

（51b）那麼一大所學校

（52a）那麼小（的）一個孩子

（52b）＊那麼一小個孩子

（50）和（51）兩句的形容詞都是「大」，但量詞卻不一樣，不同的量詞，就決定了句子的對否。換言之，這種句型變化，有兩項限制：（1）形容詞只限於「大、小」兩個專詞，（2）量詞不能是泛用的「個」，而是要個別的專用量詞。

粵語裏相對應的句子，排列如下：

（53a）咁大（嘅）一張紙

　　　gam daaih (ge) yāt jèung jí

（53b）咁大張紙

　　　gam daaih jèung jí

（54a）咁細（嘅）一塊石頭

　　　gam sai (ge) yāt faai sehktàuh

（54b）咁細塊石頭

　　　gam sai faai sehktàuh

(55a) 咁高（嘅）一座樓

gam gòu (ge) yāt joh láu

(55b) 咁高座樓

gam gòu joh láu

(56a) 咁薄（嘅）一本書

gam bohk (ge) yāt bún syū

(56b) 咁薄本書

gam bohk bún syū

(57a) 咁大（嘅）一個學校

gam daaih (ge) yāt go hohkhaauh

(57b) 咁大個學校

gam daaih go hohkhaauh

(58a) 咁細（嘅）一個細蚊仔

gam sai (ge) yāt go saimānjái

(58b) 咁細個細蚊仔

gam sai go saimānjái

國粵語例子相比之下，國語裏兩條變化限制，都不存於粵語。從
(55)、(56) 可見一般形容詞（下稱泛形容詞）的表現和「大／細」兩專
詞一樣；由 (57)、(58) 可見泛用的量詞「個」也可參與變化。不過，
我們仔細再多看一些材料，就不難發現泛形容詞是不可以和泛量詞
「個」結合，出現在「咁＋形＋量＋名」這樣的句型裏，如：

(59a) 咁高（嘅）一個人

gam gòu (ge) yāt go yàhn

(59b) ＊咁高個人

＊gam gòu go yàhn

(60a) 咁貴（嘅）一個學校

gam gwai (ge) yāt go hohkhaauh

（60b）＊咁貴個學校

　　　＊gam gwai go hohkhaauh

換言之，粵語裏的變化情形是：假如量詞是個別專量詞（即非「個」），則任何形容詞皆可。這當然也包括了「大／細」二專詞，但假如是泛量詞「個」，則只有「大／細」兩詞可以。這也就是説個別專用量詞和表大小的兩個專詞這兩項限制，一樣存於粵語裏。不過國語只容許專和專的配搭，專形加專量才算合法，如「這麼一大本書」，而粵語就更進一步，專可以和泛配合，專形加泛量（如「咁大個學校」）或泛形加專量（如「咁薄本書」）都合文法，但泛形泛量就不可以組合（如＊「咁貴個學校」）。茲圖解如下：

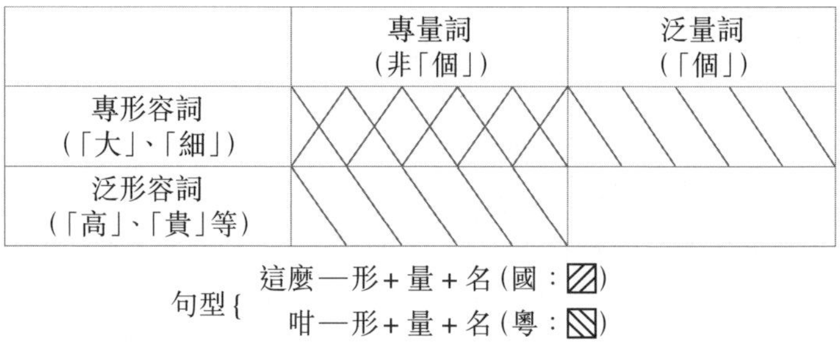

	專量詞 （非「個」）	泛量詞 （「個」）
專形容詞 （「大」、「細」）		
泛形容詞 （「高」、「貴」等）		

句型 { 這麼一形＋量＋名（國：▨）
　　　 咁一形＋量＋名（粵：▧）

圖一

為什麼國語和粵語裏都有這種「專」和「泛」的限制？這是一個有待探討的問題。下面只提出對「泛量詞」限制的一些看法。

　　「咁＋形＋量＋名」是一種表活潑生動的説話法，強調或誇張事物之具有「形容詞」代表的特質。因此説話的時候，越強調其獨特性越好。但量詞「個」是一個泛用量詞，幾乎任何名詞皆可用「個」，所以用「個」就等於隱沒事物的獨特性。這和上述表誇張的句型在重點上有所衝突，因此不容易被接受。

　　為什麼國語裏的「這麼一大張紙」的「一」不能省去，不能説＊「這麼大張紙」，而粵語裏的「一」卻可以省去：「咁大張紙」？我們知道

國語裏量詞的出現受數目控制，一般情形下，沒有數詞就不能有量詞，所以「這麼一大張紙」的「一」因「張」而不能移去。但粵語裏的量詞既可由數目決定，也可由定稱決定。「咁……」的用法既是強調事物之具有某種特性，當然並非泛指，所以數詞「一」不用為宜。[12]

　　國語裏的「這麼一大張紙」，倘若語中加頓，頓可在「這麼」之後，也可在「紙」之前，如 (61a)：

(61a)　這麼 / 一大張 / 紙

(61b)　這麼 / 一大張

而且在適當的上下文中，「紙」也可以省去，如 (61b)。粵語裏的情形一樣：

(62a)　咁 / 大張 / 紙

　　　　gam / daaih-jèung / jí

(62b)　咁 / 大張

　　　　gam / daaih-jèung

這樣組合裏的「大張」不但自成一頓組，而且在形式上也就和所有的「咁–形容詞」結構完全相同。再進一步，「大張」就等同形容詞，「大張」的用法與變化也就和普通形容詞大體無異。

(63)　　咁大張紙　　　　→　咁大張　　　　→　大張 (形量)
　　　　gam daaih jèung jí　　gam daaih-jèung　　daaih-jèung
　　　　　　　　　　　　　　咁大　　　　　←　大 (形)
　　　　　　　　　　　　　　gam daaih　　　　　daaih

12　國語説「這麼大的一張紙」或「這麼一大張紙」雖然用了「一張」，但指稱並非無定，其實中文裏「一＋量詞」往往是強調後面的名詞之具有某種特性，而不一定是表不定指稱。例如「他是學生」和「他是一個努力學習的學生」，後一句以用「一個」為宜，因為句子重點在「努力學習」，不用「一個」則顯不出這重點。

不過，從「咁－形－量－名」簡省而來的「咁－形－量」只限於「大／細」和專指量詞的結合。「泛形容詞」+「專量詞」的組合，頓多在形容詞之後，如下兩例，所以形量並不成頓組：

（64a）咁高／坡樹（國：這麼高的樹）

　　　　gam gòu / pò syu

（64b）咁貴／間屋（國：這麼貴的房子）

　　　　gam gwai / gàan ngūk

而「專形容詞大／細」和「泛量詞」的組合，一般不可作簡省式，如：

（65a）咁大個學校（國：這麼大的學校）

　　　　gam daaih go hohkhaauh.

（65b）＊呢個學校咁大個。

　　　　＊Nī go hohkhaauh gam daaih-go.

（65c）＊呢個學校好大個。

　　　　＊Ni go hohkhaauh hóu daaih-go.

（66a）咁大間學校

　　　　gam daaih gàan hohkhaauh

（66b）呢個學校咁大間。

　　　　Nī go hohkhaauh gam daaih-gàan.

（66c）呢個學校好大間。

　　　　Nī go hohkhaauh hou daaih-gàan.

（67a）咁大個人

　　　　gam daaih go yàhn

（67b）呢個人咁大個。

　　　　Nī go yàhn gam daaih-go.

（67c）呢個人好大個。

　　　　Nī go yàhn hóu daaih-go.

(65) 和 (66) 的不同在量詞,「大間」是專形專量,可以變成形量複合形容詞,但「大個」是專形泛量,不可從「咁－形－量－名」簡作「咁－形－量」,不可當形容詞用。(67) 似乎是例外,但如上所述,「大個、細個」並不指體之大小,而是指年紀大小,所以是特別的用法,不在此限。茲仿圖一再作圖二,表示「咁－形－量」的可能組合情形:

	專量詞 (非「個」)	泛量詞 (「個」)
專形容詞 (「大」、「細」)	////	(特別用法)
泛形容詞 (「高」、「貴」等)		

句型:咁 + 形 + 量 → 形量(粵:▨)

圖二

兩圖相對來看,專專相配的限制非常明顯。換言之,量詞活用變化,專專相配是第一步,然後才逐步解禁,專和泛也可以相容,但泛泛的結合仍然不被接受。粵語比國語走快一步。在圖一所表的「形－量－名」組合的第一階段,國語只發展到「專專」配搭一組,但粵語已經到了專和泛自由配搭的階段。而粵語中「專專」配搭的一組又再進一步,到了圖二所表的第二階段,由「咁 + 形 + 量」演化為「形量」新詞,這也許是國語將來發展的途徑,現在尚難預測。

4. 量詞以單概雙

量詞有個別專指的名量詞,也有表複數的群量詞,如「組、雙、對、套」等,更有表數目不定的「些」(國)、「啲」(粵)。假如名詞組中數目標明,當用普通的名量詞,如「兩本書」。假如名詞組中有量無數,則數目不標而仍然為單數,如「我買本書看看」,所指只可能是「一本書」。不過像下列這些粵語句子,所用的雖只是表單數的量詞,實指數目卻往往不是一。

(68a) 企到隻腳好癐。（國：站得腳都累壞了。）

　　　Kéi dou jek geuk hóu guih.

(68b) 乜你隻手咁污糟嘅？（國：怎麼你的手這麼髒？）

　　　Māt néih jek sáu gam wùjòu ge?

(68c) 借咗聾耳陳隻耳。（國：借了聾先生的耳朵。）

　　　Jejó Lùngyíh Chán jek yíh.

(68d) 因住，整親隻眼。（國：小心，別傷了眼睛。）

　　　Yànjyuh, jíngchàn jek ngáahn.

句中所指，按上下文意，顯然是「二」，但數目都不用標明，而且也
不用可以表「二」的群量詞「對」（國：雙）。事實上，這些句子改用
「對」作量詞，聽來反覺得不自然，如：

(69b) 乜你對手咁污糟嘅？（國：怎麼你的一雙手這麼髒？）

　　　Māt néih deui sáu gam wùjòu ge?

這一種以單概雙的用法，是國語所無。但是以單概雙也有限
制，例如下面兩句的「筷子」，量詞是「隻」，所指就是一隻，假如所
指是一雙，量詞就當用「對」。

(70a) 跌咗隻筷子落地。（國：掉了一隻筷子下地。）

　　　Ditjó jek faaijí lohk déi.

(70b) 跌咗對筷子落地。（國：掉了一雙筷子下地。）

　　　Ditjó deui faaijí lohk déi.

其間這道理何在？乍眼看來，似乎 (68) 中所舉諸例都是指身體
部分的名詞，而 (70) 的名詞是「筷子」，與身體無關。所以以單概雙
也許只限於「身體」名詞。不過請看下面兩句，似又不然：

(71a) 我嫌個袖太闊（國：我嫌袖子太大了。）

　　　Ngóh yìhm go jauh taai fut.

(71b) 隻褲腳短得啲，長翻半寸度就啱晒。

Jek fugeuk dyún dāk dī, chèuhng fàan bun chyun dóu jauh

ngàam saai.

（國）褲腿稍為短一點，再長半寸左右就好了。

表衣服的名詞用「隻」，但句中所指仍然是雙數定稱。顯然，以單概雙的用法並不只限於身體名詞。

又以單概雙，一般只能概雙，不能概括眾多數。如：

(72a) 你隻牙咁黃。（國：你這隻牙這麼黃。）

Néih jek ngàh gam wòhng.

(72b) 你啲牙咁黃。（國：你的牙這麼黃。）

Néih dī ngàh gam wòhng.

句 (72a) 的「牙」是「一隻牙」，但 (72b) 是複數，a 不能涵蓋 b。「牙」雖也是身體名詞，但不能用「隻」來複指眾齒，所以其中關鍵是雙數。但並不是任何數目合而為二的事物，而必定是配搭成雙的東西。在一般說話裏，「筷子」總是說「一對筷子」，鞋是「一對鞋」，當然可以單指其中一隻，說「一隻筷子」、「一隻鞋」，但以「對」稱為常。相反地，眼、耳、手、腳雖是成雙成對，但說話總以單稱為常。換言之，「筷子、鞋」的正常配搭量詞是「對」，而「眼、耳、手、腳、袖、褲腳」等的配搭量詞卻以「隻」行。在上述各句中，名詞組都是定稱無指，所以量詞的功用是表定稱，而非表數目，雖然只用「隻」，但意思並不會混淆。上文討論的「大 / 細 + 量」的用法，亦有同樣的情形，雖所指為雙，但仍然以單量詞為準。

(73a) 你咁大隻腳，點買鞋呀？

Néih gam daaih-jek geuk, dím máaih hàaih a?

（國）你這麼大的腳，怎麼買鞋？

(73b) 你對腳咁大隻，點買鞋呀？

Néih deui geuk gam daaih-jek, dim maáih hàaih a?

(國) 你這一雙腳這麼大，怎麼買鞋？

在英文裏也有類似的情形，如 "lend me a hand"、"bend your ear" 等等，都只能用單數。不過英文裏的這些成語化用法，所指並非真正的手耳，而是手耳所代表的功能、觀念（手：幫助；耳：聽力），這和粵語中的以單概雙而所指為實物的情形並不相同。

5. 結語

綜上所述，粵語量詞的用法有三點是不同於國語的：一是量作定稱；二是量具形容詞性能；三是以單概雙。其中，又以定稱一項是最大的特點。粵語裏的量詞不只是數詞必備的語法成分，而且指稱一定，就往往借量詞來表明。形量新詞的組合，單量詞作雙數用，都和量詞具定稱這功能有關。南方方言不乏有「隻牛」、「大隻」這樣的例子，[13] 而南方少數民族語言中，亦有「隻牛」這種結構，和北方方言中的情形大異其趣。這究竟是閩粵一帶方言的特色，還是受

13　有關閩南話的量詞，請看鄭謝淑娟 *A Study of Taiwanese Objectives*（台灣：學生書店，1981）。在第五章中，她提出閩南話中有類似粵語「大 / 細 + 量」的形容新詞結構，而且除大、小二詞之外，閩南話中還有「多 / 少 + 量」的組合，如：「伊彼間厝房間多間夠有法度通住二十人。」為何形容詞之中只有「大、小、多、少」四詞能和量詞發生關係，鄭謝淑娟提出一些看法。她認為數量詞是表示數目為主，「多、少」是表數的形容詞，所以「多 / 少 + 量」在意思上和「數 + 量」相差不大。事物數量可由數目決定，亦可由大小決定，如「一大班學生」，所以「大 / 小 + 量」亦等如「數 + 量」。鄭的說法頗有啟發，但按如此解釋，在「大、小、多、少」四詞之中，率先變化的當是「多、少」，然後是「大、小」。但國粵語裏，都只有「大 / 小」可以和量詞發生關係。所以鄭的說法並不適用於國粵語。

非漢語影響而產生的一些語言現象，這都有待搜集材料，作進一步的比較探討。

原載《中央研究院第二屆國際漢學會議論文集》（台北：中央研究院，1989），頁753–774。

早期粵語「個」的研究

提要：現代粵語中表遠指的指示詞「嗰」[kɔ35]，讀陰上調。在十九世紀的粵語教學材料中，「嗰」多寫作「個」，讀作 [kɔ33]，是陰去調。也就是和量詞「個」同字同音。南方方言時有量詞兼用作指示詞的例子，粵語也不例外。「個」的聲調從陰去變讀陰上，區分語法功能，是後起的現象。本文採用多種早期粵語材料，研究代詞「個」的轉化過程及條件，並兼論近期粵語中「嗰」的進一步演變，再由陰上改讀陰平。

關鍵詞：指示詞、量詞、變調、粵語、歷史語法

1. 粵語的指示詞

粵語[1]中的指示詞有二，表近指的是[ni55]，寫作「呢」，相當於國語的「這」；表遠指的是[kɔ35]，寫作「嗰」，相當於國語的「那」，[2]例如：

(1a)　（粵）呢個人係我爸爸。

　　　（國）這個人是我爸爸。

(1b)　（粵）嗰個蘋果係佢嘅。

　　　（國）那個蘋果是他的。

粵語近指「呢」讀55高平調，屬陰平調，也就是粵語九調的第一調，下文標作ni1。遠指「嗰」讀35高升調，屬陰上調，也就是九調的第二調，下文標作KO2。

粵語的指示詞和漢語其他方言中的指示詞，用法大略相同。一個名詞組的組成，可以包括指示詞、數詞、量詞和名詞，詞序排列如下：

(2)　　┌─────────────────┐
　　　　│ 指 ＋ 數 ＋ 量 ＋ 名 │
　　　　└─────────────────┘
　（粵）　嗰　　三　　個　　蘋果
　（國）　那　　三　　個　　蘋果

但是，從語法結構來看，粵語和國語之間頗有一些分別。國語的指示詞可以直接充當句子的主語，如 (3)；也可以直接放在名詞之前，

---

* 本文原稿曾在2004年2月香港科技大學和浙江大學合辦的中國語言學研討會上宣讀。研討會由丁邦新教授主持。論文宣讀後，一直積壓案頭。後來正值丁教授七秩華誕，謹修改成文，以表賀忱。日本學者竹越美奈子教授2005年5月在第十三屆中國語言學學會年會上發表論文〈廣州話遠指詞「嗰」的歷史演變〉，其後論文刊登於《中國語文研究》第20期(2005年9月)。竹越教授和我不約而同對「嗰」的演變分別研究。她使用的材料和我的不盡相同，而且她的重點在數據統計，但是她的研究結果有很多地方和我的分析大致一樣。故在此略作說明，不敢掠美。

1　所謂粵語是指流行於廣州、香港一帶的粵語，又稱廣州話或廣東話。

2　粵語中還有表疑問的[pin55]，寫作「邊」，相當於國語的「哪」。

組成「指 + 名」的組合，如 (4)。這些用法都不可能在粵語中出現，也就是說粵語中只有「指 + 量 + 名」，不可能有「指 + 名」。

(3) （國）那是什麼？

　　（粵）＊嗰係乜嘢？

(4) （國）那蘋果是我的。

　　（粵）＊嗰蘋果係我嘅。

2. 粵語和其他方言對比

各方言的指示詞用法，似同實異，其來源也不盡相同，前人已頗多論述。[3] 趙元任 (1947) 以為「嗰」來自量詞「個」。[4] 張惠英 (2001) 也採取同樣的看法。現把她的說法轉錄如下：

> 「個」之用作指示詞，有它一定的道理。原來，粵語、吳語的量詞，單獨置於名詞前時，都兼有指示詞的作用。由於量詞「個」在粵語、吳語中比別的量詞用得廣，用得多，所以這個「個」就身兼兩職，既是量詞，又是指示詞。（頁 95）

張惠英主要是利用一些吳粵方言材料，進行對比分析，發現指示詞常常源自量詞，江浙一帶的「葛葛」（「那個」意），廣州話的「嗰個」都是出於同一變化。不過量詞「個」在粵語中的發音是 ko33，屬陰去調，也就是九調中的第三調，調值是 33 中平調，下文標作 ko33，和表遠指的「嗰」KO2（陰上調，調值是 35 高升調），音節相同而調不同。張惠英以為「嗰」讀 KO2，是高升變調，用來區別於用作量詞的「個」（頁 94）。高升變調是粵語中一個十分普遍的語音現象，有時有區別詞義的作用，或表示文白異讀，有的時候也發揮某種語法功

3　張惠英 (2001) 對多處方言中的指示代詞源流討論頗詳，書中並引其他學者說法，可供參考。

4　Chao (1947), p. 47.

能。[5] 但是粵語中「指」源於「量」,「個」ko3 到底是怎樣變為今日的「嗰」KO2?這個語音變化究竟是什麼時候發生的?張惠英未能提出明證。本文試從歷史語料來進行分析,歸納出由 ko3 而 KO2 的分化條件,和其間變化的確實途徑和大約年代。至於表近指「呢」的來源和用法,不在本文討論範圍之內,故從略。

3. 研究材料

本文所用材料,是十九世紀和二十世紀早期的粵語教學材料。漢字課文,並附字母注音和英文翻譯,所以每一字詞的發音、聲調和意義都有據可尋。我們把不同年代的記音放在一起相互對比,自然可以找出其間語音改動、用法變換的軌跡。

下面先開列本文所使用的早期粵語材料。以下各節討論,只選擇其中若干種作重點分析。

1828　Morrison, Robert. *A Vocabulary of the Canton Dialect*. Macao: The Honorable East India Company's Press.

1841　Bridgman, E. C. *Chinese Chrestomathy in the Canton Dialect*. Macao: S. Wells Willams.

1853　Bonney, S. W. *Phrases in the Canton Colloquial Dialect*. Canton.

1856　Williams, Samuel Wells. *A Tonic Dictionary of the Chinese Language in the Canton Dialect*. Canton: The Office of the Chinese Repository.

1874　Dennys, N. B. *A Handbook of the Canton Vernacular of the Chinese Language*. Hong Kong: China Mail Office.

1883　Ball, J. Dyer. *Cantonese Made Easy*. Hong Kong: The China Mail Office.

5　關於早期粵語中的變調現象,請參看張洪年 (2000);或見本書,頁 91–117。

1888 Ball, J. Dyer. *Cantonese Made Easy*. 2nd edition, revised and enlarged. Hong Kong: The China Mail Office.

1888 Stedman, T. L., and K. P. Lee. 英語不求人 *A Chinese and English Phrase Book*. New York: William R. Jenkins.

1907 Ball, J. Dyer. *Cantonese Made Easy*. 3rd edition, revised and enlarged. Singapore, Hong Kong, Yokohama: Kelly & Walsh.

1907 Chalmers, John. *English and Cantonese Dictionary*. 7th edition. Hong Kong: Kelly & Walsh.

1908 Ball, J. Dyer. *The Cantonese Made Easy Vocabulary*. 3rd edition. Hong Kong: Kelly & Walsh.

1911 Eitel, Ernest John. *A Chinese-English Dictionary in the Cantonese Dialect*. Hong Kong: Kelly & Walsh.

1912 Aubazac, Louis. 粵法字典 *Dictionnaire Cantonnais-Francais*. Hong Kong: Imprimerie de la Societe des Missions-Etrangeres.

1912 Ball, Dyer. *How to Speak Cantonese*. Hong Kong: Kelly & Walsh.

1920 Cowles, Roy T. *Inductive Course in Cantonese*. Hong Kong, Hankow, Singapore, Shanghai, Yokohama: Kelly & Walsh.

1924 Ball, J. Dyer. *Cantonese Made Easy*. 4th edition, revised and enlarged. Hong Kong: Kelly & Walsh.

1927 Wisner, O. F. *Beginning Cantonese* (Rewritten). (No Publisher)

1934 Meyer, F. Bernard, and Theodore F. Wempe. *The Student's Cantonese English Dictionary*. Hong Kong: St. Louis Industrial School Printing Press.

1936 Hoh, Fuk Tsz, and Walter Belt. *The Revised and Enlarge Edition of a Pocket Guide to Cantonese*. Canton: Lingnan University.

1930s　盧子防。《注音廣州話》。潮州：商務印書館。

1947　Chao, Yuen Ren [趙元任]. *Cantonese Primer.* Harvard University Press.

4. 歷史語料綜述

4.1. 我們先從十九世紀的材料中選取一些例子，大略說明早期「個」的用法。各例句中的粵語拼音，大體都是按原書拼音系統拼寫。

（5a）　<u>個</u>人唔講得上口嘅。[6]　　（1828）

　　　　<u>That</u> person cannot be spoken of with the mouth;

　　　　he is not worthy of being mentioned.

（5b）　<u>個</u>人，<u>個</u>高個呢，係咯。　（1888）

　　　　<u>That</u> man, that tall one (there), is the one.

（5c）　<u>個</u>人 "<u>the</u> man"　　　（1888）

上舉三例，根據英文的翻譯，「個」的用法似乎是表示遠指。「個人」即相當於國語的「那人」。但上文已交代，粵語是不容許[指＋名]這樣的結合。換言之，這裏的「個」並不是指示詞。張洪年 (1989) 曾經指出粵語中的量詞可以帶有「定稱」的用法，也就是說像「個人」、「本書」這些「量＋名」組合，是定稱無指，指稱不分遠近。它們相當於英文中的 "the man"、"the book"，和「呢個人」 "this man"、「嗰本書" "that book" 的用法有別。後者是定稱兼定指，指稱遠近，有很清楚的分別。「量＋名」這種定稱無指的用法，在南方方言中相當普遍，量詞兼負起定稱的功能。這也許就是張惠英所謂量詞兼有指示作用的理由所在。上舉 (5c) 英文翻譯作 "the man"，是正確的翻譯，而 (5a) 和 (5b) 中的 "that" 應該是引伸的解讀。

6　例句中字下加橫線，表示本文討論重點所在，並非原書所有。

4.2. 我們的歷史材料中，最早的一種是1828年Morrison編寫的 *A Vocabulary of the Canon Dialect*。這是一部詞典，中英文對照，有中文詞條翻譯成英文，也有英文詞條翻譯成中文。各詞條舉例，頗有不少「個」的用法。現舉數例如下。

(6a) 個個人堪宜承辦個件事。　（p. 195）

　　　ko ko yun hum ee shing pan ko keen sze.

　　　That man worthy (or fit to) transact this business.

(6b) 你就先講個的説話。　（p. 88）

　　　ne tsiw seen kong ko te shuet wa.

　　　(That which) You just now said.

(6c) 呢的共個的唔拉扯得過。　（p. 268）

　　　ne te, kung ko te, im lai chay tăk kwo.

　　　This commodity and that cannot be put together—

　　　for such a price.

這些句子中的「個」顯然是一個指示詞，出現在量詞之前。(6a) 的「個個」連用，根據英文翻譯，應該是一個「指 + 量」的結合。從字形上看，表指的「個」和表量的「個」不分；從拼音上看，「個」「個」無別，都拼作KO。1828年詞典注音只注元音和輔音，不標聲調。[7] 所以無從知道當日這兩個「個」是否完全同音，還是帶有聲調的分別。

4.3. 1841年的 *Chinese Chrestomathy* 是一部巨著，全書七百多頁，逐句拼音，並在每個音節的四角標調。所以當時「個」字的讀法，一目了然。下舉數句為例：

(7a) 擠好個的酒罇。　（p. 136）

　　　ᴄchai ꜛhò kó˩tik˩ ꜖tsau ꜖tsun.

　　　Arrange those wine bottles in good order.

7　　1828年詞典標音，聲母不分送氣和不送氣，所以 [p]、[p'] 都標作 p。

(7b)　套隻戒指落我<u>個隻</u>尾指處嚟。　　　　　(p. 153)

　　　t'ò⌐ chik⌐ káíˀ ˻chi lók⌐ ˻ngó <u>kóˀ chik</u>⌐ ˻mi ˻chi ch'ǘˀ ⌐lai.

　　　Put that fingerring on my little finger.

(7c)　<u>個個</u>人<u>個隻</u>眼係乜野症？　　　　　(p. 49)

　　　<u>Kóˀ kó</u>ˀ ⌐yan <u>kóˀ chek</u>⌐ ˻ngán haiˀ mat⌐ ˻ye chingˀ？

　　　What is the disease in *that* man's eye?

三句中有四個「個＋量」組合，都以 "that"/"those" 對譯，「個」分明
是個表遠的指示詞，聲調標作去聲。而 (7c) 句中的「個個人」"that
man"，前一「個」是指示詞，後一「個」是量詞，但同標作 ko3，聲調
無別，漢字也相同。這也就是說，在十九世紀中期，指量組合的「個
個」同音同字。雖然用法有別，但只有靠上下文才能區分詞性。

4.4. 1947 年的 *Cantonese Primer*，趙元任編寫。趙元任自創羅馬拼音
法，把聲調拼入音節，所以音節各調拼寫不同。趙書中「個」只用作量
詞，標作 koh，是陰去調，也就是 ko3；而表遠指的一定寫作「嗰」，標
音是 kox，是陰上調，等同 KO2，形音俱異。下舉三例為證。

(8a)　<u>嗰個</u>呢，<u>嗰個</u>係乜野呢？　　　　　(p. 87)

　　　<u>Koxkoh</u> nhe, <u>koxkoh</u> hay mhiyex nhe?

　　　And <u>that</u>? What is <u>that</u>?

(8b)　呢處嘅對面係<u>嗰處</u>。　　　　　(p. 127)

　　　nhishuh ke toyminn hay <u>koxshuh</u>.

　　　The counterpart of here is <u>there</u>.

(8c)　睇，喺<u>嗰間</u>病房出黎嘅<u>嗰個</u>就係牛醫生。　(p. 153)

　　　Thae, xae <u>kox-kaan</u> beaqvoang chotlai ke <u>koxkoh</u> dzaw hay
　　　Ngau Ishang.

　　　Look, <u>that's</u> Dr. New coming out of <u>that</u> ward.

4.5. 從上舉三書各例來看，十九世紀的「個」有兩種用法，一表量
詞，一表指示。十九世紀中期的材料顯示，當時的量詞 ko3 和指示

詞ko3，同字同音，一形兩用。但在二十世紀中期的粵語材料中，兩種用法各自表述。無論是字形或讀音，都完全區分開來。表遠指的KO，早期讀陰去，和量詞KO同調，後來轉為陰上KO2，和量詞ko3有別。所以遠指詞聲調的轉變，當在這一百年間發生，最晚當在1946年前完成，下文將根據各書材料，擇取例句，詳細說明這一百年間由ko3到KO2的演變情形。

5. 歷史語料分述

5.1. 上一節說明在1828年的材料中，量詞遠指詞同是「個」KO，但書中注音並不標調。在1841年的材料中，量詞遠指詞都是「個」ko3，同字同音同調。1853年，有Bonney的 *The Canton Colloquial Dialect*。先舉二例：

> (9a)　呢個同<u>箇</u>個一樣啫。　　　(p. 79)
>
> This is the same sort as that.
>
> (9b)　<u>箇兩個</u>係乜嘢？　　　(p. 56)
>
> What are those two?

量詞寫作「個」，而指示詞則作「箇」，字形有別。但全書並無標音，所以無從得知當時「個」、「箇」的發音。不過以字形區分，書中用例並不一致。請看下面兩例：

> (9c)　唔係<u>個</u>個獠，呢個係新來。(p. 91)
>
> It is not <u>that</u> one, this is a new-comer.
>
> (9d)　咁<u>個個</u>都學耶穌好咯。　　(p. 87)
>
> If it be so, then it is good for <u>every one</u> to learn of Jesus.

(9c)句的「個個」譯作"that one"，也就是前一個是指示詞，後一個是量詞，都寫作「個」。而(9d)句中同樣的「個個」，根據翻譯

"everyone"，當是量詞重疊。所以「個個」兩字連用，可以是「指＋量」的組合，表遠指；也可以是「量＋量」，表遍指，確實意義要從上下文來決定。

5.2. 1856年，Williams出版 *A Tonic Dictionary of the Chinese Language in the Canton Dialect*。這是一部十分重要的詞典，對後來詞書的編寫影響很大。書中的指示詞「個」讀ko3，和量詞「個」ko3同字同音，如：

（10a）<u>個</u>個　　　"<u>that</u> one"　　　　（p. 167）
　　　 ko3 ko3

（10b）<u>個</u>的嘅　　　"<u>that</u>'s right"　　　（p. 167）
　　　 ko3

（10c）你<u>個</u>邊有賊冇？"Are <u>there</u> thieves in your place?" (p. 167)
　　　 ko3

請比較（10a）和下面這一句：

（10d）<u>個個</u>都有。"Everybody has it."　　　（p. 167）
　　　 ko3 ko3

所以「個個」連用可以是遠指，也可以是遍指。第一個「個」的詞性，兩句不同。不過同頁又另舉一例：

（10e）<u>個</u>個　　　"<u>that</u> one"
　　　 KO2 ko3　　"often pronounced <u>KO2 ko3</u>, to distinguish it
　　　　　　　　　 from <u>ko3 ko3</u>, every"

這裏，Williams清楚指出「個個」連用，會產生歧義，於是以調別義。量詞疊用表遍指，則讀原調ko3，但是在「指＋量」的組合中，第一「個」轉讀KO2，以示區別。這是我們材料中第一次有明文記載，說明指示詞「個」可以有陰上高升調的讀法。說明雖是簡單，但已明確地指出變調的理由和條件。遠指的「個」一般讀作ko3，只

有和量詞「個」連用的時候，才變讀KO2，為的是有別於量詞連用的 ko3 ko3。

條件一：　個 ko3　　→　　KO2 / ___個
　　　　　　[指示]　　　　　　　　　[量詞]

本文把這個新產生的遠指變調讀法，一律標作大寫的KO2；保持原調的例子，仍然小寫作ko3，以示區別。

5.3. 1874年，有 Dennys 的 *A Handbook of the Canton Vernacular of the Chinese Language*。書中表遠指的例子有：

(11a)　嗰，　　　　嗰個　　"that"　　　　(p. 5)
　　　　KO2,　　　KO2 ko3

(11b)　個啲　　　　　　　　"those"
　　　　ko3-ti

只看(11a)，似乎「嗰」「個」分工，指示詞讀高升調，而且字形也另加「口」旁。不過再看(11b)，則指示詞仍然可讀ko3，也不另添「口」旁。也許1874年的語言和1853年一樣，只有「遠指＋個」的時候才有KO2的改變。但是和別的量詞在一起的時候，保留原調ko3。另一方面，「嗰」和「個」的字形區分，是否表示聲調的不同？即使如此，字形有別，只是表示發音的不同，並不區分詞性。Dennys書中還有一些例子如下：

(11c)　你估個張凳短唔呢？　　　　(p. 85)
　　　　Do you think that bench is too short?

(11d)　個處有度街閘。　　　　　　(p. 75)
　　　　There is a barrier at that place.

(11e)　搵啲繩嚟，嗰處冇鎖。　　　(p. 75)
　　　　Get some rope; there is no lock there.

不過這些例子並沒有注明聲調，所以不容作進一步的分析。

5.4. Eitel 的 *A Chinese-English Dictionary in the Cantonese Dialect* 也是一部很重要的粵英對照詞典，1887 年初版，1911 年再版。[8] 關於遠指詞，書中有這樣的說明和舉例：

(12a) 箇 ko3, same as 个 ko3, also written 個 ko3　　　　(p. 389)

(12b) 箇一省 ko3 "in <u>that</u> province"

顯然，「個」有三種寫法：箇、个、個，讀音是 ko3。不過 ko3 可轉讀 KO2。請比較下面兩句：

(12c) 箇箇都有　　　　　　　　ko3 ko3

　　　<u>Every body</u> has it; also, there are some of every kind.　(p. 389)

(12d) 呢個又話敢，<u>個個</u>又話敢。　*KO2* ko3　　　　(p. 680)

(12c) 句中的「箇箇」ko3 ko3 是量詞連用，而 (12d) 句中的「個個」和「呢個」對舉，應該是「指 + 量」的組合，聲調改作 KO2 ko3，以示區別。變化規則，正是上述的條件一。

　　Eitel 在書中另處指出，指示詞「個」可讀作 KO2。

(12e) 個 *KO2*　　　"an emphatic demonstrative pronoun"（p. 388）

(12f) <u>個個</u>　　　*KO2*　　ko3　　"<u>that</u> one"

　　　個處　　　*KO2*　　　　　"<u>there</u>"

　　　<u>個陣時</u>　　*KO2*　　　　　"<u>then</u>, at that time"

舉例中的「個處」和「個陣時」都不是「個個」連用，指示詞後邊的量詞不是「個」，但表指示的第一個「個」仍然改讀 KO2，這一種變化已經超出條件一「以變調辨別歧義」的功能範疇。Eitel 在 KO2 詞條下特別說明這是一個 "emphatic demonstrative pronoun"，不再因為同音發生歧義而改讀他調。變調範圍擴大，指示詞在別的量詞之前也可由

8　本文用的是 1911 年版。

ko3讀KO2。這是一個新的變調功能，以變調形式來強調指稱，突出遠指和近指的對比，正如上列（12d）所示。這是變調的第二條件。

條件二：個　　　　ko3　　→　　　KO2
　　　　［指示］
　　　　［+強調］

5.5. 英人Dyer Ball曾編寫多種粵語教學材料，其中尤以*Cantonese Made Easy*最流行（下簡稱CME），前後四版：

1883　Ball. *Cantonese Made Easy*. 1st edition.

1888　Ball. *Cantonese Made Easy*. 2nd edition.

1907　Ball. *Cantonese Made Easy*. 3rd edition.

1924　Ball. *Cantonese Made Easy*. 4th edition.

1883年初版中，兩個KO皆作「個」；1888年第二版中，指示詞改作「嗰」或「佢」，以別於量詞「個」，但字形區分有時並不一致。其後兩版都有所改動，以求統一，如：

		1883	1888	1907	1924	
（13a）	嗰個	嗰	嗰	嗰	嗰	（p. 16）
（13b）	擠嗰處	個	嗰	嗰	嗰	（p. 10）
（13c）	嗰度門	個	個	嗰	嗰	（p. 28）

最後一例的「嗰度門」，同一課文有另一句，也有同樣的三字，四版皆作「個度」，可見「嗰」「個」的分別還未確定下來。

		1883	1888	1907	1924	
（13d）	嗰度門	個	個	個	個	（p. 28）

　　聲調方面，CME指示詞讀KO2，量詞讀ko3。不過上聲變調的讀法也未完全定型，就以上舉（13c）和（13d）為例，原句是：

（13e）叫鬥木佬嚟，整翻好嗰度門。　　　　　　（p. 28）

　　　　Call the carpenter, to mend that door.

(13f) 鎖緊嗰度門至得。 (p. 28)

Lock the door securely.

兩句中「嗰度門」的「嗰」發音如下：

	1883	1888	1907	1924
(13g) 叫……嗰度門	*KO2*	ko3	*KO2*	*KO2*
(13h) 鎖……嗰度門	—	ko3	ko3	ko3

為什麼同樣的「嗰度門」有兩種讀法？為什麼 (13g) 句的「嗰」會由 ko3 改為 KO2？而 (13h) 句同樣的「嗰」卻一直不變？我們試從英文翻譯來看，(13g) 句的「嗰度門」KO2 翻作 "that door"，而 (13h) 句的「嗰度門」KO2 翻作 "the door"。兩者對比，"that" 比 "the" 更強調遠近指稱，正符合上述的第二條件，所以「嗰」轉讀上聲 KO2。

1924 年版中「嗰」作指示詞的用例共 30 句，其中 13 例讀作上聲 KO2，16 例讀作去聲 ko3，還有一例讀陰平 KO1。KO2 和 ko3 的分工不完全清晰，但大體是按上述兩個條件而變化。例如：

(13i) <u>個個</u>都係法蘭西人呀。 (p. 26)

ko3 ko3

They are <u>all</u> Frenchmen.

(13j) <u>嗰個</u>易講囉。 (p. 18)

KO2 ko3

<u>That</u> is easier to pronounce.

(13j) 句的「嗰個」變讀 KO2 ko3，是在量詞「個」之前的變調，以別於 (13i) 句中的量詞連用 ko3 ko3。又如：

(13k) 呢啲讀四書，<u>嗰啲</u>讀五經。 (p. 34)

<u>KO2</u>

These are reading the Four Books,

and those the Five Classics.

「嗰啲」和「呢啲」對舉，強調遠指和近指的不同，「嗰」讀上聲 KO2。

總體而言，Ball在CME書中對指示詞由ko3轉讀為KO2的現象，做了一些很重要的推理和説明。第一，他認為這是一種變調現象。粵語中有高升和高平兩種變調，Ball在下例中清楚指出這是高升變調：

（131）　<u>嗰</u>隻牛肥。　　　　　　　（p. 16）

　　　　^ᒼKO*

　　　　<u>That</u> cow is fat.

「嗰」標作^ᒼKO*，正是CME書中標高升變調的形式：字的右上角標星號，表示變調；左上角加ᒼ，表示讀高升變調。CME書中並不是所有KO2都用變調形式標示，但就上一句為例，已經可以説明作者Ball對這個變化的看法。

第二，Ball把^ᒼKO*變調的條件，在前後兩本書中分兩處解釋：

（13m）When more emphasis or rather more distinctness in pointing out the particular object meant is required the 個ko3 is repeated, as, however, the reduplication of 個 ko3, i.e. 個個 ko3 ko3 is used to mean *every*, *each one*, or *all*, to prevent mistakes the former of the two, when one is to be a Demonstrative Adjective Pronoun and the other a Classifier, is put into an upper rising tone as 咽個 KO2 ko3 and consequently written in a slightly different form to indicate that it is a colloquial word. (1883, p. 43)

（13n）個 ko3 used with the proper classifier. 個 KO2 when particular attention is to be called to the object spoken of, and then often having the proper classifier following it. (1908, *The Cantonese Made Easy Vocabulary*, 3rd ed., p. 259)

（13m）説明以變調來辨別意義，區分KO2 ko3和ko3 ko3的不同。（13n）説明以變調來加強語氣，突出指稱重點。後者是Ball在1908年 *The Cantonese Made Easy Vocabulary* 中的特別説明。變調的兩大

條件，至此才得到比較全面的交代。指示詞由ko3改讀KO2，CME
也清楚指出這是所謂的高升變調現象。

5.6. CME第二版是1888年印行。同年在美國紐約有另一本粵語教
科書面世，這就是Stedman & Lee的*A Chinese and English Phrase
Book*。[9] 全書遠指詞和量詞都寫作「箇」，讀ko3，沒有例外：

(14a) 箇位老伯公將近有九十歲咯。　　　(p. 29)

　　　 ko3

　　　 That old man is nearly ninety years old.

(14b) 俾我睇下箇張菜單。　　　　(p. 155)

　　　　 ko3

　　　 Let me see the bill of fare.

(14c) 箇箇禮拜你都去禮拜堂嗎？　　(p. 53)

　　　 ko3 ko3

　　　 Do you go to church every Sunday?

同年代CME書中所描述的KO2和ko3現象，*Phrase Book*完全闕如。
這也許因為從ko3到KO2的變化是廣州香港一帶地方的變調現象，
遠在紐約的粵語還沒有受到影響。

5.7. 1912年有一部《粵法字典》(*Dictionnaire Cantonnais-Francais*)，
似乎把KO2和ko3分開：指示詞讀KO2，量詞ko3。但字典中舉例，
並不嚴守這樣的分別，例如：

(15a) 個間屋好多煙霧。　ko3　　　(p. 138)
(15b) 我嫌个間屋窄。　　ko3　　　(p. 142)

這也就是説指示詞和別的量詞連用時，讀ko3；但是和量詞「個」連
用的時候，則按第一條件，轉讀KO2，以別於量詞重疊表遍指的ko3
ko3。如：

9　有關此書的語音系統和方言來源，請參看Cheung (2006)。

（15c）個个係乜人呢？　　　*KO2*　ko3　（p. 395）

（15d）個個都有。　　　　　ko3　　ko3　（p. 232）

指示詞「個」加量詞「個」發生變調，但是「指＋量」之間，中插其他成分，如數詞，則還是讀ko3，如下例。

（15e）佢留落個兩個係邊處呢？　　　（p. 232）

　　　　ko3 ko3

[KO-KO]既不緊連在一起，自然不會產生歧義，不可能有遍指的意思。

5.8. 1920年，Cowles的 *Inductive Course in Cantonese* 書中指示詞「嗰」有KO2和ko3兩種讀法，變化規則仍如上述。下舉數例：

（16a）嗰個　　　　　　　　*KO2*　ko3　"that one"　（p. 49）

　　　　個個　　　　　　　　ko3　　ko3　"all, everyone"

（16b）嗰個人　　　　　　　*KO2*　ko3　　　　　（p. 60）

　　　　個三個人　　　　　　ko3

（16c）我睇佢個部書。　　　ko3　　　　　　　　（p. 97）

　　　　I am reading his book.

（16d）寫字個張紙。　　　　ko3　　　　　　　　（p. 97）

　　　　That sheet of paper which has writing on it.

指示詞「嗰」一般讀作ko3，只有後面緊跟量詞「個」的時候才讀KO2，這是符合第一條件的變化。[10] 至於第二種變化以示強調指稱的用法，Cowles舉了一些很好的例子：

（16e）嗰處有幾多人？　　　*KO2*　　　　　　（p. 111）

（16f）有三千幾人喺個處。　ko3　　　　　　　（p. 111）

10　書中頁55把「個」ko3定作量詞classifier，但同時又説明："The character is sometimes used in the demonstrative sense of *that*." 由此可見，二十世紀初指示詞ko3的漢字寫法還沒有確定下來，有時可以借用量詞「個」字來表示。

他把兩個句子中的「嗰處」KO2 和「個處」ko3 作了一個比較：

(16g) Compare *KO2 shue* and *ko3 shue*. In [the first sentence] the sense is emphatic: *that place*. In [the second sentence] it is not emphatic and best rendered *there*. (p. 123)

所謂 "emphatic"，就是上述的第二條件。書中有的地方乾脆就把「嗰」KO2 訂作是 "emphatic demonstrative pronoun"，相對於英文的 "that" (p. 49)。

5.9. 1930 年代有 Hoh & Belt 的 *A Pocket Guide to Cantonese*，1936 年出版。書中有「嗰」KO2 和「個」ko3 的對比，不過從下面的例子來看，「嗰對」和「個條」配搭的都不是量詞「個」，翻譯都對作 "that"，但一個是 KO2，一個是 ko3，分化條件並不明顯。

(17a) 嗰對拖鞋係邊個嘅呢？　　　*KO2*　　　(p. 66)
To whom does that pair of slippers belong?

(17b) 同我補翻個條裙。　　　ko3　　　(p. 66)
Mend that skirt for me.

5.10. 1930 年代有一本教科書，叫《注音廣州話》，是粵人盧子防專為潮汕人士學習廣州話而編寫的教材，全書用注音符號標音。書中作指示詞用的讀 KO2，寫作「嗰」或「箇」，似乎和表量詞的「個」ko3 完全區分開來。例：

(18a) 箇個伯爺公成日咁鱗津，我真正乞人憎咯。(p. 31)
KO2 ko3

(18b) 扎蔗嗰啲草繩鬆開左咯播。　　　(p. 34)
KO2

(18c) 省城戒嚴人地個個都搬落嚟香港。　　　(p. 30)
ko3 ko3

5.11. 1940年代的教材，以趙元任的《粵語入門》為代表。表遠指的
「嗰」只有一種讀法KO2，和量詞「個」ko3截然有別，也就是説遠指
詞由ko3到KO2的演變，已全部完成。「嗰」KO2只是一個指示詞，
並不帶有以調別義或強調語氣的作用，詳見上文第4.4節。

6.「嗰」的演變過程

6.1. 粵語中表遠指的「嗰」KO2，本讀ko3，漢字寫法不一。由ko3轉
為KO2，是經過近一百年的漫長演變，演變過程如下圖所示：

（19a） ko3 → [ko3] / [KO2] → [KO2]
          1840年代   1940年代

在這百年中，表遠指的ko3有時讀去聲，有時讀上聲，有時寫作
「個」，有時寫作「嗰」，變化似乎漫無規則，上、去二讀可以隨意互
換。其實根據我們歷史語料所展示的語言現象，變化是有軌可尋。
這個演變最初是因為歧義的原因，而需要用變調來分辨意義。表遠
指的ko3和表量詞的ko3，結成「指＋量」組合，意思是「那個」，但
它的發音和量詞「個」重疊表遍指的ko3-ko3相同。於是為了避免語
義混淆，説話人便開始把遠指的ko3讀作高升變調KO2，以示區別。

（19b） ko3 ＋ ko3 → KO2 + ko3
       [指] ＋ [量]
（19c） ko3 ＋ ko3
       [量] ＋ [量]

這一種變化大約是在1850年代發生，以Williams的 *Tonic Dictionary*
為代表。

　　另一種變化是1880年代前後發生，遠指代詞的變調讀法，由原
來辨義擴展至強調語氣的用法，突出遠指「個」KO2和近指「呢」ni1
的對比。其實這也是一種辨義功能。「指＋量」和「量＋量」的對比，

是語法層面的意義對比，而「個」和「呢」的對比是語用層面的指稱對比。

　　這兩種對比引起的變調讀法，在語言中造成了一種新的發音，由 33 中平轉讀為 35 高升，經過近百年的醞釀和擴展，到了二十世紀四十年代塵埃落定，「嗰」只留下一個上聲讀法，後來不再覺察到這原來是一個變調的變體，KO2 和 ko3 再也連不上任何關係。我們可以把這一個語音演變的過程，用下圖作交代：

（20）

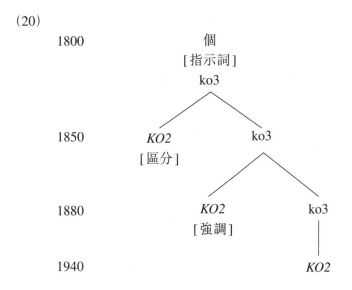

6.2. 從 1940 年代開始，表遠指的「嗰」只有一個讀法 KO2，但寫法卻有多種，如「嗰」、「箇」、「吤」等，主要是和量詞「個」區分開來。近年有人把 KO2 寫作「果」，「果個」是 KO2 ko3 之意，「果」本合口字，粵語讀作 [kwɔ35]，是上聲字。但從六十年代開始，圓唇的舌根音漸漸失去圓唇特質，[11] 於是果 [kwɔ35] 讀同 [kɔ35]，也就是表遠指 KO2 的讀音。於是借「果」作「嗰」，在坊間漸漸流行起來，這是一個新起的假借現象。

11　粵語中圓唇舌根音 kw- 和 k'w- 的非圓唇化，只發生在 [ɔ] 元音之前，如「國」[kwɔk] 同「郭」[kɔk]，如「鄺」[k'wɔŋ] 同「抗」[k'ɔŋ]。

6.3. 遠指詞「嗰」KO2的變化，後來尤有進者。張雙慶 (1999) 指出 1994年有陳鳳鳴君論文，研究二十年代廣州聖經譯本中的破讀字，發現「嗰」字有「圈聲」和「不圈聲」之分。陳君認為這是因為「嗰」可讀上聲 (35調) 和陰平調 (55調)。前者是遠指，後者是更遠指。我沒有看過陳君的論文，也沒有研究過二十年代的聖經翻譯，不敢斷言二者分別何在。不過從我現有的多種材料來看，早年的遠指「嗰」只有ko3和KO2二讀。[12]

張雙慶 (1999) 文中又提及，遠指的「嗰」今有二讀，一讀陰上 [kɔ35]，一讀陰平ko1 [kɔ55]。後者表示一種強烈的對比，例如文中舉的例子：

(21)　(粵) 唔係<u>嗰</u>度，係<u>嗰</u>度

　　　　[kɔ35]　　[kɔ55]

　　　(國) 不是那兒，是那兒

這種新起的二分法，確實見於今日語言。這種表強烈對比的功能，就和早期粵語Cowles書中「嗰處」KO2和ko3的分別一樣（第5.8節）。Cowles認為從ko3變作KO2，是為了表示 "emphatic" 的意思。時隔數十年，今日粵語中的KO2只表遠指，不帶強調指稱。但是語言中常常有實際的需要，為了進一步突出遠近指稱的對比，於是又出現新的變調現象，把「嗰個」轉讀為ko1，表示不是「那個」，而是另外一個，或者更遠的一個「那個」。根據這個現象，我們可以把 (20) 的圖表擴大成 (22)。

12　Ball 的 *Cantonese Made Easy* 中亦有一例「個」讀陰平，但原因不明，見上文第5.5節。

(22)

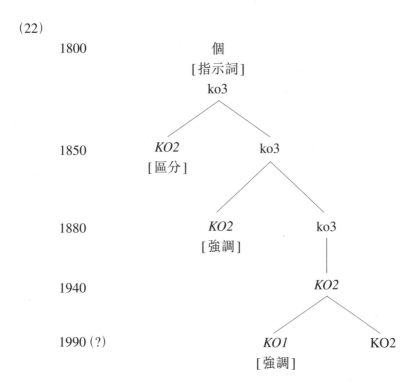

從圖中可見，變調的現象循環出現。其實今日的粵語，已經有人把一般性的遠指「嗰個」KO2說成KO1：

(23) 嗰個 kɔ35 kɔ33 → kɔ55 kɔ33

也就是説，這後起的表強調的高平KO1，又慢慢失去強化對比的作用。這其間變化是否意味著KO1會漸漸取替KO2，而成為新的遠指讀音？由ko3而KO2，將來再發展成KO1，語法、語用和語音互動的循環，可能會再次出現。

6.4. 本文重點主要是研究表遠指的「嗰」，如何從ko3變為KO2的變化途徑和條件。這也就是説我們承認指示詞「嗰」是來自量詞「個」，正如張惠英（2001）所言，這一種由量轉指的變化在語言中並不少見，並舉了吳粵閩客家多處例子為證。粵方言她只舉了廣州話，其

實粵地方言類似的情形很多。下面從珠江三角洲、粵北和粵西一些
材料中，[13] 列舉一些指示詞和量詞「個」同音或音近的方言點，指示詞
和量詞發音並排如下：

(24)　珠三角

番禺	kɔ35 kɔ33
花縣	kai33 kai33
增城	kɔi35 kɔ33
佛山	kɔ35 kɔi33
三水	kɔ35 kɔi33
高明	kɔ33 kɔ35
珠海	kɔ13 kɔ33
斗門	kɔ24 kɔ33
新會	k'ui21 kɔ23
台山	k'uɔi21 kuɔi35
開平	k'uɔi21 kuɔi33
恩平	k'uai31 kua33
東莞	kɔ35 kɔ32
寶安	kɔ35 kɔi33

(25)　粵西

肇慶	kɔ52 kɔ33
四會	kɔ33 kɔ24
德慶	kɔ53 kɔ53
雲浮	kɔ35 kɔ33
羅定	ko33 ko33

13　珠江三角洲詞材料見《珠江三角洲方言詞匯對照》(1988)；粵北材料見《粵北十縣市
　　粵方言調查報告》(1994)；粵西材料見《粵西十縣市粵方言調查報告》(1998)。

(26) 粵北

清遠	kɔ35 kɔ33
佛崗	kɔ35 kɔ33
英德	kuɔ33 kuɔ33
韶關	kɔ35 kɔ33
曲江	kɔ35 kɔ33
仁化	kɔ35 kɔ33
樂昌	kɔ35 kɔ33

我們希望將來有機會可以深入調查這些方言，看看表指和表量的兩個形式之間，是否也存在著上文描述的變化軌跡和規律。同時，粵地其他方言中當表量的轉為表指，這表指的是否一定表遠指？方言中也有指示詞和量詞並不發生關係的情形，我們又當如何去解釋？我們今日研究粵語中的「嗰」的歷時性發展，只是這一項探討的開始而已。

7. 本文開始時提及粵語中指示詞「呢」和「嗰」一定要和量詞連用，組成「指 + 量」單位，再修飾後面的各詞：[[指 + 量] + 名]。國語可以說「這書」或「這是書」，指示詞可以單用，或直接修飾名詞。粵語不容許這樣的結構。[14] 我們查看粵語歷史語料，證實「嗰」的用法一般如此，但是也有一些個別的例外，如：

(27a) 嗰係財東。　　This is the Capitalist.　　　　　（1828:7）

(27b) 嗰係老實人。That is an old solid man.　　　（1828:237）

(27c) 嗰係真重人。That is a true steady person.　　（1828:227）

(27d) 嗰係惡人。　That is a bad man.　　　　　　（1828:318）

(27e) 嗰係詭譎人。That is a fraudulent cheating man. （1828:317）

---

14 南北方言中指示詞不同的語法表現，梅祖麟 (1987) 有專文從歷史語法角度來討論。他以為粵語中指示詞不能單用，是承唐代北方方言的遺風。

五句同出一書，都是1828年Morrison詞典中的例子。句中「個」單用作句子主語，翻譯是 "that"，[15] 相當於國語「那」的用法。

「個」作主語用的情形還見於下面幾句：

(28a) 乜嘢話個（ko3）唔係？　　　　　　　　（1856:167）

Who says it is not so?

(28b) 乜嘢話個（ko3）唔係？　　　　　　　　（1910:389）

Why do you say it is not so?

(28c) 乜嘢話個（ko3）唔係？　　　　　　　　（1912:232）

(28d) 乜野話個（KO2）唔係？

四句來自不同年代的書，但説法一樣，可能是一句熟語，今日粵語中仍然有「嗰唔係」KO2的説法，意即「那可不是？」，也是「嗰」作主語。這句來源是什麼，我們暫且不理，但是指示詞單用，卻是粵語語法中一個非常奇怪的現象。

和「嗰」相配的「呢」，也有一些用例，顯得不比尋常，如：

(29a) 揭起呢冚兜蓋。Take off the cover from the platter.（1841:664）

(29b) 呢省城事例曉得嘅。Understands perfectly the affairs and customs of this provincial city.　　　　　　　　（1853:87）

(29c) 見著呢親戚朋友。To see one's relatives and friends.（1910:680）

三句中的「呢」都是直接放在名詞之間，屬於「呢＋名」的組合，是北方話的結構，不合粵語語法規則。

「嗰」、「呢」這些特殊用例，雖然數目不多，但散見不同材料，時間上橫跨百年，再加上今日還有「嗰唔係」的説法，似乎早期粵語中一些指示詞的用法，和北方方言相似。這是方言接觸偶爾借貸的結果，還是粵語底層原有的一些句式後來消失？我們只有等待將來搜集更多更早的材料，再作進一步的探討。

15　例（27a）除外，翻作 "this"。

參考書目

竹越美奈子。2005。〈廣州話遠指詞「嗰」的歷史演變〉。《中國語文研究》20: 19–24。

李如龍、張雙慶。1999。《代詞》，中國東南部方言比較研究叢書第四輯。廣州：暨南大學出版社。

張洪年。1989。〈粵語量詞用法的研究〉，《中央研究院第二屆國際漢學會議論文集》(語言文字組)，頁753–774。台北：中央研究院歷史語言研究所。

———。2000。〈早期粵語中的變調現象〉。《方言》2000.4: 299–312。

張惠英。2001。《漢語方言代詞研究》。北京：語文出版社。

張雙慶。1999。〈香港粵語的代詞〉。《代詞》，頁345–360。廣州：暨南大學出版社。

梅祖麟。1987。〈唐五代「這、那」不單用作主語〉，收入梅祖麟(2000)，《梅祖麟語言學論文集》。北京：商務印書館。

詹伯慧、張日昇。1988。《珠江三角洲方言詞匯對照》。香港：新世界出版社。

———。1994。《粵北十縣市粵方言調查報告》。廣州：暨南大學出版社。

———。1998。《粵西十縣市粵方言調查報告》。廣州：暨南大學出版社。

Cheung, Hung-nin Samuel. 2006. "One Language, Two Systems: A Phonological Study of Two Cantonese Language Manuals of 1888." *Bulletin of Chinese Linguistics*, 1.1: 171–200.

原載何大安、張洪年、潘悟雲、吳福祥編，《山高水長：丁邦新先生七秩壽慶論文集》，《語言暨與語言學》專刊外編之六(台北：中央研究院語言學研究所，2006)，頁813–835。

「咁」又如何？

再探早期粵語中的指示代詞

Sui luy, 細雪 Small (flaky) thinner.
Seut peen, 雪片 A piece of ice.　The natives of Canton occasionally make ice in winter between the leaves of plants.

Seut shuy, 雪水 Ice water—melted ice used to drink.

Seut fa, 雪花 Snow flower; a flake of snow.

Chun hqw teen, 趁好天 Avail one's self of a fine day.

Che kum pok, pok kwo che, shăp ko tseong kwăn toi im he 紙咁薄薄過紙十個將軍撞唔起 Paper thin—thinner than paper, but ten warriors cannot lift it

A sheet of glaze from sun shine on the ground.

Low shuy, 露水 Dew water.

Lok seut, 落雪 It snows.

luy shing kum tai, im che yăw sheong măt ya 如有傷乜野

提要：現代粵語中的指示代詞「咁」有兩種用法。例 (1) 的「咁」表示性質或狀態，相當於現代漢語的「這樣」；例 (2) 的「咁」則表示程度，相當於現代漢語的「這麼」。

(1)　佢好勤力咁學習。
(2)　佢咁勤力學習。

兩種用法的「咁」，在書寫上，有時候也可以區分，前者作「噉」，後者作「咁」。發音是 [kɐm]，聲韻俱同，但聲調有別。表性質的「咁」是陰上調[kɐm35:]，表程度的「咁」是陰去調[kɐm33:]。

在早期的粵語口語材料中，兩種用法的「咁」都有許多例證。在書寫上，多作「咁」，偶爾也有作「噉」，但用法區分並不明顯。如1883年的 *Cantonese Made Easy* 同書二例：

(3)　你係咁講咩？　　　　　　　（頁 18）
(4)　人地係噉講。　　　　　　　（頁 37）

至於發音，根據附有拼音的材料來看，韻母多作 om [ɔm]。聲調亦分陰去和陰上，但區別條件並不完全清晰。如下舉二例，同出自1841年的 *Chrestomathy*，用法相同，但聲調一作陰去，一作陰上。

(5)　夠爭一碼咁上下。　　　　　（頁 247）（陰去）
(6)　都係八份一咁上下。　　　　（頁 345）（陰上）

本文試根據十九世紀到二十世紀的一些粵語材料，進行分析，研究「咁」的用法和演變過程，並提出「咁」和表量詞的「個」以及代詞的「嗰」之間的可能關係。

關鍵詞：「咁」、「噉」、「個」、指代詞、早期粵語

1. 引言

1.1. 粵語中有兩個指示代詞：「咁」、「噉」，相當於現代漢語的「這樣」、「這麼」等。關於「咁」、「噉」的用法，互聯網上有這樣一段的討論：

> 大家可能接受香港傳媒比較多，難以分別「噉」、「咁」到底有何不同。大家先看看一下例子：「噉搞法唔係路喎！」「咁複雜嘅嘢我未諗過。」其實對於前面的例子，如果是不懂粵語的人是不知道表達什麼意思，更不用說其分別。有些人認為兩個字其實一樣，用一個「咁」字代替就可以。而實際上，這兩個字無論從音、義方面都是不同，絕不是同一個字。
>
> （http://www.cantonese.asia/attachments/oncc）

作者很仔細地描述兩者分別，接著他的結論是：

> 注意：其實在七八十年代的香港也是將這兩字區分開來，不知為何現在香港都不區分這兩個字寫法，或者受娛樂界影響吧，將兩個字都寫成「咁」。但正規廣州話字一定要區分這兩字的寫法以及讀音。

　　會說粵語的人多知道「咁」「噉」截然有別。「咁」讀 [kɐm 33:]，「噉」讀 [kɐm 35:]，聲韻俱同，但聲調有別：前者是陰去調，後者是陰上調。在用法上，「咁」、「噉」都是指示代詞，但是前者表程度，後者表狀態。二者發音既然不同，用法也有區別，為什麼一般人在書寫上會混淆不分，同作「咁」字？當然這兩個字都是表口語的方言字，寫法約定俗成而已。不過，這種書寫上「咁」「噉」的區分是否確如互聯網上所說，歷來有別，混成一字只是二十世紀七八十年代以後的事？再進一步追問，這兩個詞究竟從何而來？為什麼二者在用法和發音上，異中有同？同是代詞，又同聲同韻，發音同作 [kɐm]，而不同的只在聲調。以調辨義是一種語法手段，還是一種巧合？書寫上的混淆，是否也可能反映出這兩個詞在語言發展上有某種一定

的關係？有關這些問題，我們其實所知甚少。本文翻檢從十九世紀到二十世紀的一些粵語材料，重新考察「咁」、「噉」的用法，嘗試釐清二者之間的關係，說明他們在發音、用法和書寫各層面，到底呈現怎樣的一個發展過程。

1.2. 粵語是地方方言，雖然歷史悠久，但有關口語的記錄卻不多。對於研究粵語的歷時發展，由於材料不足，考察難有突破。不過，自從二十世紀末以來，學者陸續發現許多早期粵語材料，於是材料不足的現象漸漸有所改變。這些珍貴的歷史材料主要是十九世紀西洋傳教士和商人等來華傳教經商，為了學習當地語言，因而編寫的一些學習教材，內容以日常口語對話為主，並且常用注音拼寫，記錄當時的實際發音。正因為這些語料是以口語為主，所以我們今日翻閱，還能打開一扇歷史窗戶，嘗試稍窺一二百年前的粵語語言實況。[1] 本文選用材料，主要包括下列各書：

> 1828　Morrison, Robert. *A Vocabulary of the Canton Dialect*. Macao: The Honorable East India Company Press.
>
> 1841　Bridgman, E. C. *Chinese Chrestomathy in the Canton Dialect*. Macao: S. Wells Williams.
>
> 1856　Williams, S. Wells. *Tonic Dictionary of the Chinese Language in the Canton Dialect*. Canton: The Office of the Chinese Repository.
>
> 1877　Eitel, E. J. *A Chinese Dictionary of the Cantonese Dialect*. London: Trubner and Co.; Hong Kong: Lane, Crawford & Co.
>
> 1883　Ball, J. Dyer. *Cantonese Made Easy*. Hong Kong: The China Mail Office.

1　有關早期粵語語料的搜集，請參看下列兩種語料庫：張洪年，《早期粵語口語文獻資料庫》，http://database.shss.ust.hk/Candbase/；及姚玉敏，《早期粵語標註語料庫》，http://database.shss.ust.hk/Cantag/。

1888   Ball, J. Dyer. *Cantonese Made Easy*. 2nd edition, revised and enlarged. Hong Kong: The China Mail Office.

1888   Stedman, T. J., and K. P. Lee. 英語不求人 *A Chinese and English Phrase Book*. New York: William R. Jenkins.

1907   Ball, J. Dyer. *Cantonese Made Easy*. 3rd edition, revised and enlarged. Singapore, Hong Kong, Yokohama: Kelly & Walsh.

1908   Ball, J. Dyer. *The Cantonese Made Easy Vocabulary*. 3rd edition. Hong Kong: Kelly & Walsh.

1910   LeBlanc, Charles. *Cours de Langue Chinoise Parlée Dialecte Cantonnais*. Hanoi-Haiphong: Imprimerie d'Extrême-Orient.

1920   Cowles, Roy T. *Inductive Course in Cantonese*. Hong Kong, Hankow, Singapore, Shanghai, Yokohama: Kelly & Walsh.

1924   Ball, J. Dyer. *Cantonese Made Easy*. 4th edition, revised and enlarged. Hong Kong: Kelly & Walsh.

1936   Hoh, Fuk Tsz, and Walter Belt. *The Revised and Enlarged Edition of a Pocket Guide to Cantonese*. Canton: Lingnan University.

1941   O'Melia, Thomas A. *First Year Cantonese*. 2nd edition. Hong Kong: Maryknoll House.

1947   Chao, Yuen Ren [趙元任]. *Cantonese Primer* 粵語入門. Harvard University Press.

2.「咁」「噉」有別

「咁」「噉」是粵語中經常使用的指示代詞，李新魁等（1995）指出「咁」[kam33:] 指示程度、「噉」[kam35:] 指示方式。張洪年（2007）書中雖然沒有明文指出，但舉例多循此區分。現舉例如下：

(1) 今日咁凍，著多件衫。

今天這麼冷，多穿件衣服。

(2) 件衫噉著，會凍親㗎。

衣服這樣穿，會著涼。

例(1)的「咁」強調「冷」的程度，例(2)的「噉」說明「穿衣服」的方式。「咁」相當於普通話的「這麼、那麼」，「噉」相當於普通話的「這樣、那樣」。粵語的指示代詞不分近指和遠指，沒有普通話「這」和「那」的分別。同時，「普通話的『這麼』、『那麼』、『這樣』、『那樣』既可用於指示方式，又可用於指示程度，程度與方式沒有形式上的區別」(李新魁等 1995:469)。不過，在一般話語中，表程度時比較多用「這麼、那麼」。

2.1. 「咁」表示程度，出現在形容詞之前，學者都認為屬於副詞，如例(1)。根據趙元任(Chao 1968)的分析，漢語中的形容詞屬於不及物性質動詞，而表性質的動詞還有及物一類，如「鍾意」、「相信」等。性質動詞都能呈現程度的差別，也可以用程度副詞修飾。為簡單起見，這一類動詞，我們稱之為「程度動詞」。如：

(3) 今日好凍，著多件衫。

(4) 你點解好鍾意食唐餐呀？

你為什麼很愛吃中國飯？

(5) 呢個人，我唔係幾相信佢。

這個人，我不太相信。

有的助動詞也容許程度的比較，最常見的例子是「願意」、「應該」、「會」等。

(6) 佢好<u>願意</u>嫁你咩？

他很願意嫁給你嗎？

(7) 行善嘅事，你更<u>應該</u>做。

行善之事，你更應該做。

(8) 我哋之中，邊個最識食呀？

我們當中，誰最會吃？

「咁」既表程度，所以上列各例（3至8）的程度副詞，都可以改用「咁」。

(3a) 今日<u>咁</u>凍，著多件衫。

(4a) 你點解<u>咁</u>鍾意食唐餐呀？

(5a) 呢個人，我唔係<u>咁</u>相信佢。

(6a) 佢<u>咁</u>願意嫁你咩？

(7a) <u>咁</u>應該做嘅野，點解你唔做呢？

(8a) 你<u>咁</u>識食，一於由你點菜喇。

2.2.「噉」表狀態，多用在動詞之前，説明行動的形式，讀陰上高升調35:，一般也歸入副詞。例如：

(9) 你<u>噉</u>講野，有乜規矩。

你這樣説話，沒規矩。

(10) 日日要<u>噉</u>行成個鐘頭，先至對身體有益。

天天要這樣步行一個小時，才會對身體有益。

「咁」、「噉」的分別，最好是用下面兩例來説明。

(11) 你<u>咁</u>愛佢……

你這麼愛他……

(12) 你<u>噉</u>愛佢……

你這樣愛他……

第一句表愛的程度之深，是熱戀狂愛；第二句表示愛的方式，與愛的深度無關。「噉」也可以説成「噉樣」，功用一樣，是一個雙音節的代詞。

(9a) 你<u>噉樣</u>講嘢，有乜規矩。

(10a) 日日要<u>噉樣</u>行成個鐘頭，先至對身體有益。

不過，「噉」、「噉樣」也可以出現在名詞之前（如例13），也可以獨立做主語（如例14）、賓語（如例15）或謂語（如例16）。

(13) 噉（樣）嘅人，你都相信？

這樣的人，你也相信？

(14) 噉（樣），點得呀？

這樣，怎麼行？

(15) 我唔相信會係噉（樣）。

我不相信會這樣。

(16) 你一於噉（樣）喇。

你索性就這樣。

按一般語法分析，(13) 至 (16) 例子中的「噉（樣）」，當視作名詞語 (NP)，可以充當主語、賓語、謂語，也可以修飾另一個名詞。但「噉（樣）」又可以修飾動詞，歸入副詞。這樣一來，似乎是一詞分屬兩種詞類。又有的學者以為下面例子中「噉（樣）」的用法，或歸為連詞（例17），或歸為結構助詞（例18、19）（袁家驊等1960；饒秉才等1981；張洪年2007）。

(17) 噉（樣），我就唔嚟喇。

這樣，我就不來了

(18) 成個苦瓜乾噉（樣）。

整個人這樣愁眉苦臉。

(19) 急急腳噉（樣）行開。

急急忙忙這樣跑開。

換一個角度來看，「噉樣」就是「噉＋樣」的組合，原應是一個名詞語，等於普通話的「這樣子」。名詞語當然可以作主語、賓語、謂語，也可以做修飾語。例 (18) 中的結構，是「成個苦瓜」修飾「噉（樣）」。這樣的用法漸漸普遍，「噉樣」語法化成一個語法成分，「樣」也可以自由脫落；而且，像 (17) 至 (19) 句以不用「樣」為常。正因為

「噉樣」語法化成一個單詞，於是「噉樣」可以再和「樣」結合，重複原來的結構。上面所舉例句，都可以說成「噉樣樣」。

(9b)　你<u>噉樣樣</u>講野，無乜規矩。

(10b)　日日要<u>噉樣樣</u>行成個鐘頭，先至對身體有益。

(13a)　<u>噉樣樣</u>嘅人，你都相信？

(14a)　<u>噉樣樣</u>，點得呀？

(15a)　我唔相信會係<u>噉樣樣</u>。

(16a)　你一於<u>噉樣樣</u>喇。

(17a)　<u>噉樣樣</u>，我就唔黎喇。

(18a)　成個苦瓜乾<u>噉樣樣</u>。

(19a)　急急腳<u>噉樣樣</u>行開。

我們也許可以說，「噉樣」是最早的語法形式，「噉」修飾「樣」，其後「噉樣」語法化成一單詞，分兩路發展。一方面，可以在語音上省略成「噉」一個單音節，另一方面，又可以重新以「噉樣」修飾「樣」，發展成一個新的組合。下面是一個簡圖，說明這其間的變化：

(20)　噉＋樣 ⟶ 噉樣 ⟶ 噉

噉樣樣

這樣的語法變化，在語言中並不鮮見。粵語中最典型的例子是：「乜嘢」（什麼）簡化為「乜」，另一方面又可以再延伸成「乜嘢嘢」。

2.3. 根據以上的分析，「咁」「噉」有別不只是聲調上的不同，語法性質和語用功能也不一樣。「噉」可以說成「噉樣」，更可以說成「噉樣樣」，但「咁」並沒有這樣的變化可能。上文的例 (1) 只有一種說法：

(1b)　今日<u>咁</u>凍，著多件衫。

(1c)　＊今日<u>咁樣</u>凍，著多件衫。

(1d)　＊今日<u>咁樣樣</u>凍，著多件衫。

這樣看來，「咁」、「噉」是兩個截然不同的詞，在發音上同聲同韻也許只是一種巧合。但回頭再看普通話中，兩種指代用法都可用「這麼、那麼」和「這樣、那樣」。許多語言中都有類似的情形。英語的例子如：

(21) It is <u>that</u> cold!

(22) Don't do it <u>that</u> way.

這也就是說，兩種指代都和表指稱的基本詞（如普通話的「這」、「那」）有關。但是粵語中的「咁」和「噉」卻是各出一格，似乎是另闢獨立的發展蹊徑。下文就歷史語料來探查，這語法發展到底是循什麼樣的蹊徑。

3. 早期粵語語料中的「咁」和「噉」

3.1. 書寫形式

「咁」和「噉」在書寫形式上可以分家。但許多人都指出近日香港人只用「咁」一字，兼及兩詞，對區分「咁」、「噉」的要求並不嚴格。根據文首第1.1節所引用的互聯網報告，「咁」「噉」不分似乎只是香港一地的情形，並且是遲至二十世紀八十年代以後才出現的現象。不過甘于恩(2010)指出廣州粵語也多用「咁」代替「噉」，[2] 而我們試翻看七十年代出版的《香港粵語語法的研究》，書中「咁、噉」的區分並不嚴謹。如：

(23) 你……講得<u>噉</u>好，真係叻嘞。 （張洪年1972:75）
     你……說得那麼好，真聰明。

2　甘于恩(2010:61)指出在「咁」「噉」二者之間，「民間不太認可『噉』的寫法，多數場合只寫作一個『咁』，讀者可通過語境來區別二者」。

（24） <u>咁</u>嘅嘢，邊個都唔食。　　　　　　（張洪年 1972:64）

這樣的東西，誰都不吃。

這樣看來，「咁」、「噉」不分由來已久，並非一時一地的新鮮現象。我們試從十九世紀的材料中檢索「咁」、「噉」的出現情形。

3.1.1. 我們現存最早、而且比較全面的粵語口語材料，當數 1828 年 Morrison 編寫的 *Vocabulary of the Canton Dialect*（下文簡作 VCD）。這本詞典所有例句都作「咁」。例如：

（25） 乜<u>咁</u>多更改？(VCD — CHE)[3]

Why so many changes?

（26） 黃犬<u>咁</u>笨會咬人。(VCD — WRI)

Worm as stupid, knows to bite man.

（27） 冇<u>咁</u>著鞋啊。(VCD #I — SHEI-MOW-LUY)

You cannot thus put on every pair of shoes.

（28） <u>咁</u>就唔駛設官咯。(VCD #XV — MING-FUN-LUY)

Thus, there is no use in appointing Magistrates.

（29） 歷來都係<u>咁</u>既。(VCD — HER)

It has heretofore always been thus.

（30） 只係一隻污糟貓<u>咁</u>樣。(VCD #XVIII — PAN-KAK-LUY)

Just a dirty cat, so fashion.

上舉六例，前兩例（25、26）相當於今日「咁」[33:] 的用法，後四例（27 至 30）相當於今日「噉」[35:] 的用法。VCD 一書拼音只標聲母韻母，不標聲調，所以我們無法知道當時是否發音有別。但是就書寫來看，當日各種用法同用一個「咁」字。[4]

3　VCD 一書沒有清楚的頁碼。全書分三大部分，每頁按各部分的拼音排列注明，而第三部分收錄詞語，按類別細分 24 類，每頁頁首用拼音注明類別。

4　VCD 全書只有下面一例不用「咁」：「敢且快的翻來」(#VIII)，似乎是以「敢」代「噉」。不過，按英文翻譯 "Dare therefore to hasten back." 來看，似乎又是「敢」的原意，並非字形假借。

3.1.2. 1841年出版的 *Chinese Chrestomathy* (CC)，有「咁」、「噉」用法的例句都寫作「咁」，不過聲調有時有別，相當於今日的「咁」標陰去，相當於今日的「噉」標陰上。如：

> (31)　胡椒唔似花椒咁辣（陰去）。　　　　(CC:165)
> Black pepper is not so pungent as Cayenne.

> (32)　你咁惡打發（陰去），都費事呀。　　(CC:250)
> You are such a troublesome fellow to sell goods to, that it is no easy matter to deal with you.

> (33)　咁做得未呀（陰上）？　　　　　　　(CC:159)
> Will this do?

> (34)　咁話（陰上），你跟住我個口講囉。　(CC:5)
> If so, then you must imitate the sounds of my mouth.

> (35)　咁都唔信得吓（陰上）？　　　　　　(CC:253)
> So then you will not believe me, eh?

> (36)　成夜都瞓唔著，慢慢慮慮咁（陰上）……　(CC:177)
> (I) was unable to sleep, and was restless and disturbed all night long.

> (37)　咁樣執住個枝筆（陰上）。　　　　　(CC:20)
> . . . thus holding fast the pencil.

例 (31)、(32) 相當於今日「咁」的用法，例 (33) 至 (37) 相當於今日「噉」的用法。*Chrestomathy* 全書用「噉」的例子極少，似乎只有一例：

> (38)　怕唔學得你噉咋（陰上）。　　　　　(CC:5)
> I fear I cannot do this.

3.1.3. 十九、二十世紀之交還有 *Cantonese Made Easy* (CME)。這是一本很重要的粵語教科書，前後四版：1883、1888、1907、1924年。書中「咁」「噉」分寫，前者標陰去，後者標陰上，用法大抵和今日的「咁」「噉」相同。不過，有個別例句早期作「咁」，後來修訂作「噉」，如同樣的「係咁話」在書中兩見，但漢字書寫前後不一：

（39a）佢係咁話咩（陰上）？　　　　　　　（CME 1888:12）

　　　　Did he say that?

（40a）你係咁話咩（陰上）？　　　　　　　（CME 1888:18）

　　　　Do you say so?

（39b）佢係咁話咩（陰上）？　　　　　　　（CME 1907:12）

（40b）你係噉話咩（陰上）？　　　　　　　（CME 1907:18）

前後四版，也有先作「噉」、後改作「咁」的例子，如：

（41a）人呢，有噉多，去噉多（陰去）。　（CME 1883:37）

　　　　Of the men, as many as there were went.

（41b）人呢，有咁多，去咁多（陰去）。　（CME 1888:37）

　　與VCD或CC相較，CME晚出四十年，在書寫形式上，「咁」「噉」的區分，似乎已逐漸成規。不過，正因為前後版本修訂中，仍然有混淆的例子，這種字形的區分，似乎是一種「正字」的努力，是一種約定，但是還沒有達到真正的俗成。

3.1.4. 二十世紀中以後，一般粵語教學材料都能區分「咁」「噉」。下舉1941年的 *First Year Cantonese*（FYC）和1947年趙元任的 *Cantonese Primer*（CP）為例：

（42）屋同山咁高（陰去）。　　　　　　　（FYC:49）

（43）係噉講（陰上）。　　　　　　　　　（FYC:106）

（44）隻老鼠就半醒半瞓敢（陰上），懶懶地話，　（CP: 第10課）
　　　而家重未天光，咁早起身作乜野呀（陰去）？

請注意，趙書的中文版是手寫形式出版，「噉」一律作「敢」。

　　1960年出版的《漢語方言概要》（FYGY），其中第九章討論粵方言，也談及「咁」的兩種用法，但是在書寫上只用「咁」一字，兼陰去和陰上兩種讀法。

（45）咁好石頭，畀你跪崩。　　　　　　　（FYGY:233）

（46）北風咁就用盡佢嘅力來吹啦。　　　　（FYGY:232）

張洪年1972年的《香港粵語語法的研究》，雖然區分「咁」「噉」，但分別並不嚴格，2007年的修訂版在這方面做了許多訂正。

(47a) 你噉冇膽，學乜野車呀？ （張洪年1972:88）

(47b) 你咁冇膽，學乜野車呀？ （張洪年2007:92）

(48a) 兩公婆嗌交咁既事。 （張洪年1972:95）

(48b) 兩公婆嗌交噉既事。 （張洪年2007:99）

在1981年饒秉才等的《廣州方言詞典》、1998年白宛如的《廣州方言詞典》等著作中，「咁」、「噉」各自獨立，截然二分。

總括而言，「咁」、「噉」在字形上的分化，前後經過一百多年的漸變過程。「咁」是原來的寫法，十九世紀中期以後才逐漸出現「噉」的寫法。「咁」、「噉」交雜使用，直到二十世紀以後，分工逐漸明顯化。不過，時到今日，「咁」、「噉」的區分又漸漸模糊起來，引起一些社會人士的關注。不過，從另一個角度來看，「咁」、「噉」都是常用的指代詞，發音不同，用法也似乎儼然有別，「咁」表程度，「噉」表狀態性質，二者之間呈現一種互補的關係。就算寫作同樣的漢字，也不會發生意義上的混淆。在整個演化的過程中，由不分到分，是反映我們感覺到實際語言中的分別；由分到不分，是我們在書寫時，使用簡約和方便原則，利用同一個字符代表兩個不同的語音、語義單位。近日網上常看到用「咁」代替「噉」，甚至有的會用「噤」代替「咁」、「噉」，年輕人甚至會寫成「貢」、「拱」，[5] 書寫形式上又發生新的變化，新舊交替，可能又重新開始另一個假借取代的過程。

下表簡單說明從十九世紀到二十一世紀的書寫變化：

19世紀初　　　咁

19世紀中　　　咁、[噉]

5　　例子由彭佩玲提供。

20世紀　　　　咁、噉

21世紀　　　　咁、噉、嗻、[貢、拱]

3.2. 語音變化

「咁」、「噉」是書寫口語時所用的俗體字，本無定型，今日的寫法約定俗成而已。不過在實際語言中，「咁」、「噉」發音不同，這卻是不爭的事實。按今日粵語的發音，「咁」是 [kɐm33:]，「噉」是 [kɐm35:]，聲母韻母俱同，但聲調各異，以陰去的中平調和陰上的高升調來區分兩詞的用法。這種語音上的同異，在舊日粵語中是否一樣？假如有所不同，那又是什麼時候開始發生變化，而後演變成今日的情形？

3.2.1. 根據我們現存的材料來看，早在1828年的 *Vocabulary of the Canton Dialect* (VCD) 詞典中，只有「咁」字一種寫法，不管是哪一種用法，拼音都只作 kum。例如：

(49)　花咁 (kum) 香，月咁 (kum) 圓。

　　　(VCD #2 — TEEN-MAN-HE-HAW-LUY)

　　　As fragrant as a flower, as round as the moon.

(50)　咁 (kum) 話搭渡去罷咯。

　　　(VCD #XVI — TE-FONG-LUY-TSUEN)

　　　Thus, I'll go in a passage boat then.

前者相當於今日的「咁」(33:)，後者相當於今日的「噉」(35:)。但是因為 VCD 不標聲調，我們無法得知兩者之間是否聲調有別。就材料所見，只可能認作是同音字。至於 [kum] 的具體發音，我們留待下面討論。

3.2.2. 1841年的 *Chinese Chrestomathy* (CC)，所有例句拼音，聲韻調三者都清楚標明。聲調採取傳統的標調法，在音節的四角加半圓，

代表平上去入四聲調，半圓下加橫線則是陽調，不加橫線是陰調。
翻檢全書，「咁」、「噉」的例句基本上全作「咁」，但在發音上共有多
種讀法：

    ˋkóm   （陰上）共 39 例

    kómꓧ   （陰去）共 45 例

    ˋkom   （陰上）共 1 例

    kóm゠   （陽去）共 1 例

    komꓧ   （陰去）共 1 例

從百分比來看，顯然「咁」只有兩種讀法：ˋkóm（陰上）和 kómꓧ（陰
去），其餘可看成手植之誤。至於 kóm 的韻母發音，詳見下文討論。
換言之，在十九世紀中期的粵語，同一個「咁」代表兩個語詞，聲
韻相同，但是聲調卻有上去之分。這種區別，正和今日粵語中「咁」
「噉」聲調有別完全相同。我們且看下面的例子：

(51)　呢匹咁噘（kómꓧ 陰去），唔做得。　　　　　(CC:249)

　　　This piece is so rumpled, it won't do.

(52)　雞春剝殼咁靚（kómꓧ 陰去）。　　　　　　(CC:162)

　　　beautiful as a boiled egg when the shell is taken off.

(53)　呢張檯唔做得咁擺設（ˋkóm 陰上）。　　　　(CC:173)

　　　This table is not set in a proper manner . . .

(54)　新抱拜堂咁樣（ˋkóm 陰上）。　　　　　　(CC:94)

　　　The bride does obeisance in the hall in this way.

簡單而言，讀陰去的「咁」修飾形容詞，而修飾動詞或作其他用法的
「咁」則讀陰上，在語法上分工的規格，似乎也和今日一樣。

　　不過，我們仔細查看書中例句，不遵守這種語法規格的情形頗
多。如：

(55)　咁話呢個白地既嘅至好啩（kómꓧ 陰去）。　(CC:248)

　　　If so, then will not this white ground article be just the thing

　　　for you?

(56) 日日都係<u>咁</u>催（kóm⁼ 陰去）。　　　　　　（CC:253）

I am daily urging people.

(57) <u>咁</u>就費事惡賣（kóm⁼ 陰去）。　　　　　　（CC:239）

All . . . are troublesome to sell.

(58) 唔賣得<u>咁</u>價（ᶜkóm 陰上），而家<u>咁</u>行情（kóm 陰去）。

It does not sell at so high a rate;　　　　（CC:233）

the current price is by no means so high as this.

(59a) 爭一碼<u>咁</u>上下（kóm 陰去⁼）。　　　　　　（CC:246）

. . . as they fall short about one yard, more or less.

(59b) 都係八份一<u>咁</u>上下（ᶜkóm 陰上）。　　　　（CC:345）

. . . probably about one eighth, more or less.

例 (55)、(56) 是「咁」在動詞前，例 (57) 是「咁」做主語，按規格都應該作陰上，不可能讀陰去。例 (58) 是「咁」字兩見，都用在名詞之前，按理當讀陰上，今一讀陰上，一讀陰去。例 (59) 兩句是同樣的結構，一作陰去，一作陰上。我粗略統計，「咁 + 名詞」共四例，兩句作陰上，兩句作陰去。「咁」作句首連詞共八例，六例作陰上，二例作陰去；「咁」在句末共十例，七例作陰上，三例作陰去。這些用法按今日語法規則，都應該是陰上，但CC書中分別並不儼然，三分二作陰上，三分一作陰去。假如説這是手植之誤，當然也有可能；但是反過來看，所有「咁 + 形容詞」的例子都讀陰去，並無一句例外。由此可見，陰去不會標作陰上，只有陰上的情形才會標作陰去。這也就是説，陰上的讀法還沒穩定。我們也可以作進一步的推測，認為陰上是新發展出來的念法，從陰去而來，按功用而分化；但分化還在過渡期間，所以時有保留舊有的發音。

程度：咁（陰去）　vs.　狀態：咁（陰去 → 陰上）

3.2.3. Samuel Wells Williams（衞三畏）在 1856 年出版的 *Tonic Dictionary of the Chinese Language in the Canton Dialect*（TD），一向被視為早期粵語詞典的經典巨作。詞典中，「咁」「噉」二分，詞條説明如下：

（60）　「噉」：ᶜkòm（陰上）　　　　　　　　　　（TD:173）

An adverb of quality, so, thus, this manner

<u>噉</u>樣做得　　　　　　　　"this will do, very well"

<u>噉</u>話　　　　　　　　　　"if you say so, if it be so"

通道都係<u>噉</u>嘅　　　　　　　"they are all just so, all alike"

（61）　「咁」：kòmᴾ（陰去）

An adverb of quantity, so, such

<u>咁</u>遠　　　　　　　　　　"so far"

相貌<u>咁</u>醜　　　　　　　　　"such an ugly face"

<u>咁</u>沙膽　　　　　　　　　　"great courage"

上舉的例子只是詞條後所引的其中幾例，但只有標音，漢字是本文添加。21年後（1877），Ernest John Eitel 出版 *A Chinese Dictionary of the Cantonese Dialect*，書中對「咁」「噉」的處理和 Williams 如出一轍。標音、解釋和舉例基本相同，今不重複。唯一分別是所舉各例，漢字標音兼備。根據索引例子來看，似乎到了十九世紀中葉，「咁」「噉」分化完成，各具自己的發音和用法。

3.2.4.　1883年，James Dyer Ball 出版 *Cantonese Made Easy*（CME），四十年間，前後四版。如上所說，書中「咁」「噉」漢字二分，但分別不嚴；而聲調則一讀陰去，一讀陰上，按語法功能而區分。Ball 在1908年編印 *The Cantonese Made Easy Dictionary*，在英文 "so" 一詞下（頁238）作這樣的翻譯和說明：

So—adverb

（1）　modifying Adjective, 咁 kòmᴾ

（2）　modifying Verb, 噉 ᶜkòm

換言之，十九世紀下半期，以聲調分辨使用功能已成定局。CME全書15課例句，陰上陰去的區分並無變例。

3.2.5. Ball 編寫的一系列教科書，描述十九世紀末的香港或粵港一帶的粵語，「咁」「噉」以調別義，那時已經成為語言中的標準用法。在書寫上雖然或有混亂，但是從語法觀點來看，二者顯然是各自獨立的語法標誌。十九世紀末期還有一本教科書，1888年在美國紐約出版，書名是 *A Chinese and English Phrase Book in the Canton Dialect*（《英語不求人》，PB），由 T. L. Stedman 和 K. P. Lee（李桂攀）合編。書中顯示的「咁」「噉」用法，並不像 Ball 的教科書那樣確切分明。第一，全書只用「咁」，沒有「咁」「噉」書寫二分的情形。第二，「咁」的標音作 kam，只有一例作 kóm，可視作例外。第三，全書26例，只有四句用陰上，其他一律作陰去。陰上的 ᶜkam 用例如下：

（62）　<u>咁</u> ᶜkam 都唔係耐呀。　　　　　　　（PB:71）

That will not be long enough.

（63）　<u>咁</u> ᶜkam，我唔俾得衣裳過你咯。　　（PB:81）

Then I can't let you have your clothes.

（64）　<u>咁</u> ᶜkam 嘅嘢，我好隨便啫。　　　　（PB:127）

I don't care much for such things.

（65）　<u>咁</u> ᶜkam 至得意嚹。　　　　　　　（PB:129）

I think that will be very pleasant.

四句的「咁」都不是典型修飾動詞的用法。下面兩句，「咁」在動詞前，卻讀陰去調：

（66）　你要照閒時講話嘅聲音<u>咁</u>（kamᵓ）講就得。　（PB:47）

You must talk in a natural tone of voice.

（67）　好喇，我就<u>咁</u>（kamᵓ）賣俾你喇。　　　（PB:117）

All right, I will let you have it for that.

下面幾句，「咁」做主語、「咁」作賓語、「咁」作助詞等，按 Ball 的用法都應該作陰上，PB 卻標作陰去。

（68） 咁（kam⁼）好得多，到得早的。 (PB:45)

That will be better, for it will get there sooner.

（69） 如果係咁（kam⁼）呢，半文同你洗得咯。 (PB:79)

If that is the case, we can do them up for fifty cents.

（70） 我似覺前時見過你咁（kam⁼）咯。 (PB:27)

I think I have met you before.

這樣看來，PB的語言似乎和Ball的描述稍有不同。這也許是陰去陰上的分化，在粵港地帶已成定局，但是在數千里外的粵語地區，可能還剛開始，還有一些用法保留原先陰去的讀法。1947年趙元任的 *Cantonese Primer*（《粵語入門》）也是在美國出版，書中「咁」和「敢」（即「噉」）分工清楚，前者拼寫成kamm，屬陰去，後者拼寫成kamx，即陰上，聲調的區分已經和廣東本地粵語無別。

3.2.6. 綜合而言，「咁」「噉」在語音上的歷時變化，主要在兩方面：一方面是韻母，一方面是聲調。我們先按年代排列其中一些材料，說明變化的軌跡。

		咁	噉
1828	*Vocabulary of Canton Dialect*	kum	kum
1841	*Chrestomathy*	kóm⁼	ᶜkóm
1856	*Tonic Dictionary*	kòm⁼	ᶜkòm
1883	*Cantonese Made Easy*	kòm⁼	ᶜkòm
1888	*Phrase Book*	kam⁼	ᶜkam
1920	*Inductive Course*	kòm	kóm⁶
1947	*Cantonese Primer*	kamm	kamx

在聲調方面，除1828年的VCD不標調以外，其他各書基本上都分陰上和陰去，但其間分別，在早期材料中時有混淆；到十九世紀末二十世紀初，大勢已定，以聲調分辨功能。簡略而言，這其間的聲調變化，可以列表如下：

---

6 *Inductive Course* 一書，在每一個音節的元音上附加符號，表示聲調。kòm和kóm，前者是陰去，後者是陰上。

	程度「咁」	狀態「噉」
十九世紀中	陰去	陰去～陰上
十九世紀晚	陰去	陰上～陰去
二十世紀	陰去	陰上

這也就是説，表狀態的「噉」的陰上讀法，應該是後期的變化，從陰去演化而來。十九世紀中晚期的兩讀現象，正是呈現過渡的替換。

3.2.7. 在韻母方面，我們知道今日粵語，「咁」「噉」都讀 [ɐm]，但在早期材料中，標音多作 óm、òm 或 om，按當時語音系統，發音應該是 [ɔm] 或相近的發音，和今音分別頗大。[7] 我們知道 Williams 的詞典一出，成為當時的經典，後出的教科書基本都按照 Williams 的拼音系統。「咁」「噉」的韻母，似乎從十九世紀中到二十世紀中都一直是標作 òm。不過，在1936年出版的《增訂粵語撮要》(*A Revised and Enlarged Version of the Pocket Guide to Cantonese*，PGD) 中，「噉」有時標作 kom，有時標作 kam，可見當時 kam 的發音已經開始流行。[8]

(71)   <u>噉</u>唔得經濟吖。(kom)   (PGD:39)

That way is not economical.

(72)   你唔讀書，<u>噉</u>就點得識嘢呢？(kam)   (PGD:36)

If you do not study, how can you learn anything?

趙書(1947)一律作 [ɐm]，全無例外。換言之，「咁」「噉」讀 [ɐm]，最晚也在二十世紀中期以前，已經成為標準發音。換言之，「咁」「噉」的元音變化，大抵如下，發生在二十世紀中期以前：

[ɔm] → [ɐm]

---

7   有關語料中 óm、òm 或 om 的發音，請參看張洪年 (2003)。

8   *Pocket Guide to Cantonese* 書中的「噉」標音作 kóm / kám。元音上的斜線代表陰上調，與元音音質無關。

　　不過，我們翻看材料，發現早在1828年的VCD中，「冚」「噉」標作kum，似乎[ɐm]的讀法由來已久。這一點實在不好解釋。按VCD書中，用u作主要元音的音節包括：

<u>今音</u>

-um	冚、暗	-ɐm
-up	粒、急	-ɐp
-un	人、粉	-ɐn
-ut	物、不	-ɐt
-un	信、鄰	-ɵn
-ut	率、出	-ɵt
-ung	恐、重	-ʊŋ
-uk	督、木	-ʊk
-u	餘、樹	-y
-uy	驢、睡	-øy[9]

"u"的確實音值是什麼，是[ɐ]，是[ʊ]，還是[y]，不易決定。在另一本書中，「冚」的發音也有所不同。1888年的《英語不求人》，「冚」標作kamˀ、ˈkam。根據書中標音，元音-a-可以和今日的[ɐ]、[ɵ]相對，如：

<u>今音</u>

-ap	粒、十	-ɐp
-an	人、神	-ɐn
-at	物、筆	-ɐt
-an	信、頓	-ɵn
-at	出	-ɵt

　　我們仔細比較兩書標音，發現有一點相似，就是粵語一般讀ɵn和ɵt的字，如「信」、「出」，兩書都讀同「新」、「七」（不計聲調）。這一點和其他材料標音頗不一樣。Cheung (2006) 以為 Stedman & Lee

---

9　　「驢」可讀 "lou"，也可以讀 [løy]。二讀皆見於早期語料，如1841年的 *Chrestomathy* 作 [lou]，1828年的詞典作 [løy]。1888年的 *Phrase Book* 解作 "mule"。

《英語不求人》的音韻系統有一部分可能是根據中山方言，而 ɵn / ɵt 讀成 -ɐn / -ɐt 正是中山方言的特色。這也就是說 Morrison 的 VCD 也有可能受到中山方言的影響。Ball 在 1896 年發表 "The Höng Shan or Macao Dialect"，記錄當時的香山（即後來的中山）方言語音，其中有兩條提及「咁」及「噉」。一條是「咁多」（頁 514），一條是「係噉吖」（頁 515）。「咁」的標音是 kam 陰去，「噉」的標音是 kam 陰上，可見當時香山的發音確實如此，和他在 CME 中所記錄的粵語發音並不一樣。Morrison 在澳門居留很長時期，而 VCD 也是在澳門出版。[10] 這樣看來，VCD 中記載「咁」的發音 [kɐm]，應該是屬於另外一個方言音韻系統。

3.3. 語法上的變化

3.3.1. 按今日粵語，「咁」「噉」各有自己的使用場合。一般而言，「咁」修飾形容詞，表程度；「噉」修飾動詞，表狀態。這種語法分工，在十九世紀的材料中已經明顯可見。不過，在最早的 1828 年 VCD 中，因為漢字同用「咁」，拼音同作 "kam"，不標聲調，所以看不出「咁」、「噉」如何在語法上各自表述。但今日所謂的「咁」「噉」各種用法，當時書中已有例證可尋。根據上文所述，在今日粵語中，「噉」kam35:除了修飾動詞以外，還可以修飾名詞，或用作名詞語，充當主語或賓語，也可以做句末助詞或句子連詞。這些用法是否都可以在早期語料中找到例證？

3.3.2. VCD 全書「咁」的用例共 86 句，其中一例標音作 "kun"，另一例漢字作「敢」。按用法可以細分：

10　有關 Morrison 生平，請看 E. Morrison 的 *Memoirs of the Life Labours of Robert Morrison*（1839）及 W. J. Townsend 的 *Robert Morrison: The Pioneer of Chinese Missions*（1890），後者有中譯本，王振華譯：《馬禮遜：在華傳教士的先驅》（2002）。

(a) 44例修飾形容詞或程度動詞

(b) 12例修飾動詞

(c) 4例修飾名詞[11]

(d) 1例充當主語

(e) 14例充當賓語

(f) 5例充當連詞

(g) 1例句末助詞

(h) 1例指代句子

(i) 4例單用，沒有例句

現各舉一些書中句子為例：

(73) = (a) 我致憎哑刁惡既人。　　　　　（+ 形容詞）

I exceedingly dislike such perverse vicious people.

(VCD # XXIV — OK-TONG-LUY-TSUNE)

(74) = (a) 你哑想來挾制我，係唔係呢？　（+ 程度動詞）

Do you think thus to force me, eh?

(VCD # X — PANG-YAW-LUY-TSUNE)

(75) = (b) 哑話得著。　　　　　　　　　（+ 動詞）

Thus said rightly.

(VCD — KUY)

(76) = (c) 我有哑法子。　　　　　　　　（+ 名詞）

I have this means.

(VCD — MED)

---

11 今日粵語中用「噉」修飾名詞，一般都會加上「嘅」。如例 (77) 的「咁樣人」，今日當說成「噉樣嘅人」。姚玉敏提供聖經翻譯中有這樣的句子：「有個個聖徒噉品行，致唔怕有個個聖徒噉過錯呀。」讀起來，稍怪。不過，口語中常用的「噉情形」，並不用添加「嘅」。究竟這樣結構的句子是什麼時候開始要加「嘅」、在什麼情形底下加「嘅」，都還待研究。

(77) ＝ (c) 咁樣人，我總唔體得上眼囉。

Such a person . . . he is not worth looking at.

(VCD # I — SHEI-MOW-LUY)

(78) ＝ (d) 咁樣好咩？　　　　　　　　　（主語）

It is not well.

(VCD # I — SHEI-MOW-LUY)

(79) ＝ (e) 倘若係咁嘅。　　　　　　　　（賓語）

If it be so.

(VCD — SYR)

(80) ＝ (f) 咁就隨便你啦。　　　　　　　（連詞）

Thus, then do as you please.

(VCD #I — SHEI-MOW-LUY)

(81) ＝ (f) 咁就唔駛設官咯。

Thus, there is no use in appointing Magistrates.

(VCD #XV — MING-FUN-LUY)

(82) ＝ (g) 只係一隻污糟貓咁樣。　　　　（句末助詞）

Just a dirty cat, so fashion.

(VCD #XVIII — PAN-KAK-LUY)

(83) ＝ (h) 何苦咁樣的？　　　　　　　　（句子）

Why distress to act thus?

(VCD #V — KAN-FOO-LUY-TSUNE)

(84) ＝ (i) 咁　　　　　　　　　　　　　（單用）

Thus

(VCD — TID)

　　從書中用例來看，最常用的「咁」是修飾形容詞或程度動詞。修飾動詞的例子也約佔15%。充當名詞語的佔23%，而且多是充當句子賓語。充當連詞的也有數例。總體而言，今日粵語中的用法，

一百八十年前已經存在。不過在這前後橫跨三個世紀的過程中，我們還是可以在語料中找到其間變化的一些蛛絲馬跡，現在描述如下。

3.3.3. 在聲調上，1841年的*Chrestomathy*已經把「咁」的兩種用法，分別標成陰去和陰上，但在漢字書寫上還是同用一「咁」字。1856年的*Tonic Dictionary*分寫「咁」和「噉」。從此以後，各種材料大體都顯示這在文字上和聲調上的兩重分別。在整個過程中，有個別的早期教材，區分或許並不如此嚴謹，但所謂例外只發生在應該讀陰上的例子，標作陰去，但是絕無一例是陰去讀陰上。表程度的「咁」只讀陰去，表狀態的「咁」/「噉」多讀陰上，但也可讀陰去。1841年的*Chrestomathy*和1888年的*Phrase Book*都頗有一些例子（見第3.2.2及3.2.5節）。這種異讀的情形，正正說明陰上的讀法原來自陰去。原來只有陰去一讀，後來以調別義，產生陰上。在演變的過程中，當然時有例外，一直到了二十世紀以後，分化才真正完成，「咁」[kɐm 33:]和「噉」[kɐm 35:]的語法身份各自獨立，截然兩分。

3.3.4. 表程度的「咁」和表狀態的「噉」，除了聲調上的分別以外，在構詞形式上也有所不同。表狀態的「噉」，出現的時候可以是「噉」，也可以是「噉樣」，兩者並無區別。例如：

VCD (1828)

(85) 有<u>咁</u>講。　　　　　　　　(VCD — YIN)
　　　Is it thus said?

(86) 有<u>咁</u>樣講。　　　　　　　(VCD — TID)
　　　It is thus said. Is it thus said?

(87) 理應係<u>咁</u>既。　　　　　　(VCD — ROA)
　　　It should be so by rights.

(88) 一流都係<u>咁樣</u>。　　　　　(VCD — HER)
　　　It has heretofore always been thus.

CC (1841)

（89） 你睇鋪頭呢張檯唔著咁擺設。　　（CC:173）

Don't you see that this table is not set in a proper manner?

（90） 咁樣執住，好似半開個拳一樣。　　（CC:20）

. . . So holding the pencil, with the first half open and hollow within . . .

（91） 咁就咬線憾，上簿冇反口嘅囉。　　（CC:248）

That will suit to a hair. Book the sale, and let there be no backing out of it afterwards, ah!

（92） 咁樣就要逐一逐二學囉。　　　　（CC:7）

If so, then it is requisite to take up one topic after another and proceed in order.

CME (1888)

（93） 佢係嗷走。He did so run.　　　（CME 1888:104）

（94） 佢係嗷樣走嘅。He ran like this.　（CME 1888:104）

FYC (1941)

（95） 既係嗷，我就唔買。　　　　　（FYC:179）

Since that is the way it is I shall not buy.

（96） 若係嗷樣，就好耐都唔使出街。　（FYC:173）

If that be the case, then you won't be going out for a long time.

相對而言，表程度的「咁」永遠是單獨出現在形容詞等之前，所有材料絕無「咁樣＋形容詞」的用法。如：

VCD (1828)

（97） 瓦靴咁硬跂處。　　（VCD #I — SHEI-MOW-LUY）

I stood as stiff as I had been in brick boots—having received so unkind a reception.

CC (1841)

(98) 難得<u>咁</u>莊重。　　　　　　　　　(CC:73)

It is difficult to find a person so dignified.

CME (1888)

(99) 出汗咯，<u>咁</u>熱行街見好辛苦落。　　(CME:8)

I am in perspiration. It is very hard work to take a walk when it is so hot.

FYC (1941)

(100) 屋同山<u>咁</u>高。　　　　　　　　　(FYC:49)

Houses are as high as mountains.

今日粵語依然保留這樣構詞上的分別（請參看上文第2.2節的討論）。如：

(101) 有佢<u>咁</u>高咁肥就好嘞。　　　　（張洪年 2007:357）

(102) 你<u>嗽（樣）</u>講法，好唐突嘅噃。　　（張洪年 2007:357）

這一點不同也許可以對「嗽」的分化來由，有所提示。「樣」表示「狀態、性質、樣子、情形」等意思，「嗽樣」就是「這樣的狀態、性質、樣子、情形」。放在動詞之前，「嗽樣」說明動作執行的狀態、樣子，放在名詞之前，說明事物的「性質、狀態、樣子」。用作連詞，表示在如許的情形、狀態之下。在早期語料中，就有「樣子」這詞條，如：

(103) 一個<u>樣子</u> example　　　　　　　（VCD:55）

(104) <u>樣子</u>即規模也。　　　　　　　　（CC:213）

A pattern, that is a model or an exemplar.

「嗽樣子」連用的詞條在1856年的 *Tonic Dictionary* 出現，注釋是「such a style」（頁173）。這樣看來，我們可以嘗試作這樣的擬構：原先表狀態的標誌，當是複合的「咁樣」/「嗽樣」，放在動詞或名詞

之前，後來減省成單音節的「咁」/「噉」。在聲調方面，陰上來自陰去，所以原先當是陰去的「咁樣」/「噉樣」，後來才定於陰上的讀法。1841 年的 *Chrestomathy*，有 kom³ yeung³（陰去＋陰去）的讀法，可為例證。

(105) 你要配番舊公司個陣時<u>咁樣</u>就好嘅係喇。　(CC:238)

You ought to sort them, as they used to be done, formerly, in the times of the company—this would be the best plan for you. No doubt of it.

「咁樣」的重點在「樣子、狀態」等比較具體的實況，而不在「程度」的強弱多少，所以並不出現在形容詞之前，彰顯性質的程度差別。

咁＋形容詞　　　vs.　　咁樣＋動詞
　　　　　　　　　　　　　　↓
　　　　　　　　　　　咁＋動詞

這個擬構的過程，當中出現另一個問題，有待解決。這就是為什麼陰去的「咁樣」/「咁」會演變成陰上的讀法？是什麼觸發這樣的變調過程？

粵語中有所謂變調的現象，許多原來屬於不同聲調的字，都可以變讀成高升聲調，也就是相當於所謂的陰上調的讀法。這種現象由來已久，十九世紀的口語材料記錄許多高升變調的例子，詳見張洪年 (2000)。「咁」/「噉」二讀是否也是高升變調的結果？我們相信是。但一個簡單的「是」，並不足以解釋：為什麼「咁」「噉」二分？為什麼只有表狀態的「噉」變讀陰上，表程度的「咁」卻不發生高升變調？這其中關鍵也許和「噉」來自「噉樣」有關。

我們知道「樣」字今有二讀，原調是陽去 (22) 調，如「模樣」、「樣板」等，變調是陰上 (35) 調，如「式樣＊」、「圖樣＊」等。在早期語料中，頗有一些「樣」讀變調的情形，如：

（106）喏，做乜……整成個啲衰樣？　　　(CME 1888:10)

　　　　Nonesense! Why . . . act in that silly way!

「樣」的標音是 yöng*，星號表示高升變調，轉讀陰上。既然當時「樣」
可讀陰上變調，「嘅＋樣」組合在一起，「嘅」在「樣」前，受後字影
響，於是發生同化現象，轉讀陰上變調。這樣的例子，在 1856 年的
Tonic Dictionary 已有例證：[12]

（107）嘅（陰上）樣（陰上）做得　　"this will do very well."（頁 173）

（108）嘅（陰上）樣（陰上）子　　　"such a style"　　　　（頁 173）

這樣的擬構，就可以解釋為什麼表程度的「咁」不讀變調。根據材料
顯示，「咁」從來不和「樣」，不會受變調干擾，於是一直保持原來的
陰去調。

<table>
<tr><td>咁（＋形容詞）</td><td>咁樣（＋動詞）</td></tr>
<tr><td>陰去</td><td>陰去＋陰去</td></tr>
<tr><td></td><td>陰去＋陰上＊</td></tr>
<tr><td></td><td>陰上＊＋陰上＊</td></tr>
<tr><td></td><td>陰上＊</td></tr>
</table>

　　但是這樣的擬構，也有一定的困難。原因是這樣的變化先要假
設在「嘅樣」的組合中，「樣」先發生變調，然後「嘅」步其後塵。不過
在 1841 年的 *Chrestomathy* 中，全書沒有任何高升變調的例子，「樣」
一概讀陽去，而「嘅樣」的「嘅」則讀陰上，似乎「嘅」讀陰上是原調，
本來就讀陰上，與變調無關。當然我們可以說，*Chrestomathy* 的記
錄並不一定百分百反映語言中每一種現象；這也就是說，當時可能
已有「樣」讀變調的讀法，但是書中沒有記載下來。但是，為什麼
「嘅」的變調清楚記下，而「樣」的變調反而不錄？我們沒有更早的記

12　較 *Tonic Dictionary* 晚出、Eitel 的 *A Chinese Dictionary of the Cantonese Dialect*，在「嘅」
　　詞條下列舉例子，「嘅樣」的「樣」卻改標陽去，而「嘅樣做得」標陰上，但在括號中標
　　陽去。又另補一例：「嘅樣」，標陰上（頁 275）。

音語料，很難作進一步的分析。我們只能把推想過程記錄於此，希望以後可以在別的材料中求證。

3.3.5.「咁」和「噉」的語法分工，從十九世紀的材料到二十一世紀的研究，都明文有所記載。1856年，Williams 說明二者的主要分別在於：「噉」是 an adverb of quality，而「咁」是 an adverb of quantity（頁173）。1910年，LeBlanc 在 *Cours de Langue Chinoise parlée Dialecte Cantonnais* 以為「噉」/「噉樣」是 adverbe de maniere，而「咁」則是 adverbe de quantite（頁149–150）。1947年，趙元任在《粵語入門》中對「咁」「噉」的解釋是：「咁 'so, to such a degree', as distinguished from [噉] 'so, in such a manner'」（頁103）。1999年，張雙慶以為「咁表示程度⋯⋯，噉表示方式，代替某種動作或情況」（頁352）。2007年，張洪年以為「噉」是「表示動作實行的方式」，而「咁」則是表示程度（頁357）。

這種分工，在現代粵語中有時並不真的如此確切。例如1981年的《廣州方言詞典》在「咁」（讀陰去）詞條下（頁70）有這樣的說明：「助詞，用在某些詞或詞組的後面，共同做後面的動詞的狀態。」舉例如下：

(109) 猛<u>咁</u>鋤（一個勁兒地鋤）、搏命<u>咁</u>做（拼命地幹）。

(110) 成日<u>咁</u>講（整天地說）。

Matthews & Yip（1994）也舉有類似的例子（頁183）：[13]

(111) 我就亂<u>咁</u>揀一個。

So I chose one at random.

(112) 啲遊客來到香港猛<u>咁</u>買嘢。

When tourists get to Hong Kong they buy like crazy.

13　Matthews & Yip 全書舉例都只列拼音，不舉漢字，所以只有 gam（陰去）和 gam（陰上）的分別。這裏的漢字是本文按原句添加。

按分工的原則來看，上舉各例都是「咁」出現在動詞之前，說明動作的情況，所以是表狀態，而不是表程度，按理來說，都應當是「噉＋動詞」，讀陰上，而不是讀陰去的「咁＋動詞」。但是這些例子在語言中確實存在。Matthews & Yip 認為這種用法「is found in some idioms」（頁183），也就是說這不屬於常規的用法。事實上，有的例子似乎「咁」「噉」可以互換，例如：

> （113）成晚咁喊
> （114）成晚噉喊

乍聽之下，這兩句意思並無分別。但仔細分析下來，含義確實有別。先看第一句用「咁」，明顯是強調哭的厲害程度，教人擔心，或招人討厭。第二句用「噉」，點出哭的方式，一夜不停，可以是聲嘶力竭地哭，也可以是呻吟低泣地哭。換言之，「咁」/「噉」的分別還是在程度和方式的對比。「喊」不是程度動詞，一般不可以加程度副詞在前，如：＊非常喊、＊極之喊。但是在上面的句子中，因為重點在強調哭的程度，所以合乎「咁」的用法。兩個句子的分別相當細微，不容易察覺，但是在實際使用當中，還是保留程度和方式的分別。而這兩種分別在早期的語言中，都是讀陰去調，沒有聲調的分別。十九世紀的材料中有好些例子是該讀陰上的，卻讀陰去，我們說這是早期分工還沒有完全確定下來的一些過渡例子。事實上，等到確定下來以後，「咁」「噉」的分工還是比想像中要來得更為複雜。分工的大原則是程度用「咁」，其他用「噉」，但是有的時候，只要符合表程度的意思，不管是動詞或形容詞，似乎都可以用「咁」。不過實際的使用細節，還得再作進一步的研究，現在只略作交代而已。

4. 「咁」「噉」的歷時變化

「咁」「噉」的歷時變化，大體可以用圖表顯示如下：

<table>
<tr><td colspan="3" align="center">指代</td></tr>
</table>

		程度			狀態		
1828	Morrison			咁 kum			
1841	CC	咁 kóm	陰去		咁	kóm	陰去 / 陰上
1856	TD	咁 kòm	陰去		噉	kòm	陰上
1877	Eitel	咁 kòm	陰去		噉	kòm	陰上
1883	CME	咁 kòm	陰去		咁 / 噉	kòm	陰上 / 陰去
1888	PB	咁 kam	陰去		咁	kam	陰去 / 陰上
1888–1924	CME	咁 kòm	陰去		噉 / 咁	kòm	陰上
1941	FYC	咁 kòm	陰去		噉	kòm	陰上
1947	CP	咁 kam	陰去		敢	kam	陰上

4.1.「咁」「噉」之間的關係，從變化來看，主要可從語法、發音、書寫三個層面來討論。比較重要的當然是語法和發音，屬於語言的內部變化；書寫只是人工標記，比較次要。語法層面是程度和狀態二分，語音是聲調陰去、陰上二分，元音由 ó / ò 變 a，書寫是「咁」、「噉」二分。綜合這三層變化，我們可以按照時間層次，分成五個階段：

(a) 十九世紀早期（以 1828 年為代表）屬第一期，因為材料不足，只能説當時指代只有一個標誌（「咁」），兼指程度和狀態，聲調不明。

(b) 第二期是十九世紀中期（以 1841 年為代表），程度和狀態分成兩個標誌，書寫形式同作「咁」，但前者讀陰去，後者多讀陰去，或讀陰上，主要元音是「ó」。

(c) 第三期是十九世紀的下半期（以 1856、1877、1883、1888 年為代表），書寫形式分「咁」「噉」二字，發音前者是陰去，後者以陰上為主，偶有作陰去，主要元音是「ò」。

(d) 第四期是二十世紀早期（以 1941 年為代表），「咁」「噉」二分，陰去陰上不混，主要元音是「ò」。

(e) 第五期是二十世紀中葉及以後，分工無誤，主要元音改
作「a」。

茲將上述變化，列表如下：

十九世紀早期 (1828)	咁	"u"	聲調不明 程度 / 狀態不分
十九世紀中期 (1841)	咁－噉	ó	程度：陰去 狀態：陰去 / 陰上
十九世紀晚期 (1856、1877、1883、1888)	咁－噉	ò	程度：陰去 狀態：陰上 / 陰去
二十世紀早期 (1941)	咁－噉	ò	程度：陰去 狀態：陰上
二十世紀中期	咁－噉	a	程度：陰去 狀態：陰上

換言之，今日「咁」「噉」分工，十九世紀中已然如此。區分由聲調顯
示，由陰去衍生出陰上，演化過程有跡可尋。至於元音的改變，由 ó
/ ò [ɔ] 變為 a [ɐ]，似乎是二十世紀中以後的事。聲調的改變，我們嘗
試解釋如上。元音為什麼會發生變化？「咁」到底是從何而來？是粵
地獨有的方言詞，還是在其他漢語方言中也有類似的形式？這是我
們下一節的討論重點。

4.2. 張惠英在《漢語方言代詞研究》(2001) 一書中談及漢語中指代詞
的來源，認為許多方言中表近指或遠指的代詞都來自量詞。書中討
論詳盡，這裏不贅。張洪年 (2006) 討論粵語表遠指的「嗰」來自量
詞「個」，正好證明此說。張惠英又進一步說現代漢語中的「這麼 / 那
麼」，是指代詞「這 / 那」和「物」的組合。我們是否可以借用此說，
解釋粵語中「咁」的來源？

今日粵語中量詞「個」，發音是 ko [kɔ]，陰去調，而指代詞「嗰」
是 ko [kɔ]，陰上調，「咁」/「噉」則是 kam [kɐm]，陰去和陰上二分。

從表面上來看，發音並不完全一樣，韻母、元音、聲調都有所不同。但是這三者之間是否有一種連帶衍生的關係？這種關係又是如何建立？

量詞	遠指代詞	程度代詞	狀態代詞
個	嗰	咁	噉
ko 陰去	ko 陰上	kam 陰去	kam 陰上

我們試從幾方面來看這個問題。

第一，張洪年 (2006) 利用歷史語料說明粵語中的「嗰」確實來自量詞「個」。今音有別，主要是「個」「咁」讀陰去、「嗰」「噉」讀陰上，但是在早期語料中，發音都讀陰去聲調。漢字書寫，遠指代詞從前常寫作「個」，與量詞「個」相同。遠指代詞「個」讀陰上是後期的發音，大約發生在十九世紀中期。變化的主要原因是：早期只有陰去一讀，於是「個個」重疊，會發生歧義，可能是量詞重疊，表遍指，也可能是「指代 + 量詞」的組合，表遠指。如：

(115) <u>個</u>個人個隻眼係乜野症？　　(*Chrestomathy* 1841:49)

　　　ko 陰去 + ko 陰去

　　　What is the disease in <u>that</u> man's eye?

(116) <u>個個</u>都有。　　　　　　　(*Tonic Dictionary* 1856:167)

　　　ko 陰去 + ko 陰去

　　　<u>Everybody</u> has it.

後來為了分辨歧義，於是指代的「個」在量詞「個」之前，會轉讀陰上，以別於「量 + 量」的組合。讀陰上的指代「個」，原先只是一個辨義發音，後來久假不歸，變成正常的發音，任何場合的指代「個 / 嗰」都讀陰上，這新的發音大概要到二十世紀才正式成立。[14]

14　遠指「嗰」的發音從去聲轉化為上聲，其間經過的階段和時間前後，請參看張洪年 (2006)。

　　第二，粵語的「咁」/「噉」，早期發音不是[kɐm]，各語料中的標音或作kóm，或作kòm，元音音值大抵是[ɔ]或[o]，和遠指「個」[kɔ]的元音相同或相近。[15] 例如：

（117）大前日賣<u>個</u>一百幾匹四<u>個</u>銀錢連餉咋，而家賣得<u>咁</u>好價。

　　　　　　　kó3　　　　　　kó3　　　　　　　　　kóm3

　　　　　Only the day before yesterday, . . . sold upwards of a hundred pieces, at four dollars per yard, including duty, so good is the price at which this article is now sold.

　　　　　　　　　　　　　　　　　　　（*Chrestomathy* 1841:236）

（118）<u>個</u>啲蛋唔好焓得<u>咁</u>老。

　　　　ko3　　　　　　　kòm3

　　　　I do not want those eggs boiled so hard.　　（CME 1888:16）

「咁」「噉」讀kam是後起的讀法。但為什麼會發生這樣的元音變化？這和整個粵語音韻系統演化有關，詳看張洪年（2003）。古代漢語原有韻母四等的分別，或多或少都保留在現代各方言中，而粵音最能反映古韻異同。古一二等的分別，在其他方言中不太看得出來，但是在粵語中，一等字韻母常讀[ɔ]，二等讀[a]。在十六攝中，咸攝不守此規則，一等讀[ɐ]，二等讀[a]。不過，我們從十九世紀的材料來看，當時咸攝一等的字讀[ɔm]，這就和各攝一等字的讀法完全一致。換言之，從[ɔm]到[ɐm]是後起的現象，根據張洪年（2003）的研究，這現象應該是二十世紀以後的事。[16] 所以從音韻的角度來看，「咁」「噉」原來讀kom [kɔm]，後來讀kam [kɐm]，是完全可以理解的變化。

　　第三，假如說「咁」「噉」的kom和指代詞「嗰」ko同源，那怎麼解釋韻尾-m的出現？張惠英（2001）指出，普通話的指代詞「這麼」

15　1828年的VCD和1888年的PB除外，詳見上文。

16　香港有地名叫「紅磡」，「磡」今讀[hɐm]，但英文拼寫作hom。這就是因為「磡」是咸攝一等，hom是早期的發音。十九世紀的地圖標音作hom，今天仍保留這樣的拼寫。

是由「這物」結合而成，粵語中的「咁」「噉」可能是「個＋物」的合音形式。這也就是說，粵語中的 kom 也應該是 ko＋m 的組合，而 -m 是「物」的省略形式。「物」古是唇音微母字，今粵語仍保留 m- 的發音。根據這樣的分析，我們可以把變化過程歸納成下面幾個階段：

普通話：　這＋物 → 這麼

粵語：　　嗰＋物 → ko＋m- → kom → kam

「嗰」ko 和「物」m- 先合音作 kom，後來咸攝一等元音發生變化，於是產生 kam 的新發音形式。

　　這樣的變化過程當然合理，但是如何證明這其中的推理過程？郭必之 (2003) 討論粵語中的「點」(「為什麼」) 的來由。他以為是「底＋物」的組合，在古代漢語中，「底」有疑問詞的用法，他也在早期文獻中找到「底物」的組合。假如他的說法成立，我們可以順理推論，建立「嗰物」的組合，作為「咁」的前身。不過在我們的材料中並沒有這樣的例句，所以我們只可以備為一說，以待求證。

　　第四，在珠江三角洲一帶，這兩種指代詞之間的關係也很清楚。例如台山話中，兩者都是 [kʼɔi 11] (甘于恩 2010:59–62)。鄧鈞 (2000) 的《開平方言》舉有實例為證：

(119) 該個係我個仔。(這個是我兒子。)

(120) 冇該大嘅頭，唔好戴該大件帽。(沒有這麼大的頭，別戴這麼大的帽子。)

開平方言中的「該」[kʼɔi 21] 可以是「這個」的意思，也可以是「這樣／這麼」的意思。一詞代表兩種代詞用法。

　　綜合而言，「咁」「噉」同源，是不爭的事實。而「咁」「噉」和量詞「個」、遠指代詞「嗰」之間的關係，也是有跡可循。十九世紀以來的一些材料給我們提供線索，讓我們從語音、語法、書寫三方面作歷時的探索，擬構整個演化的過程、發生的時間和背後的原因。

　　下表綜合「個」從量詞「個」ko [kɔ] 演化到遠指代詞「個」／「嗰」ko [kɔ]，再和「物」-m 結合成指示代詞「咁」kom [kɐm] 的整個變化過程，以供參考。量詞「個」聲調是陰去調，表遠指的「個」／「嗰」原調也是陰去，後轉讀陰上，一直保留至今。而遠指的「個」／「嗰」和「物」結合成 kom，成為指示代詞，表程度的保留陰去的讀法、寫成「咁」，表狀態的轉讀陰上、寫成「噉」，而發音則從 [kom] 變成 [kɐm]。今日的四分現象，其實是歷時變化的結果。

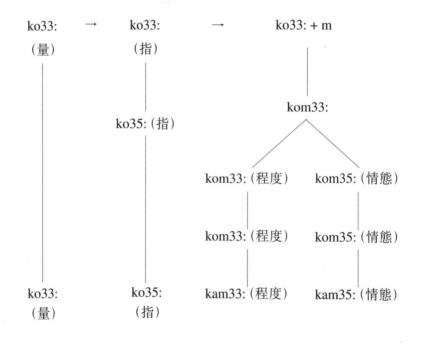

4.3. 我曾經寫過文章討論粵語中的「個」（2006），這次研究「咁」，所以算是對指代詞的第二次探討，進一步深化我們對粵語發展的認識。二十世紀下半期，學者開始對粵語的歷史發生興趣，利用早期語料進行歷時探討，頗有一些發現。不過這些材料最早也只能上推到十九世紀上半期，從語言變化來說，這不到兩百年的材料，顯示的歷時窗戶還很有限。不過就這樣的微觀窺探，我們還是偶有所得，深以為幸。

參考書目

王振華。2002。《馬禮遜：在華傳教士的先驅》。鄭州：大象出版社。

甘于恩。2010。《廣東四邑方言語法研究》。廣州：暨南大學出版社。

白宛如。1998。《廣州方言詞典》。南京：江蘇教育出版社。

竹越美奈子。2005。〈廣州話遠指詞「嗰」的歷史演變〉。《中國語文研究》，
　　第20期，頁19–24。

李新魁、黃家教、施其生、麥耘、陳定方。1995。《廣州方言研究》。廣
　　州：廣東人民出版社。

袁家驊等。1960。《漢語方言概要》。北京：文字改革出版社。

張洪年。1972。《香港粵語語法的研究》。香港：香港中文大學。

———。2000。〈早期粵語中的變調現象〉。《方言》，第4期，頁299–312。

———。2003。〈21世紀的香港粵語：一個新語音系統的形成〉，詹伯慧主
　　編：《第八屆國際粵方言研討會論文集》，頁129–152。北京：中國社
　　會科學出版社。

———。2006。〈早期粵語中「個」的研究〉，何大安、張洪年、潘悟雲、吳
　　福祥編：《山高水長：丁邦新先生七秩壽慶論文集》，頁813–835。台
　　北：中央研究院語言學研究所。

———。2007。《香港粵語語法的研究》(增訂版)。香港：香港中文大學出
　　版社。

張惠英。2001。《漢語方言代詞研究》。北京：語文出版社。

張雙慶。1999。〈香港粵語的代詞〉，李如龍、張雙慶編：《代詞》，頁345–
　　360。廣州：暨南大學出版社。

郭必之。2003。〈香港粵語疑問代詞「點 [tim35]」的來源〉。《語言學論叢》，
　　第27期，頁69–78。

鄧鈞。2000。《開平方言》。長沙：湖南電子音像出版社。

饒秉才、歐陽覺亞、周無忌。1981。《廣州方言詞典》。香港：商務印書館。

Ball, Dyer J. 1896. "The Höng Shan or Macao Dialect." *The China Review* 22.2:
　　501–531.

Chao, Yuen Ren. 1968. *A Grammar of Spoken Chinese*. Berkeley; Los Angeles:
　　University of California Press.

Cheung, Hung-nin Samuel. 2006. "One Language, Two Systems: A Phonological
　　Study of Two Cantonese Language Manuals of 1888." *Bulletin of Chinese
　　Linguistics* 1.1:171–200.

Matthews, Stephen, and Virginia Yip. 1994. *Cantonese: A Comprehensive Grammar.* London; New York: Routledge.

Morrison, Eliza. 1839. *Memoirs of the Life and Labours of Robert Morrison.* London: Longman, Orme, Brown and Longmans.

Townsend, W. J. 1890. *Robert Morrison: The Pioneer of Chinese Missions.* London: S. W. Partridge.

原載《中國語言學集刊》第七卷第二期（紀念李方桂先生中國語言學研究學會、香港科技大學中國語言學研究中心，2013），頁 165–201。

「至／正」與「莫個」

早期粵語語料中殘留的語法現象

提要：研究語言的歷時發展，一般多致力於語言中的新現象，分析新舊交替之間變化的年代和軌跡。至於舊有的用法本身有什麼特質，來源究竟來自什麼，一般不太深究。殊不知，語言演變本來就是一個漸變的過程，老舊用語，很可能就是變化過程中某一個階段的如實寫照。等到新舊替換以後，我們只聽新言，不聞舊語。舊日變化，也就湮沒無聞了。對一個研究歷史的人來說，任何材料的消失都是最可惜的事。對一個研究語言發展演變的學者來說，淘沙覓金，能找到任何一點舊材料，從中發現些許變化的蛛絲馬跡，是最興奮不過的事。我從十九世紀以來的粵語語料中一共選用27種，挖取一些例句，排列梳理，試著說明早期粵語語法變化的一些現象。第一個現象是「至／正」的用法，用以表示條件；第二個現象是「莫個」的組合，用以表示否定命令句。這兩種用法上下兩百年，變化甚為繁複。

關鍵詞：早期粵語、至、正、莫個、條件句、否定命令句

1. 引言

地有南北，時有古今，任何一種語言都會因時隨地而逐漸嬗變。同一時同一地的人也許並不感覺到周遭語言有什麼不同，但只要把異時異地的話語拿來對比，變化痕跡，了然可見。我們研究粵語，可以從共時的角度來比較各處語言的異同，也可以從歷時的層面來研究語言長時期以來所經歷的變化。上一個世紀的學者，許多是專力描述、分析共時語言中的特點，界定大小方言之間的分別的，成績斐然。從二十世紀九十年代開始，學者的著眼點開始轉向歷時的探討，發現許多由早年傳教士編寫的口語教材，於是努力匯集語料，進行分析，成果也有目共睹。近年有心之士更編寫程式，建立語料庫，以便網上搜索。[1]綜觀前人在這一方面的研究成果，從語音到語法到詞彙，都多有發現。尤其是語法方面的討論，包括對動詞時態、趨向補語、給字句、指示詞、語氣助詞等的研究，更讓我們對早期粵語的面貌有了一種新的認識。我自己在這一方面也曾寫過一些文章，參與探溯重構的工作。

粵語涵蓋的範圍很大，包括大小許多方言。一般所謂的廣東話，專指廣州、香港、澳門一帶的語言。就珠三角這一小地域而言，廣州和香港的粵語，已經漸漸分家。從時間上來看，今天年輕人的話語和我們父母、祖父母一代說的粵語，也有所差異。假如我們把時間線拉長，往上推移，因為材料有限，也只能推到十九世紀早期而已。從語言發展的過程來說，兩百年是一個相當短的時段。不過短並不代表少，就這一個兩百年的發展來說，還是蘊藏著許多有趣的語言現象。我們當然得感謝十九世紀以來中外學者為編寫語料所做出的努力，在書籍文字上保留了當日語言的原貌。本文的研

1　重要的粵語語料庫有：《早期粵語口語文獻資料庫》，http://database.shss.ust.hk/Candbase/；《早期粵語標註語料庫》，http://database.shss.ust.hk/Cantag/；《香港二十世紀中期粵語語料庫》，http://corpus.eduhk.hk/hkcc。

究主要集中在十九世紀和二十世紀三十年代以前的材料，前後參看的語料一共有27種（書目見詳後）。[2] 本文試從這些早期粵語語料中發掘舊日語言殘留的語法現象。

2. 早期粵語語法變化的兩個現象：「至」與「莫」

一般歷時語法研究的重點，往往是希望能從語言中找到非同尋常的新語法現象，分析新舊交替之間語法變化的年代和軌跡。至於舊有的用法本身有什麼特質，來源究竟本自什麼，一般不太深究。還有一些老舊的用語說法，今日雖然不復流行，因為自己不說，別人也不這樣說，於是等閒拋開，就算是見諸文字記載，也往往輕易掠過，不明白就不加注意。殊不知，淘沙覓金，一些看來陌生的用字，正因為它有異尋常，細究起來，可能正是躲藏在「今日尋常」背後的舊時面貌。語言演變本來是一個漸變的過程，需時費日，不可能一蹴而就。每一個年代的用語，都代表著那一個年代的語言特徵。今日看來是老舊的用語，很可能是變化過程中某一個階段的如實寫照。等到有一天新舊替換以後，我們只聽新語，不聞舊說。舊日變化，也就湮沒無聞了。對一個研究歷史的人來說，任何材料的消失都最是可惜的事。對一個研究語言發展演變的學者來說，能找到任何一點舊材料，從中發現些許蛛絲馬跡，是最興奮不過的事。本文從十九世紀的語料中挖取一些例句，排列梳理，試著說明早期粵語語法變化的一些現象。第一個現象是「至」字和「正」字的用法，第二個現象是「莫」字的用法。這兩種用法，乍看之下，並沒有什麼特別之處。但是翻檢兩百年的材料之後，我們這才發現個中變化至為繁複，緊扣粵語發展的總體趨勢，實在莫能等閒視之。

2　承蒙姚玉敏、片岡新二位先生提供許多資料，謹此表示謝忱。

2.1. 表條件句式的標誌：「至」

2.1.1.「至」的三種用法

「至」字的本義是「到達」的意思。例如，《左傳》文公二年：「秦師又至。」這種用法至今還保留在某些漢語用語中。例如，「從古至今」、「福至心靈」等等，口語比較少用。粵語亦然，「至」只出現在某些現成的句構或一定用語中。例如 (1) 中的「由……至」句子，換成別的場合，一定要改用別的字眼，如 (2) 中的「到」。

(1)　由香港至廣州嘅火車，幾點鐘開出？
　　　(由香港到廣州的火車，幾點開出？)

(2)　到咗廣州之後，記得打電話俾我。
　　　(到了廣州以後，別忘了給我打電話。)

在古代漢語裏，「至」還有一個用法，表示「最」。《荀子正論》：「罪至重而刑至輕。」這種用法，還見於今日漢語某些用語中，例如「至親」、「感情至深」、「至高無上」等等。口語一般不用，但是粵語口語用「至」卻相當普遍。例如：

(3)　你至肥嗰陣時有幾肥？(你最胖的時候有多胖？)

(4)　至叻係你喇。(最能幹的就是你。)

「至」這兩種用法之間的關係，當然是由「到達」引申到「最」。其間的語義變化也不難理解。以「至高無上」為例，假如「高」處只有一點，到達這個「高」點，也就是達到「最高」的一點，所以不可能再有更「上」之處。換言之，「至」後面加上一個表狀態的詞──一般是形容詞，就可以從「達到這個狀態」的過程引申為「最＋形容詞」的描述。所以《莊子》的「水至清則無魚」一句，可以有兩種解釋：一、「水到了清澈的階段就沒有魚」；二、「水最清澈的時候就沒有魚」。在前一個解釋中，「至」是動詞；在後一個解釋裏，「至」轉為「副詞」，表示「最」。

(5)　　至 + Adj　　→　　至 + Adj
　　　　[+ V]　　　　　　　[+ Adv]

這種表副詞的用法，在十九世紀的粵語語料中很常見。

(6a)　至可惡係佢。（Bridgman 1841: VIII）[3]

Most worthy of hatred is he.

(6b)　吩咐一個奴僕話，去歸抬件至好嘅衫來俾佢著。（浪子悔改 1840: 2）

(6c)　至多不過五十。（Bonney 1853: 54）

At the most, there are no more than 50.

(6d)　個一本至大。（*EPCD* 1877: 第八課）

That one is the largest of all.

(6e)　至緊依期煮飯食。（Stedman & Lee 1888: 27）

You must be very punctual in having meals on time.

(6f)　至凄涼係無辜刑獄。（Kerr 1889: 32）

It is very miserable to be punished without cause.

如上所述，今日粵語中依然保留著「至」表副詞的用法。[4] 現請看以下所舉二例：

(7)　病人食牛奶至有益嘅。（Kerr 1889: 45）

Milk is the best food for invalids.

(8)　要食好耐藥至得好呀。（Kerr 1889: 45）

You must take physics for a long time before you expect complete recovery.

3　例句後附原書年份並頁數。如材料不列頁碼，則列明出自書中第幾部分或第幾課，供參考。

4　今日粵語中表示最高級的程度副詞是「最」。早期粵語中亦有用「最」的例句，但並不常見，而且常用於書面語。例如「為人須要令人見重，最怕俾人體輕」(He who is a man must desire to cause others to view him with respect; the worst thing to be feared is to cause others to look at him lightly.)（Morrison 1828: I）

從英文翻譯來看，句(7)的「至」正是表示程度，但是句(8)卻用 before來翻譯「至」的用法。換言之，「至」表示時間先後的次序，用 法相當於現代漢語的「才」。

(8a)　要吃很久的藥，病才會好。

這種用法，在早期粵語語料中頗為常見。下面再舉數例說明。

(9a)　你絡住下耙至好講啊。（Bridgman 1841: VIII）
　　　Tie up your jaws and then speak freely. (For there is danger of their falling from your face as a judgment for the lies you tell.)

(9b)　忽然間有個跌落山庶死嘵個陣時，你然後至叫佢咪行咁 開咩？（親就耶穌 1865: 36）

(9c)　要照直講，親眼見，親耳聽，至好講出嚟。（CME 1883: 30）
　　　You must tell the truth, and only say what you have seen and heard.

(9d)　唔好前時好，後來又唔好，嗽致係真真嘅孝子，真真嘅 好兄弟。[5]（RCC 1894: 160）
　　　Preserve in goodness. He who does so is truly a good brother, truly a dutiful son.

(9e)　佢等齊人客，等到夠客至開身咩？（HSC 1912: 50）
　　　They wait till there are sufficient passengers before they start.

這種用法，仍然保留在今日粵語中。例如：

(10)　你搵到工至好搵老婆。（你先找到工作，然後再找老婆。）

這些例子每句都可以分為兩小段，後一部分以「至」為標誌。前後兩 段有時序先後相承的關係。以句(8)為例，要先吃藥，然後病才會 好轉。吃藥和病癒，先後發生。但正因為這先後的陳述，所以「病

5　請注意(9d)句的「至」作「致」。語料中也還有一些例子作「致」，但不常見。

癒」是果，「吃藥」是因。若要病好，先得吃藥。這也就是説，「吃藥」可以是「病癒」的先決條件。時序前後的排列，成了表達條件的句式，陳述句因而轉化為條件句，而「至」正是這個條件句式的標誌。上述各例，有的似乎是表示時序，有的是説明條件，有的兩者皆可，其實都可以從這個語用轉化的模式來理解。

2.1.2.「至」用法的演變

如上所説，「至」的一般用法是表「移動」的動詞，或是表「最」的副詞，這兩種用法由來已久。但是用來標誌「時序」、「條件」的句子，卻似乎是粵語的特有用法，不見於古書或其他方言。假如説這是語義或語用的延伸，我們應該怎麼去理解？下面，我們試從另一個角度來解釋「至」這種新的延伸用法。

我們試比較下列兩句粵語：

(11a) 噉最靚。

(11b) 噉至靚。

表面看來，「最」和「至」都是表示形容詞最高級的標誌，意思完全一樣：「這樣再漂亮不過。」不過，仔細想一下，(11b) 還可以另有一種解釋：假如在我們面前有各種選擇，可是都不太理想，但相比之下，只有「噉樣」還可以考慮；又或者是「噉樣」本來不怎麼漂亮，但做了某些調整以後，還可以比較中選。比如：

(11c) 本來一啲都唔靚，要搽多啲粉，噉至靚。

（本來一點兒都不漂亮，要多抹點兒粉，這才漂亮。）

所以這裏使用「至靚」是強調在某種條件之下的「至靚」，而並非指絕對性的「至靚」。換言之，(11b) 有兩種解釋，可以是「絕對性」的「至靚」，也可以是「相對性」的「至靚」。而 (11a) 的「最靚」只有「絕對性」的一種解釋。絕對性的「至靚」可以和「最靚」對換，但是相對性的「至靚」卻不可以。

這種相對性的用法，還可以從下面的對比中看出來。

（12a）＊嗽最靚吡。

（12b）嗽至靚吡。（這樣才比較漂亮。）

「最」是強調絕對的頂點，不可能再有等級的差異，所以不能在句子後面再添加表示程度性的詞尾「吡」（一點兒）。但是「相對性」的「至」，既然是相對而言，當然可以説「漂亮一點」。

「至靚」從「絕對性的最美」轉換到「相對性的美」，是從「肯定式」轉換到「條件式」。如上所述，這種條件可以是時間上的先後，只有到了某一個時間才會有這種情形，如（13a）；或者是在某種環境或條件之下，才能作如是觀，如（13b）：

（13a）呢處嘅風景，而家麻麻，夏天至靚。

（這裏的風景，現在一般般，夏天才漂亮。）

（13b）幅畫要加多啲紅葉，嗽嘅風景至靚。

（這幅畫，要多添點紅葉，風景才會漂亮。）

這也就是説，「至」已經從表「絕對最高級」的副詞，慢慢轉變成表「條件」的副詞。這一轉化，也讓「至」的用法從修飾「形容詞」表「最」，擴大到修飾任何動詞，表「才」。[6] 例如：

（14a）而家太夜，聽朝至打電話。

（現在太晚，明天早上再打電話。）

（14b）幾時得閒，至去搵佢。（什麼時候有空，再去找他。）

這種擴大的用法，在早期粵語材料中，遍拾皆是。

（15a）帶笑面至見得人。（Morrison 1828: 1）

Put on a mask to see people.

6　現代漢語可以用「才」或「再」。其實「才」是表條件，「再」是表先後，也就是條件和時間的相連關係。

（15b）個裁縫擰番張被面嚟未呀？唔曾。佢話挨晚<u>至</u>擰嚟和。
（Bridgman, 1841: 158）

Has the tailor brought back the coverlet? No, not yet, but he promised to bring it this evening.

（15c）剩返呢地，聽日<u>至</u>使。（Devan 1847: 91）

Save this for tomorrow.

（15d）我哋唔使等到改曉的惡事<u>至</u>去耶穌庶。（親就耶穌 1865: 30）

（我們不必等到把壞事全改了以後才去耶穌那裏。）

（15e）等人客飲到將醉，然後<u>至</u>出淡酒吖。（述史淺釋 1888: 35）

（等客人喝得快醉的時候，這才拿出淡酒。）

（15f）亦不必定要噉樣做<u>致</u>叫做孝。（*RCC* 1894: 142）

Nor is it necessary thus to act in order that it may be denominated filial piety.

換言之，我們可以把這種用法寫成這樣的句式，P1 和 P2 代表前後兩個小句：

P1，至 P2。

這種條件式的用法，最常出現在表示「可以」的「得」字句子中，表示只有在某種條件之下，才會有這樣的結果。例如：

（16a）腳大<u>至</u>跂得穩。（Morrison 1828: XII）

A larger foot will stand the firmer.

（16b）我唔俾得咁高。至高俾你七個二毫半。你要添起的<u>至</u>做得。（Bridgman 1841: 239）

I cannot give you so high a price. The very utmost I can give you is seven dollars and twenty-five cents. You ought to add a little to your price. Then it will do very well.

(16c) 你去幾耐<u>至</u>得呢？（*EPCD* 1877: 30）[7]

(你要去多長時間才行？)

(16d) 先使把荷包鎖，鎖緊個度門<u>至</u>得。（*CME* 1888: 28）

First take a padlock and lock the door first (before it will do).

(16e) 水緊至少要兩日<u>至</u>開得身。（Fulton 1888: 28）

The water is swift, must wait at least two days before we can go.

(16e) 句中，有兩個「至」，第一個是「至少」，表示程度，第二個是「至＋V＋得」，表示條件。同樣，(16b) 句中，也有兩個「至」，第一個是「至高」，表示「最高」，第二個是「至做得」，表示「才」。絕對性的「至」和條件式的「至」，前後兩例，都是一句並存。又如下列兩句，「至安樂」和「至安心」，意思看來極相似，但是用法有別：

(17a) 我而家<u>至</u>安樂啫。（Morrison 1824: VIII）

I am now quite at ease and happy being delivered from some dreaded evil.

(17b) 等到你身子好曉，噉<u>至</u>安心。（*RCC* 1894: 140）

They waited (with anxiety) till you recovered, then their minds were composed.

(17a) 句沒有上文交代，所以句子可以有程度和條件兩種解釋，但是 (17b) 只有一種意思，條件分明。

2.1.3. 表條件句的「正」

上文說明「至」在粵語中表條件式的用法，並嘗試解釋這種條件式用法，認為是從表示絕對性、最高級的「至」，引申為表示相對性

7　1877年出版的 *Easy Phrases in the Canton Dialect of the Chinese Language*（*EPCD*），沒有編寫頁數，只列第幾課。又引句中的「幾耐」，原文作「己耐」，按翻譯當是「幾耐」的筆誤。

的「至」，由程度修飾轉化為條件標誌，涵蓋範疇從形容詞擴大到整個分句。

至 + Adj　　（絕對性）　　（描述性）

至 + Adj　　（相對性）　　（條件式）

至 +　V

P1，至 P2

（條件句）

從語義和語用的演化過程來看，這種解釋可以備為一說。但是根據歷史語料，我們並不能看出在時代上其前後演化的軌跡。原因很可能是我們的歷時材料只能上溯兩百年，窗口窄，視深淺，無法重塑整個變化的過程和進度。不過，我們從現存語料中找到了另外一條線索，也許可以作為我們這種擬測的一個佐證。

在討論「至」的演化過程中，我們可以從另一個角度來理解。「至」原來的意思是「到達」，而表示「條件」的用法也許是從「到達」的用法延伸而成的。以 (13b) 為例，我們可以說在畫中添上紅葉，這才會「達到」所謂「漂亮」的標準。

(13b) 幅畫要加多啲紅葉，噉嘅風景至靚。

這個說法，看起來似乎更合理。但是我們參考語料，發現早期粵語中表示條件句的還有另一種句式。相比而言，這一種句式似乎更能說明從「相對」過渡到「條件」的演變過程。這一種句式，用「正」作為標誌。我們先看下面幾句：

(18a) 佢哋幾時正飲茶呢？（Bridgman 1841: 182）

When do they drink tea?

(18b) 紅蘿蔔要烚得一點鐘正食得。（Bridgman 1841: 151）

Carrots require boiling a full hour before they become fit to be eaten.

(18c) 點樣至曉得呢？（Bridgman 1841: 4）

How can knowledge of these be acquired?

(18a)句中的「幾時正」可以理解為「幾點整」的意思；但是在(18b)中，「一點鐘正⋯⋯」只有一個意思，就是「要一個小時才⋯⋯」。換言之，「正」的用法和上文説的「至」一樣。(18c)和(18b)都是「得」字句，同樣的句型，利用「正／至」表示條件。

我們從早期語料中，可以找到不少這樣的「正」字用法：

(19a) 一年要十萬銀正得夠用。（Bonney 1853: 92）

One hundred thousand dollars are yearly needed for use.

(19b) 我喺唐山學過，正嚟咯。（Stedman & Lee 1888: 34）

I learnt it in China before I came here.

(19c) 大人，因顧命我正打佢啫。（Stedman & Lee 1888: 34）

May it please Your Honor, I struck him in self-defence.

(19d) 但係佢唔知搵乜嘢法子正做得。（*RCC* 1894: 37）

But they did not know how to get him into disgrace.—(but they did not know to-find what means to do to-be-able)

(19e) 我兩個癡夢癡得咁交關，未知何日正醒？（正粵謳1900: 10）

(19f) 總要長命又要長情，正可以渡得鵲橋。（正粵謳1900: 41）

從上下文意來看，這些「正」字句的用法正相當於「至」。同是Stedman & Lee《英語不求人》(1888)的(19b)和(19c)兩句，第一句表示時序前後，第二句表示在什麼情形之下才出手打人。同樣，(19e)和(19f)兩句，都出自《正粵謳》(1900)，第一句表示時序，第二句表示條件。「正」字句和「至」字句的表現基本相同。

這種「正」字的用法已經不見於現代粵語，遍查坊間各種粵語字典，都沒有開列這種例句。換言之，條件句的「正」已經從現代粵語中消失，但是語料中卻給我們保存了使用實例，自是珍貴。不過更有意思的問題是，這個「正」的用法從何而來？

「正」原來的意思是「平正」、「不傾斜」、「正確」，引申為「的確」、「確實」的意思，是副詞的用法。例如「正好」，就是「確實好」、「真正好」的意思。《現代漢語八百詞》說這是「加強肯定的語氣」的用法。[8] 早期粵語材料中頗有一些這種用法。例如1856年Williams的詞典中，在詞條「正」底下注明「correct」、「right」等意思；[9] 1924年 *Cantonese Made Easy* 也收有「正」的詞條，批注是「正：right」（頁 LXXXVII），同書頁96有這樣的句子：

(20)　真正好喇。（*CME* 1924: 96）

　　It is really good.

這正是「加強語氣」的用法。以「啱」為例，下面的句子是一個描述句，肯定事情的「正確」性。

(21a)　噉正啱。（這樣十分正確。）

假如這個正確性要在某種特殊的情形之下才存在，那就是一個「條件句」。

(21b)　要噉正啱。（要這樣才十分正確。）

換言之，這種說法沿用既久，「正」就會從描述性的「非常」，慢慢延伸到表示條件，成為「條件句」的標誌。下面一句是從1888年《英語不求人》中節錄出來的：

(22a)　……攬條白圍裙正好。

從字面上看，意思是「繫上白色圍裙最好」。可是從全句上下文來看，意思很不一樣。

(22b)　大凡企枱，要攬條白圍裙，__正好__。（Stedman & Lee 1888: 28）

8　呂叔湘：《現代漢語八百詞》（北京：商務印書館，1981），頁598。

9　S. W. Williams, *A Tonic Dictionary of the Chinese Language in the Canton Dialect* (Canton: The Office of the Chinese Repository, 1856), p. 19.

When you wait on the table, Charley, you must wear a white
apron.

顯然，這個句子中的「正」並不是表示「非常」，而是說明「條件」：非
要繫上白圍裙才合格。下例是同書「正好」類似的用法。

(23)　好喇，記得帶批來正好呀。(Stedman & Lee 1888: 18)
Don't forget to bring your lease with you.

用「正」表示「條件」句的用法，十九世紀以後已經不太普遍。說話人
也許不知道「正」的來源，於是在書寫上往往會用發音相近的假借字
代替。例如：

(24)　我哋慣多十二點鐘淨瞓。(*Lexilogus* 1841: 103)
（我們常到晚上十二點鐘方睡。）[10]

括號中的翻譯見於原書，以「方」對「淨」，正說明這種條件句的用
法。[11]

　　早期粵語中表示「條件」的有「至」和「正」兩種標誌。「至」和「正」
本來都沒有「才」或「方」的意思，表條件應該是一種後起的用法。我
們的設想是「至」和「正」原先是表程度的副詞，是「最」或「非常」的
意思，描述或加強形容後面形容詞表示的情狀。這樣的描述句，要
是放在一定的情境之下，或是時間前後的限制，或是有某種特殊的
條件，描述於是就成了條件底下的結果，而「至」和「正」也就漸漸轉
化為「條件」的標誌，原來在語義語用上的關聯後來也鮮為人知，慢
慢地也就被人們忘卻。

　　這兩個標誌，在早期語料中並存，但是今日只留有「至」。下面
我們把十九世紀到二十世紀初語料中表條件的「至」和「正」的出現情
形，列表說明：

10　*Lexilogus* 全書例句並列官話、粵語、閩語和馬來語的說法。

11　粵語中「淨」和「正」聲母、韻母俱同，但「淨」屬陽去，「正」屬陰去，聲調有異。

表一　十九世紀到二十世紀初語料中「至」和「正」出現的情形

年份	作者	書名（簡稱）	正	至
1828	Morrison	*Vocabulary*		×
1841	Bridgman	*Chrestomathy*	×	×
1841		*Lexilogus*	×	
1847	Devan	*Beginner's 1ˢᵗ Book*		×
1853	Bonney	*Colloquial Phrases*	×	
1865		親就耶穌		×
1877		*Easy Phrases*		×
1883–1907	Ball	*Cantonese Made Easy*		×
1888		述史淺釋		×
1888	Fulton	*Progressive Idiomatic*		×
1888	Stedman & Lee	*Phrase Book*	×	×
1894	Ball	*Readings in Cantonese Colloquial*		×
1900		正粵謳	×	×
1903		粵音指南		×
1912	Ball	*How to Speak Cantonese*		×
1926	Caysac	*Cantonnais*	×	

　　第一，根據材料來看，使用「正」的文本遠比「至」少，而且「正」主要出現在十九世紀中期左右的材料中，其後只偶爾出現而已。以1841年Bridgman的 *Chrestomathy* 為例，「正」、「至」兩見，但用「正」的只有兩例，用「至」的有14例。

（25a）佢哋幾時正飲茶呢？（Bridgman 1841: 182）

　　　　When do they drink tea?

（25b）點樣至曉得呢？（Bridgman 1841: 4）

　　　　How can knowledge of these be acquired?

但在更早期的1828年Morrison的 *Vocabulary* 中，用「至」的共有13例，用「正」的則全然不見。

（26）　做乜你咁耐至黎？（Morrison 1828: VIII）

　　　　Why are you so long in coming?

　　第二，十九世紀中葉以後，「正」、「至」兩用的情形只見於1894
年 Ball 編寫的 *Readings in Cantonese Colloquial*。但「正」只有一例，
其他句子都用「至」。

> （27a）但係佢唔知揾乜嘢法子<u>正</u>做得？（*RCC* 1894: 37）
>
> But they did not know how to get him into disgrace.
>
> （27b）點樣親愛<u>至</u>做得？（*RCC* 1894: 150）
>
> But in what manner is this love and kindness to be manifested
> to them?

　　Ball 除了編寫 *Readings in Cantonese Colloquial* 以外，還撰有其
他一系列的粵語教科書，但是遍查各書，都沒有「正」字的用例。[12]

> （28a）要照<u>直</u>講，親眼見，親耳聽，<u>至</u>好講出嚟。（*CME* 1888: 30）
>
> You must tell the truth, and only say what you have seen and
> heard yourself.
>
> （28b）打咗至好放佢出去咯。（*CME* 1907: 12）
>
> Only let him go when he has been beaten.

在各種材料中，只有《正粵謳》一書中有一例用「致」（29d），其他全
部用「正」。[13]

> （29a）風流到底正算得老來嬌。（正粵謳 1900: 41）
>
> （29b）只望捱通世界正有的心機。（正粵謳 1900: 35）
>
> （29c）悟破色空方正是樂景。（正粵謳 1900: 1）
>
> （29d）憑柳絲你代訴，故此咁遠致到得呢處離亭，我亦不憚勞。
>
> 　　　（正粵謳 1900: 39）

12　Ball 編寫的書包括：*Cantonese Made Easy* (1883, 1888, 1907, 1924)、*Readings in
　　Cantonese Colloquial* (1894)、*How to Write Chinese* (1905)、*The Cantonese Made Easy
　　Vocabulary* (1908)、*How to Speak Cantonese* (1912)。Ball 也曾撰寫專文論述新會、東
　　莞、香山、順德等地的粵語。

13　例 (29c) 句中，「方正」連用。

《正粵謳》由廣州五桂堂出版，確切年代不詳，大概是十九世紀末、二十世紀初的刊物。全書收錄粵謳，大都是有關妓院生涯、男歡女愛的故事。這些歌曲，相信在行中流傳已久，十九世紀末才搜集成書。這樣看來，粵謳的唱詞可能是十九世紀較早的語言。

《正粵謳》封面和例句

　　究竟「正」、「至」的用法是什麼時候在語言中最早出現？根據現有的材料，無從考證。但很明顯的是，雖然在十九世紀的材料中兩者俱存，但是「至」已漸漸取代「正」。上文所引例句(24)，見於1841年的詞典，「正」寫作「淨」，正表示這種「條件」句的用法，在十九世紀中期以後已經不太普遍。說話人也許不知道「正」的來源，於是在書寫上轉用音近的假借字代替。

（24）　我哋慣多十二點鐘淨瞓。（*Lexilogus* 1841: 103）

　　　（我們常到晚上十二點鐘方睡。）

二十世紀以後，「正」的用法蕩然無存。但一直到今天，語言中還保留著「至」這個特有標誌。

2.1.4.「至」與「先」

其實，在今日粵語中，「至」的用法也略有改變。比如上文所舉的例（10），口語中更自然的說法是：

（10a）你搵到工至好搵老婆。

（10b）你搵到工先至好搵老婆。

語料中列舉的十九世紀以來的例子，用今天的粵語來說，都可以前加「先」；「先」和「至」前後相承，於是形成「先至」連用的表達方式。例如：

（9a）　你絡住下耙至好講啊。（Bridgman 1841: VIII）

　　　Tie up your jaws and then speak freely.

（9a'）你絡住下耙先至好講啊。

翻查語料，1841 年的 *Chrestomathy* 和十九世紀末的 Fulton 教科書，各有一例「先至」連用：

（30）　若有小子相隨，則小子先至叩門……（Bridgman 1841: 183）

　　　If he had a servant in attendance, the servant precedes him, and knocking at the gate . . .

（31）　呢個字就先至讀緊㗎，你就忘記略。（Fulton 1888: 50）

　　　This character which you just read, you have forgotten.

細看上下文，（30）句的「先至」是「先到達」的意思，雖然是連用，但各自獨立。（31）句的「先至」，「至」確實是表示「才」的意思，但「先」

卻是和前面的「就」連用，自成一詞，「就先」就是「剛才」的意思（例如 Morrison 1828:88：「你就先講個的說話。」英文翻譯是 "You just now said."）。這也就是說，表示「條件」的「先至」連用，到二十世紀以後才慢慢流行。

我們知道在條件句的句式「P1，至P2」中，「至」是標誌時序前後，說明非要到達某個時間或事件P1以後，才會有P2的結果。所以用「先」也可以理解。但是這樣的理解，「先」應該屬於P1，所以不會進入P2的範疇，「先至」不可能獨立成詞。這樣一來，今日「先至」連用，又當如何解釋？

我們知道在現代粵語中，副詞「先」常常出現在動詞之後：「V + 先」，和現代漢語的詞序「先 + V」正好相反。例如：

（32a）你先吃。（現代漢語）

（32b）你食先。（粵語）

「先」字後置的用例，粵語早期語料中並不多見。十九世紀的文本中，僅數見而已。

（33a）唔知寫邊的<u>先</u>呢？（Bridgman 1841: 22）

Yet I do not know which part of the character should be written first?

（33b）我想喺世界上快活一排<u>先</u>，等到老大時容乜易信呢？

（親就耶穌 1865: 32）

（33c）神至羔，未創世個時，就割定<u>先</u>嘅咯。（述史淺釋 1888: 24）

一般詞序是「先」字先行，如：

（34a）向尾<u>先</u>入。（Morrison 1828: 102）

(The tiger) enters (a den) tail foremost.

(34b) 阿哥先行。（Bridgman 1841: 98）

The eldest brother walks foremost.

(34c) 你先打地。（Lobscheid 1871: 77）

(34d) 唐人細佬仔先讀個部嘅咯。（*CME* 1888: 32）

That is . . . the book that a Chinese boy first reads.

我們試設想表示條件的「至」字句，前後兩部分，前一部分先發生，可以加「先」，後一部分表示結果，帶「至」。這樣的句構應該是：

先 P1，至 P2。

假如「先」字移後，句構就成為：

P1 先，至 P2。

這樣一來，「先」和「至」就會前後相靠緊，然後詞序重新分析，「先至」連成一個雙音節的詞語，漸漸成為「條件」句的正式標誌。

先 P1，至 P2 ↓

→ P1 先，至 P2 ↓

→ P1，<u>先至</u> P2

我們試用下面的語料句子為例：

(35a) 一個人欠人，應該<u>先</u>還番，後來<u>至</u>顧自己。

先 V1，　　至 V2 （述史淺釋 1888: 71）

要是「先」字移後，時間詞「後來」省略，句子會是這樣：

(35b) 一個人欠人，應該還番<u>先</u>，<u>至</u>顧自己。

V1 先，至 V2

然後，詞序經過重新調整，「先至」連用，就成了現代的新句式：

（35c）一個人欠人，應該還番，<u>先至顧自己</u>。

V1，先至V2

但是這樣的句構，在語料中我們卻找不到實例。「先」、「至」前後兩句連用，整個語料中除 (35a) 外，還有另一例句：

（36）　先使把荷包鎖，鎖緊個度門至得。（*CME* 1888: 28）

First take a padlock, and lock the door securely.

我們也可以按上述的步驟，移位後再重新整合，得出下面這樣的句子：

（36a）　先……鎖緊個度門，至得。

（36b）　……鎖緊個度門先，至得。

（36c）　……鎖緊個度門，先至得。

當然，這樣的移位重整，只是推想而已，我們並沒有實證支持這樣的解釋。不過，正如上文所說，現有的材料無論從年代上還是從概括範疇來說，都極為有限。將來隨著發現的材料越多，一定能更進一步了解其整個發展的過程和時間進度。

2.2. 表否定命令句式的標誌：「莫個」

現在討論早期粵語中另一個語法現象。現代粵語表示否定式的命令句，是在動詞之前加「咪」或「唔好」，如：

（37）　咪嘈。（別吵！）

（38）　唔好嘈。

「唔好」[m + hou] 或可連讀成 [mou]，寫成「冇」。不過這是近年的新變化。[14] 古代漢語則一般用「勿」或「莫」，放在動詞之前，如《孫子

14　「冇」的發音是陽上調，而在「唔好」這樣壓縮而成的新結合中，則讀成陰上調，有的時候會寫成「帽」。「帽」本是陽去，但在口語中轉讀陰上變調。

兵法》中的「窮寇勿追」、《滿江紅》中的「莫等閒」等等。這四個標誌，在早期粵語中一併俱存。而四者之中，又以「咪」和「莫」最為常見。例如：

(39a) 你<u>咪</u>嚟混我囉。（Bridgman 1841: 251）

  Don't you try to make game of me.

(39b) 請大人<u>咪</u>見怪。（粵音指南 1903: 4.1）

(40) <u>唔好</u>撩佢啊。（Morrison 1828: I）

  Don't annoy him.

(41) 而家<u>勿</u>混我。（*EPCD* 1877: 第29課）

  Don't bother me now.

(42a) 牛肉刀，<u>莫</u>磨薄。（Bridgman 1841: 139）

  Do not scour the case knives so thin.

(42b) 普勸世間人仔，<u>莫</u>誤結個段水上絲蘿。（正粵謳 1900: 38）

但是，早期粵語語料中還有一個表否定的命令詞「莫個」，今日不用。例如：

(43a) 你<u>莫個</u>催我。（Morrison 1828: 47）

  Don't hurry me.

(43b) 你<u>莫個</u>開咁大價呀。（Bridgman 1841: 247）

  You do not charge an exorbitant price.

(43c) <u>莫個</u>講。（Lobscheid 1871: 417）

  Do not speak.

(43d) <u>莫個</u>逢人就熱，熱到咁癡纏。（正粵謳 1900: 37）

下面我們把語料中「莫」、「莫個」和「咪」出現的情形合成一表，以示比較。

表二　十九世紀到二十世紀初語料中「莫」、「莫個」和「咪」出現的情形

年份	作者	書名（簡稱）	莫	莫個	咪
1828	Morrison	*Vocabulary*	×	×	×
1841	Bridgman	*Chrestomathy*	×	×	×
1841		*Lexilogus*	×		
1847	Devan	*Beginner's 1ˢᵗ Book*	×		
1859	Chalmers	*Pocket Dictionary*			×
1865		親就耶穌			×
1871	Lobscheid	*A Chinese and English Dictionary*	×	×	
1877		*Easy Phrases*			×
1888–1907	Ball	*Cantonese Made Easy*	×		
1888	Fulton	*Progressive and Idiomatic*			×
1889	Kerr	*Selected Phrases*			×
1894	Ball	*Readings in Cantonese Colloquial*			×
1900		正粵謳	×	×	
1903		粵音指南			×
1912	Ball	*How to Speak Cantonese*			×
1931	Wells	*English Cantonese Dictionary*			×
1936	Hoh & Belt	*Pocket Guide*			×

　　從表中分佈來看，從十九世紀以來，否定式的命令句當以「咪」為最常見的標誌。二十世紀以前，使用「莫」的材料也頗常見，但「莫個」僅見於四種語料，其中1871年Lobscheid書中只偶然出現，還是以「莫」為常。而在最早的Morrison的詞典（1828）中，雖然「莫」和「莫個」並見，但是用「莫個」的例子很多。全書共有14句用「莫個」，25句用「莫」，看起來似乎以用「莫」為常，但仔細查看，用「莫」的句子多是熟語或文言句，如（44a）至（44c），口語句子只有個別幾例而已，如（44d）。

（44a）命裏有來終須有，命裏無來莫強求。（Morrison 1828: I）

　　　　If it be your destiny to possess, you must at last possess,

　　　　if it be your destiny not to possess, don't seek it violently.

（44b）非酒莫飲，非肉莫食。（Morrison 1828: VII）

　　　　Ill gotten wine don't drink it, ill gotten flesh don't eat it.

（44c）英雄莫問出處。（Morrison 1828: xv）

An heroic man, ask not whence he came.

（44d）你莫率佢阿。（Morrison 1828: 1）

Don't meddle with him.

較晚的 Bridgman 的 *Chrestomathy*（1841），也是「莫」、「莫個」兩見，但是全書只有兩個例子用「莫個」，如（45c），其他例句不分文白，一律用「莫」，如（45a）、（45b）。

（45a）莫欺白髮人。（Bridgman 1841: 72）

Do not insult a gray-headed man.

（45b）黃薑湯，莫整咁辣嘮。（Bridgman, 1841: 164）

Do not make the mulligatawny so hot.

（45c）莫個失手勢。（Bridgman 1841: 68）

Do not refuse to me what I desire.

這也就是說，在短短的十多年間，「莫個」已經被「莫」取代。1871年 Lobscheid 的詞典、十九世紀末的《正粵謳》，雖然也都是「莫」、「莫個」兩見，但「莫個」都只有一例，而同時代或前後的語料中都沒有「莫個」的用例。顯然「莫個」已經在語言中消失殆盡。

翻檢材料，二十世紀以後，「莫」的用法也不復多見，表示否定式的命令句就主要用「咪」為標誌。其實，如上所述，「咪」字句早就見於十九世紀的材料，一直到今天，歷久彌新。不過，有一點應當注意的是，在個別文本中，也有「咪個」的組合，如：

（46a）我勸你各人，咪個遮瞞自己，咪個俾人遮瞞。

（親就耶穌 1865: 20）

（46b）求老爺千萬賞面，咪個推辭。（粵音指南 1903: 22）

「咪個」用例極少，但可見原先不管是「咪」或「莫」，都可以有「否定詞 + 個」的結合。

《親就耶穌》封面和內頁

2.2.1.「莫個」的來源

「莫個」是一個很奇特的組合。「莫」是否定詞，「個」是量詞，應該是不可能前後相承組合成詞的，古代文獻中並沒有這樣的詞語。[15]顯然這是早期粵語的一個特有用法。但是究竟來自何處？此問題一直纏繞在心。近年我在整理早期粵語語料的時候，本來是研究另一個課題，突然有一種聯想，也許可以解釋「莫」怎麼和「個」連接起來發生關係。現在就想借用一些篇幅，說明我的看法。

「個」本是漢語中一個很常用的量詞，由來已久。但是在粵語中，「個」卻經歷過一連串的語法轉型，獲得了一些新的語法功能，並以新的語音形式出現。我曾經寫過兩篇文章，討論早期粵語中的「個」。簡單而言，我以為「個」在近代粵語中，先從量詞轉化為指示

15　我曾經就「莫個」的出處，向蔣紹愚和曹廣順二位先生請教，承蒙他們檢閱有關的語料庫，都沒有收穫。

詞，表遠指，書寫形式從「個」改成「嗰」，聲調從原來的陰去調（調3）轉為陰上調（調2），而聲調轉型當在二十世紀早年完成。[16] 下列兩例，正表示這兩個階段的「個」[kɔ³] 和「嗰」[kɔ²]。

(47a)　擠好個的酒樽。（[kɔ³]）（Bridgman 1841: 136）

　　　　Arrange <u>those</u> wine bottles in good order.

(47b)　叫木工嚟，整翻好嗰度們。（[kɔ²]）（*CME* 1907: 28）

　　　　Call the carpenter, to mend <u>that</u> door.

有關漢語中量詞和指示詞之間的關係，已有前人撰寫文章，討論漢語方言中指示詞來自量詞的變化。[17] 但是像粵語這樣有明文記錄，甚至連轉化過程和時代前後在語料中都有跡可尋，而別的方言到現在還沒有這樣的發現。所以，粵語中「個」和「嗰」的傳承，我們相當肯定。

與此同時，表指示遠指的「個」又從簡單的指代延伸到表「狀態」和「程度」的用法，變化頗有類於現代漢語的「這／那」轉成「這樣／那樣」和「這麼／那麼」的用法。不過這個變化在粵語中比較複雜。首先，粵語中表「這樣／那樣」和「這麼／那麼」的是「噉」[kɐm²] 和「咁」[kɐm³]。從表面上來看，他們的語音形式和語法功能都與量詞或指示詞的「個」[kɔ] 沒有必然的關係。我在另一篇文章中指出「咁／噉」的發音，根據十九世紀的語料，當時應該是 [kɔm³]，母音從 [ɔ] 轉為 [ɐ]，聲調從原來的陰去（調3）分化為陰上（調2）和陰去（調3），都是後起的現象。而 [kɔm³] 的雙唇韻尾 [-m]，原是來自雙唇聲母的「物」

16　請參看張洪年：〈早期粵語「個」的研究〉，載於何大安、張洪年、潘悟雲、吳福祥編：《山高水長：丁邦新先生七秩壽慶論文集》（台北：中央研究院語言學研究所，2006），頁813–835。亦見於本書，頁151–177。

17　張惠英（2001）對漢語方言中指示詞和量詞的關係，有詳細的論述。

[mɐt]，[18] 這也就是説原來表「狀態」和「程度」的應該是「個＋物」[kɔ＋
mɐt] 的合成詞，後來經過語音連讀的變化，產生了新的音節：[19]

個物　　　←　　　咁

[kɔ＋mɐt]　　　　[kɔm] → [kɐm]

其間的變化，可以列表圖解如下：

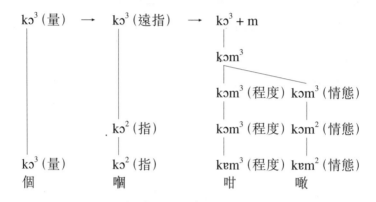

我現在的設想是，在更早期的粵語中，表示「狀態」、「程度」的
指代就是一個「個」[kɔ³]。所以「莫＋個」並非「否定＋量詞」，而是「否
定＋指代」，就是「別＋這樣……」的意思，相當於後來的「莫＋咁」。
上文所舉 (43a) 例子，意思就是「你莫咁催我」。

　　(43a)　你莫個催我。（Morrison 1828: 47）

　　　　　　Don't hurry me.

按這樣的分析，「個」是表狀態的指代，修飾後面的動詞「催」，而否
定的「莫」是否定後面整個「個催我」。所以句子的組合成分是：

　　莫＋[個＋V（賓）]

18　有關 -m 來自「物」的説法，請參看郭必之：〈香港粵語疑問代詞「點 [tim³⁵]」的來源〉，
　　《語言學論叢》，2003 年第 27 輯。

19　張洪年：〈「咁」又如何？——再探早期粵語中的指示代詞〉，已收入本書，頁179–
　　218。

用之已久，兩個單音節的「莫」和「個」，合成一個雙音節的「莫個」，這個表指代的「個」後來經過種種變化，語音形式轉為 [kɔm]，「莫個」就再一次經過語法重新分析，獨立成詞。

莫 + [個 + V]　　　→
[莫 + 個] + V　　　→
[莫個 + V]　　　→
[莫個-m + V]　　　→
[莫噉 + V]

「莫個」這個新組合的產生，一方面是因為雙音節化的趨勢，但更重要的原因恐怕是表「狀態」、「程度」的指代在語言中有進一步的變化，產生新的 [kɔm] 的語音組合，寫成「咁」、「噉」，和原來的「個」關係漸遠。這樣一來，在「莫……個」的句構中，「個」的語法身份游離不明，於是更容易和前面的「莫」黏著成詞，粵語中便多了一個表命令的否定詞，和原來的「莫」平起平坐。我們推想這個「莫個」新組合，在早期粵語中一定頗為流行，所以 1828 年的詞典，「莫個」的例子佔盡優勢。我們再翻查語料，發現下面這樣的例子：例 (48) 中「莫個」和「咁」一起出現；例 (49) 中則「莫個」後加「如此」，而「如此」本就是「個」的意思。

(48)　莫個咁生疏阿。（Morrison 1828: 1）

Don't let your visits be so infrequent.

(49)　自後莫個如此。（Morrison 1828: 76）

Henceforth, or hereafter, not as thus.

從這些用例中可以看出在「莫個」這個新組合中，「個」的原意已經完全隱沒。

我們的語料最早上溯到十九世紀早期，但仔細翻閱整理，都沒有發現「個」可以單獨使用，標誌「狀態」、「程度」的用例。這也就是說，假如我們的說法成立，以為「莫個 + V」是來自「否定 + 指代 +

V」，那麼這一定是十九世紀以前的情形。但是由於材料有限，我們無法肯定或否定這種可能。

不過，「個」作為表遠指或表「狀態」、「程度」的指代，在近代漢語中早有先例可援。

2.2.2. 歷史文獻中「個」表指代的用法

1945 年，張相編成《詩詞曲語辭匯釋》，匯集唐宋以來詩詞戲曲中的特殊語詞，「詳引例證，解釋辭義與用法，兼談其流變與演化」。[20] 其中有詞條「個」（頁 372–373），說明如下：

個，指點辭，猶這也，那也。

他列舉隋唐以來詩詞例句為證，例如：

周邦彥《瑞龍吟》詞：「暗凝佇，因記個人癡小，乍窺門戶。」
個人，那人也。

賀鑄《鶴沖天》詞：「個處頻回首。」個處猶云此處。

朱敦儒《朝中措》詞：「個是一場春夢，長江不住東流。」個
是猶云此是。

這也就是說，隋唐以來，「個」是一個指代詞，可以遠指，也可以近指。

同書又指出「個」的另一個用法，並廣徵詩詞曲語為證（頁364–372）。張相以為「個」是「估量某種光景之辭」，用法等於「價」或「家」。而他給「價」和「家」下的解釋是：

估量某種光景之辭，猶云這般或那般，這個樣兒或那個樣
兒。（頁364）

詩詞舉例如：

凡少則曰些兒個。李後主《一斛珠》詞云：「曉妝初過，沉檀
輕注些兒個。」

20　張相：《詩詞曲語辭匯釋》（北京：中華書局，1977）。引文見書前「重印說明」。

朱敦儒《鵲橋仙》詞：「輕風冷露夜深時，獨自個凌波直上。」
獨自則曰獨自個。

這一種用法就相當於表「狀態」的指代詞，和粵語中的「噉」相同。詩詞舉例中，「獨自個」修飾動詞語「凌波直上」，表示「這樣做」。李白詩句「白髮三千丈，離愁似個長」的「個」放在形容詞之前，表示「這樣的程度」。從唐宋以來，「個」的用法確實多元，除了是量詞之外，還可以是表「這 / 那」和「這樣 / 那樣」的指代詞。這樣看來，早期粵語中「個」的用法似乎特別，其實很可能是由來已久，上有所承，只是我們並未察覺而已。當然，量詞「個」可以延伸為指代的用法是不爭的事實，但為什麼會有這樣的演變，量轉指代，背後的動力是什麼？這是漢語特有的變化，還是可以在其他語言中找到類似的發展，這點還需要做更多、更深入的研究，才能找到端倪。

3. 結語

這篇文章，主要是就早期粵語語料中兩個比較特殊的例子，進行整理分析以後，提出我對粵語發展的一些看法。我雖然用了二十多種不同的材料，但時間窗口主要還是局限在十九世紀到二十世紀之間。時限很短淺，但就這百年語料所呈現的種種現象，我們還是可以看出十九世紀的語言和今日的語言有明顯的不同。我們可以在排比梳理之後，歸納出一些變化的類別，但如何解釋這些不同，如何利用這些不同，進一步說明語言變化的軌跡和規律，這是我們需要特別努力的地方。從我們的語料中，我找到一些有關「正」和「莫個」的例句，有異於後代粵語的說法。誠然，這只是一些零星的異同，並不會影響我們對當日文本的了解，也不會讓我們對整個粵語的發展趨勢有什麼新的大發現。其實，翻閱的時候，只要稍不注意，就會很容易忽視，匆匆帶過。我用了一些時間前後對讀，漸漸發現這些異同之處，除了說明語言演變的路向以外，偶爾還能透

露出演變背後的一些道理。一百多年的語料，就保留了這一百多年語言的真實現象。從前的說法，現在不說，那就是舊日語言的特質，今日已經消失。語料幫我們把這些消失的說法保存下來，難能可貴，因為沒有這些材料，我們根本想像不到語言變化是怎麼一回事。要是沒有「正」表條件的用例，我們無法聯想到今日「至」的用法也許是循著同樣語義引申的路子發展而來的；要是沒有「莫個」的用例，我們也無法明白在「嗰」以前，還有「個」這個可能單獨使用的指代詞。當然，我們的分析和推論，還有待進一步考證。不過，正是因為語料給我們留下了這些歷史殘餘證據，才會讓我們發想無端，希望能把語法發展的每一個階段和細節逐步逐步地建構起來。歷史的殘餘也是歷史的饋贈，我們小心把握、仔細考慮，根據現有的各種歷時語料重拾舊步，重新認識從前，同時也可以為當下的發展重新定位。

附：本文所用歷時語料

歷時語料共27種。括號中為論文中徵引例句時所用簡稱。

年份	作者	語料	引用簡稱
1828	R. Morrison	*A Vocabulary of the Canton Dialect*《廣東省土話字彙》. Macao, China: The Honorable East India Company's Press.	Morrison
1840		《浪子悔改》. Chinese Protestant Mission.	浪子悔改
1840		《落爐不燒》. Chinese Protestant Mission.	落爐不燒
1841	E. C. Bridgman	*Chinese Chrestomathy in the Canton Dialect*. Macao: S. Wells Williams.	Bridgman
1841		*A Lexilogus of the English, Malay, and Chinese Languages: Compendium.* Malacca: The Anglo-Chinese College Press.	*Lexilogus*

年份	作者	語料	引用簡稱
1847	T. T. Devan	*The Beginners First Book in the Chinese Language (Canton Vernacular)*. Hong Kong: The China Mail Office.	Devan
1853	S. W. Bonney	*Phrases in the Canton Colloquial Dialect*. Canton.	Bonney
1856	S. W. Williams	*A Tonic Dictionary of the Chinese Language in the Canton Dialect*《英華分韻撮要》. Canton: The Office of the Chinese Repository.	Williams
1859	J. Chalmers	*An English and Cantonese Pocket Dictionary*《英粵字典》. London Missionary Society's Press.	Chalmers
1865		《親就耶穌》	親就耶穌
1871	W. Lobscheid	*A Chinese and English Dictionary*《漢英字典》. Hong Kong: Noronha & Sons.	Lobscheid
1877	E. D. Bruce	*Easy Phrases in the Canton Dialect of the Chinese Language*《英華常語合璧》. San Francisco: Bruce's Printing House.	*EPCD*
1883	J. D. Ball	*Cantonese Made Easy*. Hong Kong: China Mail Office.	*CME*
1888	J. D. Ball	*Cantonese Made Easy*, 2nd edition. Hong Kong: China Mail Office.	*CME*
1888	T. L. Stedman and K. P. Lee	*A Chinese and English Phrase Book in the Canton Dialect*《英語不求人》. New York: Williams R. Jenkins.	Stedman & Lee
1888	花波氏	《述史淺譯》，廣東長老會藏版	述史淺譯
1888	A. A. Fulton	*Progressive and Idiomatic Sentences in Cantonese Colloquial*. Shanghai: Presbyterian Press.	Fulton
1889	J. G. Kerr	*Select Phrases in the Canton Dialect*, Hong Kong, Shanghai, Yokohama, Singapore: Kelly & Walsh.	Kerr
1894	J. D. Ball	*Readings in Cantonese Colloquial*. Hong Kong: Kelly & Walsh.	*RCC*
1900		《正粵謳》，廣州：五桂堂	正粵謳
1903		《粵音指南》，香港：聚珍書樓	粵音指南
1907	J. D. Ball	*Cantonese Made Easy*. 3rd Edition. Singapore, Hong Kong, Shanghai, Yokohama: Kelly & Walsh.	*CME*

年份	作者	語料	引用簡稱
1912	J. D. Ball	*How to Speak Cantonese*: 50 *Conversations in Cantonese Colloquial.* Hong Kong, Shanghai, Singapore, Yokohama: Kelly & Walsh.	HSC
1926	G. Caysac	*Introduction a l'Etude du Dialecte Cantonnais.* Hong Kong: Imprimerie de Nazareth.	Caysac
1927	O. F. Wisner	*Beginning Cantonese (Rewritten)*《教話指南》. Canton: China Baptist Publication Society.	Wisner
1931	H. R. Wells	*An English Cantonese Dictionary.* Hong Kong, Singapore, Shanghai: Kelly & Walsh.	Wells
1936	F. T. Hoh and W. Belt	*A Pocket Guide to Cantonese: The Revised and Enlarged Edition.* Canton: Lingnan University.	Hoh

參考書目

郭必之。2003。〈香港粵語疑問代詞「點 [tim^{35}]」的來源〉。《語言學論叢》，
　　第 27 輯，頁 69–78。

張洪年。2006。〈早期粵語「個」的研究〉。載於何大安、張洪年、潘悟雲、
　　吳福祥編：《山高水長：丁邦新先生七秩壽慶論文集》，頁 813–835。
　　台北：中央研究院語言學研究所。

———。2013。〈「咁」又如何？——再探早期粵語中的指示代詞〉。*Bulletin of Chinese Linguistics*, 7.2, pp. 165–201.

張惠英。2001。《漢語方言代詞研究》。北京：語文出版社。

原載孫景濤、姚玉敏編，《第十八屆國際粵方言研討會論文集》（廣州：暨南大學出版社，2015），頁 5–27。

緣自何來
早期粵語中「嚟」的來去踪跡

提要：粵語表「來」的方言詞是「嚟」，早期寫作「黎」，發音是
lai31或lei31，意思和用法大抵和漢語的「來」一樣，表示趨向。
但是「嚟」也有一些用法和「來」不同。本文試從早期粵語語料中
探索「嚟」的各種使用情形，研究「嚟」的歷時變化，和各種用法
之間的延伸關係。材料共19種，主要集中在十九世紀到二十世
紀這一百多年間的文本。

關鍵詞：嚟、早期粵語、歷時探索、語義延伸

1. 引言

　　粵語表「來」的方言詞是「嚟」，早期寫作「黎」，[1] 發音是 lai31 或 lei31，[2] 意思和用法大抵和漢語的「來」一樣，表示趨向。但是「嚟」也有一些用法和「來」不一樣。本文試從早期粵語語料中探索「嚟」的各種使用情形，研究「嚟」的歷時變化。

2. 早期粵語語料

　　研究方言的歷時變化，尤其是在語法方面的探討，最難的是如何找尋適當的材料。漢語文白分家，書面語和口語頗有差別。但是研究古人的話語，不得不依靠文本記錄。假如文本過文，並不能反映口語的現實，我們考究無用。相對於其他方言，粵語頗有一些按口語而撰寫的早期文本，但最早的也只能上溯到十九世紀早期。這些材料主要包括很多為西洋人學習粵語而編寫的教科書和詞典，也有一些是為傳教而編寫的聖經翻譯，以及為說唱表演而撰寫的粵謳作品。我們這次研究主要集中在十九世紀到二十世紀這一百多年來的材料，從 1828 年到 1947 年，共 19 種。請看文末「早期粵語語料書目」。

1　早期的粵語語料只有「黎」一種寫法，如 1815 年 Morrison 詞典的「你黎」"come here"（сом）。1841 年的 Bridgman 教科書加上「口」旁，表示是方言字，如「番嚟」"return"（頁 93）。

2　早期語料只有 "lai" 一種發音，"lei" 大概是後起的讀法。按早期粵語沒有 "ei" 韻母，今日讀 "ei" 的字，早期都是單元音 "i"，如「飛」是 fi、「你」是 ni。"i" 破裂為複元音是十九世紀八十年代以後的變化，如 1883 年的 Ball 教科書，「飛」拼做 fei，「你」拼作 nei。

3.「嚟」和「來」

十九世紀的粵語語料中，「嚟」和「來」並見。最早的Morrison詞典（1828）有這樣的兩例，「嚟」的發音是lai，「來」的發音是loi：[3]

(1a) 你黎。Come here. (COM) [4]

(1b) 佢就來。He'll soon come. (SOU)

1877年的Eitel詞典在「嚟」詞條下有這樣的説明：

(2a) 嚟 lai（頁336）[5]

(2b) 來 loi—to come (used emphatically)（頁383）

這也就是説，「來」的用法在於表強調。但是我們翻查當時各種語料，都看不出「嚟」、「來」在用法上有怎樣的語氣輕重分別。例如1874年的Denny書中兩例：

(3a) 拈墨水來。Bring ink.（頁18）

(3b) 拈手燈黎。Fetch the lantern.（頁19）

又如1888年的Stedman & Lee書中兩句對話：

(4a) 幾時再嚟見我呢？

When will you come to see me again?

(4b) 我明日十一點鐘再來見你。

I will call again to-morrow about eleven o'clock.（頁107）

3　Morrison書中的拼音，「黎」原作lei，「來」作loy。按Morrison的拼音系統，ei的發音是ai [ɐi]，oy是oi [ɔi]。

4　Morrison詞典分三部分，不標頁碼。第一和第二部分是詞條，按詞條排列；第一部分按英文詞條排列，附粵語翻譯，第二部分按粵語詞條排列，附英文翻譯。這兩部分都是採取每頁最後一項詞條，按英文或粵語拼音，摘取開頭三個字母訂作該頁的記號。例如「你黎」出現的一頁，最末的詞條是"committee"，所以這一頁就訂為"COM"。第三部分收錄粵語常用熟語，再按內容而細分24類，例如「來歷不明」一例出自「世務類」，這一類所有詞條都歸作「SHEI-MOW-LUY 世務類 Affairs of the world」，不再作其他頁碼標注。

5　Eitel詞典「嚟」另有一讀，按康熙字典作li。

各書舉例，無論從英文翻譯或者是上下文意，都看不出有所謂 "emphatic" 的特別用法。「嚟」/「來」也許只是書寫上自由的替換而已。又或許「來」屬於書面語，對話中用上「來」，語氣可能顯得比較正式。當然這些都只是揣測推想，無法證明。不過書中有一些所謂的中文熟語，還是按傳統慣例，一律寫作「來」。例如1828年的 Morrison 詞典收有下列詞語，「來」的標音作 loy。

(5)　　後來 (AGA)、將來 (AGA)、往來 (FAR)、近來 (REL)、原來 (OYS)、來年 (YEL)、來歷不明 (SHEI-MOW-LUY)、命裏有來終須有 (SHEI-MOW-LUY) [6]

4.「嚟」表趨向

「嚟」是趨向動詞，表示動作的移動方向，以説話者為目標，動作朝著説話者前進。

動作　→　説話者所在（空間）

這種表趨向的用法，古今相同。早期粵語語料中的用例，不勝枚舉。「嚟」可以單用作動詞，也可以作為趨向補語，出現在別的動詞之後。典型的例句如 Morrison (1828) 和 Chao (1947) 書中的用法，(6a) 和 (6b) 句的「黎」是動詞，(6c) 和 (6d) 句的「嚟」作補語：

(6a)　　有人客黎，你話我去出街。

　　　　If any visitor comes, tell him I'm gone out.

　　　　(Morrison 1828: SHEI-MOW-LUY 世務類)

(6b)　　你地快啲黎睇。

　　　　. . . come and look, quick. (Chao 1947: 139)

6　這些詞語，有的在今日口語中已經可以改為「嚟」，例如「後來」可以作「後嚟」、「將來」作「將嚟」。

(6c) 跌落黎。

Fall down.（Morrison 1828: FAR）

(6d) 有架飛機跌落黎嚹。

An airplane is falling down.（Chao 1947: 139）

5.「嚟」表目的

「嚟」還有一種用法，放在兩個動詞組中間：「V1 + 嚟 + V2」，表示第一個動作是為第二個動作而進行，也就是說V2是進行V1的目的。[7] 例如：

(7a) 我哋買嚟做被面門簾天遮轎襯椅褥各樣。

I am buying them for the purpose of making bed covers, door-screens, awnings, linings for sedans, chair cushions, and so forth.（Bridgman 1841: 248）

(7b) 買啲細條嘅魚，放落去嚟養，等到佢大個時，就捉番佢嚟食。（李一民 1932: 29a）[8]

例句 (7a) 的英文句子用 "for the purpose of" 來翻譯「嚟」的部分，最能說明這種表目的功能。例 (7b) 中第一部分說把魚放下池塘，目的是為了把魚養大，第二部分說把魚抓上來，目的是為了當作美食。第二部分的「嚟」或許可以看作趨向補語，屬於「捉番嚟」整個組合；但是第一部分的「嚟」，前面既然已經有「放落去」這樣的趨向詞組，所以這裏的「嚟」不可能表示和「去」相反的趨向，因此功能只能在表目的。

7　Matthews & Yip (1994: 299) 在連動句一節討論「嚟」，以為「嚟」的部分是 purpose clause，表目的。

8　《粵語全書》是蝴蝶裝裱，同一頁摺疊成兩版。例如頁29的前一版我們標作29a，後一面作29b。

　　這種表目的的用法，現代粵語依然如此，而各地方言也都如是。這也就是說，「嚟」有兩種功能，一表動作的趨向，一表動作的目的，但是這兩種功能之間好像並沒有一定的語義關聯。從另一個角度來看，表趨向的「嚟」是說明人或物正在移動，移動的方向是從N1到N2，而N2則是移動的終點目標。

　　趨向：N1 → N2（目的地：說話者所在）

其實表目的的「嚟」字句也是在說明一個事件的發生過程，事件從V1向著V2進行，而V2是V1進行的最終目的。

　　目的：V1 → V2（目的：說話者的目的）

表趨向的「嚟」表示事物跨空間的移動，表目的的「嚟」則表示事件在時間上發生的過程。從表趨向而發展成表目的，二者之間是語義的延伸、語用發展的自然過程。[9]

> 動作 → 說話者目的 （時間）

　　表趨向的「嚟」以說話者為定點；表目的的句子中，目的是從說話者或者行動者的角度來看，V2代表的就是這個說話者或行動者的立場，V1朝著這個定點前進，正是「嚟」的方向。不過，假如這個目的事件是在另一個地點發生，目的定點並不代表說話者當下所在，表目的的標誌可以改作「去」，(8a) 是舊日語料中的例子，(8b) 是今日粵語的例子。

(8a)　綠衣頭，多煩你打發一個綠衣去禁止佢哋囉。

　　　Captain, please send a policeman to make them stop.

　　　（Stedman & Lee 1888: 65）

(8b)　你不如煮啲粥去俾佢食？

9　按英語中表趨向的功能詞可以是to，而to也可以表目的。例如 "You can use this for the purpose of doing that." 也可以說成 "You can use this to do that." *Merriam-Webster Dictionary* 清楚指出 to 這兩種用法：(1) "used as a function word to indicate movement direction"，(2) "used as a function word to indicate purpose, intention"。當然，前者是 preposition 的用法，後者是所謂的 infinitive to。漢語中用「來」表目的這種用法十分普遍，經常和「用」聯用，「用來」/「用嚟」已經成為一個雙音節詞語。

6.「嚟」表受惠者

「嚟」表趨向，而表示趨向的目的地一般放在「嚟」之後，表示移動方向的終點所在，以地方詞的形式出現。例如：

(9a)　佢做乜嚟呢處呢？

　　　Why does he come here?（Ball 1883: 14）

(9b)　用救生車送佢黎呢間醫院咯。

　　　. . . they sent him to the hospital in an ambulance.

　　　（Chao 1947: 152–153）

歷來學者都注意到現代漢語有這樣的一條語法規則：在趨向動詞「來、去」之後，表「終點」的賓語一定是地方詞。[10] 粵語亦然。英語可以用人或物作為趨向的目標，例如 (10a) 句，但是漢語並不容許這樣的結合。粵語不接受 (10b) 句，因為「我」不是地方詞。要是在「我」之後加上地方詞「呢處」，如 (10c) 句，這才符合漢語語法。

(10a) Come to me.

(10b) *嚟我。

(10c) 嚟我 (呢) 處。

這樣的語法規限，似乎並不適用於早期粵語。我們翻閱早期語料，發現有好些用例都只是「嚟我」這樣的組合。例如：

(11a)　請你遞的白焓雞來我。

　　　I will thank you to send me some of the boiled fowl.

　　　（Bridgman 1841: 176）

(11b)　拈條頸巾嚟我。

　　　Bring me a neckcloth.（Bridgman 1841: 149）

(11c)　擰來我。

　　　Bring it to me.（Eitel 1877: 384）

10　請參看 Chao (1967) 第 7 章有關 place word 的使用。粵語中處所詞的功能，見張洪年 (2007)，頁 322–326。

(11d) 你快啲擰鞭杆<u>㗎我</u>。(《粵音指南》1903: 3.6b)[11]

(11e) 俾一枝荼羹<u>㗎我</u>喇。(李一民 1932: 3b)

根據語料，我們可以做一些初步的觀察。第一，例句似乎只限於祈使句；第二，賓語只限於「我」；第三，這種用法只限於「㗎」。第二點和第三點必然聯繫在一起，目的定點是「我」，動作方向自然是「㗎」。

從用例來看，這種用法的「㗎」字句，主要動詞都是「給予」動詞，賓語其實是給予動作的接受者，也就相當於一般所謂的間接賓語。[12] 早期粵語表間接賓語的介詞常常是「過」，如(12a)句；但(12b)顯然是用「來」/「㗎」表間接賓語。

(12a) 俾枝乾淨叉過我。

Give me a clean fork. (《合璧》1877: L. 15)[13]

(12b) 拈啲熱水來我。

Get me some hot water. (《合璧》1877: L. 14)

「過」本來也是一個趨向詞，表示空間的跨越。授予句描述的是給予者把某一樣物件遞交轉移給受惠者；物件的轉移，也就是空間的跨越，從A點到B點。這樣通過語義的延伸，發展新的語法功能，重新界定身份，原是語法化自然的進展過程。「㗎」(或「來」)和「過」同是趨向詞，表示空間的跨越，從A點轉到B點，這樣不難想像「㗎」按著同樣的語法路徑發展，從而得到新的語法功能，成為間接賓語的標誌。「㗎」表示給予的動作向說話者進行，而說話者正是給予動作的受惠者：

> **動作 ⟶ 說話者受惠 (間接賓語)**

請看下面這些所謂兼語句的例子，也是「過」/「㗎」通用：

11　《粵音指南》共分四卷，每卷頁碼獨立。例句(11d)取自第三卷的第六面的第二版，所以這裏標作3.6b，下同。

12　古代漢語有「賚」從「來」，從「貝」，表示賜予的意思。「賚」之後可以是間接賓語。

13　《英華常語合璧》按課文排列，不標頁數。"L. 15" 即第15課，下同。

(13a) 你去馬房叫馬夫俾穀過個隻馬食。[14] (Morrison 1828: STA)

(13b) 倒盆水嚟我洗面。(李一民 1932: 14a)

「嚟」的用法和「過」相當。請再看下面數例：

(14a) 俾的麵包過我。(《合璧》1877: L. 11)

(14b) 拈的熱水來我。(《合璧》1877: L. 14)

(14c) 遞牛油到過來我。(《合璧》1877: L. 14)

同書三例，一用「過」，一用「來」，第三例「過來」合用。不過，這種用法的「嚟」只出現在十九、二十世紀之間，到了二十世紀以後，語料中已經不太能找到這樣的例子。[15]

其實，語料中還有一些用「去」表間接賓語的例子，但是賓語一定不是「我」，正説明「嚟」/「去」表趨向的基本特性和功能：

(15a) 拈我嘅名片去佢囉。

Take in my card, please. (Stedman & Lee 1888: 153)

(15b) 你想寫信去邊誰啞？

To whom are you going to write a letter?

(Stedman & Lee 1888: 39)

(16a) 我寫呢封信寄去我兄弟。

I am writing a letter to my brother. (《合璧》1877: L. 8)

(16b) 寫呢封信去先生處。

Carry this letter to Mr. . . . . (《合璧》1877: L. 27)

上舉數例都是「去」字句，(15b) 句的賓語是疑問詞「邊誰」，相當於今日的「邊個」。這些句子中的賓語既然不是「我」，也就是説給予動作的方向是朝著別的方向進行，所以標誌用「去」，而不可以是

14　此句原書不注英文翻譯。

15　有關早期粵語中雙賓語的句構，請參看 Chin (2009)。用「過」表間接賓語的用法，二十世紀之後漸漸消失。

「嚟」。(16a) 句的賓語只是人稱名詞「我兄弟」，而同書 (16b) 句「先生」後邊有「處」，就是名正言順的地方詞組合，完全符合語法需求。[16]
這也顯示當時語法已經開始轉變，用「嚟 / 去」表間接賓語的用法已經開始漸漸消失。

7.「嚟」表祈使

「嚟」表動作趨向以說話者為定點的用法，有時更可以借作祈使句的標誌。例如現代粵語可以說「坐好嚟！」，就是要求對方「好好的坐著」。[17] 早期粵語頗有一些這樣的用例。例如：

(17a) 快啲買黎。

Make haste and buy it.

（Morrison 1828: MAW-YIK-LUY-TSUNE 貿易類全）

(17b) 問明白黎。

Ask distinctly about it.（Morrison 1828: AXE 9）

(17c) 你畫隻耳墻黎囉。

You may paint an ear upon the wall to listen to you.[18]

（Morrison 1828: CHANG-NAOU-LEI-TSUNE 爭鬧類全）

三句都是祈使或命令句，要求對方做某件事。(17a) 句的「黎」也許可以當作是趨向補語，「買黎」表示「買」的動作向說話者方向進行。但是其他兩句，並不牽涉具體的空間移動或移位。(17b) 句去掉

16　Yiu (2014: 316) 引用早期聖經材料，有這樣的句子：「有人帶一個風癱嘅嚟佢嗻」，相對於英文的 "Someone has brought a paralyzed man to Him." 「嗻」相當於「處」。

17　根據鄧思穎的語感，在現代粵語中，這樣的句子要加上「啲」：「坐好啲嚟」，聽起來才會覺得自然。

18　這句話的意思是說：「要是你覺得你說的話沒有人聽，那你只有在牆上畫一隻耳朵，對著他說話。」

「黎」：「問明白」，並不影響句子的基本意思。用「黎」似乎只是加強祈使命令的語氣。請看下面兩句：

(18a) 擠個燈罩在嗰盞燈嚟。

　　　　Put the lamp shade on the lamp. (Dennys 1874: 108)

(18b) 擠枝蠟燭在臺面。

　　　　Put the candle on the table. (Dennys 1874: 109)

同書前後兩頁的兩句，句子的語法結構、祈使用意和英文翻譯，大體相同。唯一的區別就在「嚟」的有無。語氣強弱，從翻譯上並看不出來。但試看下面兩句：

(19a) 人客散之後，叫個管店擦乾淨個張檯嚟。

　　　　After the gentlemen have retired from the table, bid the

　　　　coolie to rub it down. (Bridgman 1841: 174)

(19b) 係，慢慢念得伶伶俐俐的嚟。

　　　　Yes, and read it very slowly and distinctly.

　　　　(Bridgman 1841: 170)

兩句都沒有表示挪位移動的動詞，與趨向無關。按上下文意，句子顯然是命令口吻，語氣比較清晰。

　　為什麼「嚟」會有加強語氣的涵義？這也許還是和「嚟」的趨向本義有關。「嚟」向說話者的身體所在移近，引申而言，這移動也是向著說話者意念所及而前進。從具體動作來看，是空間的移動；從意念而言，「嚟」也可以表示要求事件的發展需要符合說話者的期望。[19]

　　　　┌─────────────────────────┐
　　　　│ **動作 → 説話者意念 （祈使）** │
　　　　└─────────────────────────┘

19　前人對祈使句「嚟」的用法頗有一些分析。李新魁(1995: 515)以為「嚟」表示命令語氣。

8.「嚟」表肯定

這種意念延伸的用法，可以增強說話者的主觀意識。在祈使句中，「嚟」可以加強祈使的語氣；在肯定句中，句末的「嚟」可以強調肯定的口吻。例如下面這一個句子：

(20)　重有的坐板癩……生喺屎窟嚟。（譚季強 1903: 20）

句子想說的是身體上長了皮膚病，而重點卻在強調這些惡疾所在的地方。癩癩好長不長偏偏長在屁股上，厭惡的語氣溢於言表。早期語料中，用「嚟」來表肯定或強調的用例雖然不多，但還是可以找到一些例句，而且這樣用法的「嚟」主要出現在地方句中。除 (20) 以外，我們還可以列舉下面的例句。

(21a)　已經擰定喺呢處嚟嘞。

　　　　I have already brought it, and here it is.

　　　　（Bridgman 1841: 170）

(21b)　我俾你嗰本書喺邊處？喺樓下嚟。

　　　　Where is the book I gave you? It is downstairs.

　　　　（Dennys 1874: 68）

(21c)　係艙底來。

　　　　It is down in the hold.（《合璧》1877: L. 50）

(21d)　醫生喺處嗎？喺睇症房嚟。

　　　　（醫生在嗎？在診病房裏。）（李一民 1932: 24a）

例句 (21a) 的英文翻譯把原句翻作兩句，後面一句 "and here it is" 正是為加強語氣而添加。

上舉這些例句都以「喺」作動詞，用「喺 + 地方詞」的句構說明事或人的具體所在地點。用現代漢語來說，都不能在句末加「來」。粵語中加「嚟」主要是加強語氣，突出說話者的觀點，從說話者的眼光

來看事件，報告實況，表示肯定。換言之，句末「嚟」的功能依然是把句子定位在說話者，在陳述中引導指向他的主觀意念。

$$\boxed{\text{動作} \longrightarrow \text{説話者意念（肯定）}}$$

9.「嚟」表時態

歷來討論粵語「嚟」的用法，都指出「嚟」可以表示時態，附在句子之末，表示事件或動作已經發生，而且是在不遠之前的時段發生，所以學者常常名之為「近經歷體」，功能相當於漢語中的「來著」。[20] 例如：

(22a) 我飲咖啡。（我喝咖啡。）

(22b) 我飲咖啡嚟。（我喝咖啡來著。）

(22a) 和 (22b) 在時間性上頗不相同：(22a) 只是陳述事件；(22b) 卻是報告一個已經發生的事件，而句末的「嚟」正是這個「已然」的標誌。一般話語常常在這樣的句子中加上時間詞，強調事件發生的時間。例如：

(22c) 我啱啱飲咖啡嚟。（我剛剛喝咖啡來著。）

近年已有學者指出這樣用法的「嚟」字句，並不一定只用在剛發生不久的事件，時段可長可短，也就是說，「嚟」並沒有一定時間性的規限。例如下面的例句，「二十年前」的旅遊總不能說是「近經歷」的事情：[21]

20　張洪年 (1972: 187) 以為「『嚟』相當於國語的『來著』，表示動作剛剛過去不久」。李新魁 (1994: 257) 認為「表示動作行為剛發生不久，常於句子末尾加『來』表示，它相當於普通話的『來著』」。

21　請參看 Yiu (2005)、劉倩 (2007)。

(23)　我廿年前去過北京嚟。(我二十年前去過北京。)[22]

但是這樣用法的「嚟」一定是指已經發生的事件，絕無例外。

　　表「已然」的「嚟」字句，由來已久，在早期粵語中用例頗多。我們先列舉一些例子：

(24a)　你去邊處黎？

　　　　Where have you been? (Morrison 1828: SHEI-MOW-LUY 45)

(24b)　我而家就至拈減個嚟咋。

　　　　I have just now brought one. (Bridgman 1841: 158)

(24c)　你去過我間屋未曾呢？冇，我去過墳墓嚟啫。

　　　　Have you been to my house? No, I went to the grave.

　　　　(Dennys 1874: 159)

(24d)　做乜野嚟？

　　　　What have you been doing? (Eitel 1877: 336)

(24e)　先幾日你去邊處嚟呢？你係病嚟嚹？

　　　　Where have you been for the last few days? Have you been sick? (《合璧》1877: L. 7)

(24f)　邊啲做嚟呢？

　　　　Who (plural) did it? (Ball 1883: 71)

(24g)　你今朝去邊間教堂嚟呀？

　　　　Where did you go to church this morning?

　　　　(Stedman & Lee 1888: 53)

(24h)　我昨日去省城嚟，一黑就閂城門嘅咯。(李一民 1932: 11a)

從這些例句來看，我們可以發現有幾點值得注意的地方。第一，許多句子都帶有時間詞，例如「而家」、「今朝」、「昨日」、「先幾日」，時段確有限制，特指不久以前發生的事件。第二，附有英文翻譯的

22　相對於例句 (23) 中的「嚟」，現代漢語不能用「來著」來表示。這也就是說漢語的「來著」確實有「近經歷」的規限，和粵語的「嚟」並不完全一樣。

句子大部分都用 perfect tense 對應。1877 年 Eitel 的詞典中明確注明這種用法：

(25) 嚟 . . . a final particle (denoting present perfect tense)（頁 336）

所謂 "present perfect" 就是指事件雖然是在過去發生的，但是事件的關聯性還牽涉到現在，[23] 英文教學常常用 "to express a past event that has present consequences" 來界定 present perfect 的用法。不過，也有用例所指的時段，並不是「近經歷」的事件。例如：

(26) 佢先排都病過嚟咯。

She was ill a while ago. (Ball 1912: 36)

「先排」泛指從前，按英文的翻譯，所指應該是相當久以前的時段。不過事件到底發生在多久以前，並非「嚟」字句的重點。「嚟」字句確實只用在「已然」的句子中，但更重要的是「嚟」字句所強調的是「已然」和「當下」的關係。說話人是從當下的這一刻來看這「已然」事件，而並非把這「已然」的事件放在一個獨立的過去時間框架中來敘述。我們試比較下面這兩句：

(27a) 你來佢剛剛去。

He went away just as you came. (Morrison 1828: JUS)

(27b) 我就先至去嚟。

I have already gone.

(Morrison 1828: TSING-FUN-LUY-YAT 情分類一)

---

23 英文裏的 present perfect 句子，一定不可以加上明確的過去時間詞。因為過去時間一經說明，事件就和現在無關。例如 "I went to see him last year" 是說去年特有的事件，不可以改說成 "I have gone to see him last year"。沒有時間詞的 "I have gone to see him many times" 雖然也指過去事件，但是沒有 "last year"。又如問句 "Have you ever been to China?"，就是從現在的角度來詢問過往的事件。回答可以是 "Yes, I have been to China many times"。要是特別說明是「去年去過」，只能說 "I went last year"，而一定不能說成 "I have travelled there last year"。

兩句的重點都在「去」。(27a) 包括兩個動作，「去」發生在「來」之前，但是「去」和「來」都是「已然」事件，屬於過去時段，和當下並沒有必然的關係。(27b) 的「去」雖然也是「已然」之事，但是著眼點在現在，從現在來看「就先」(剛剛) 發生的事件，英文翻譯用的是 perfect tense。請看下面一例，最能說明已然和當下的關係：

(28a) 做乜你隻手咁多泥？我喺花園裏頭攪啲泥嚟啫。

(《粵音指南》1903: 3.21)

「做乜」是當下的問句，問話人當下觀察到對方雙手骯髒，於是追問原因所在。回話人的答句雖然是報告已經發生的事件，但強調的是已然的事件所造成的當下結果。這也就是說「過去」和「當下」的聯繫是由「嚟」帶領出來。下面一例子，也可以作同樣的理解：

(28b) 你做乜問起我個的嚟呀？唔係，因為我從前上過當嚟。

Why is it that you trouble me by asking the question? It is not asked to trouble you, but because on a former occasion I was greatly taken in. (Bridgman 1841: 238)

(28b) 的第一部分是針對剛剛的「做乜」提問，用「嚟」點出時間的相近，因為你的提問我才追問原因。第二部分的回答是報告一件從前發生的事，事件到底是多久以前發生的，並不重要，關鍵是因為從前發生過這件事才讓我提出現在的問題。[24]「嚟」的功能就是標誌這從前和現在的關聯。

「嚟」字句強調的是過去事件的當下關聯性 (current relevance)。但是這樣的話語功能，為什麼會讓「嚟」來承擔？「嚟」本來是表趨向動詞，說明動作向著說話者移動。說話者所在其實就是一個空間定

24　原文說明事情的原委，從前有上當的經驗：「我先唔知到佢驗長咁多，要我暗諗咁多銀，真正唔抵。」(. . . but because on a former occasion, I was greatly taken in; not knowing beforehand that he examined and entered them as being so long, I had consequently to suffer severely for it: truly I was deceived by the matter.) 所以現在交易先要問清楚：「而家你的貨唔知老太驗算幾長呀？」(In reference to your goods, I should like to know how the custom-house officer measured them for duty?)

點，往這定點移動的就是「嚟」。説話者所在還有一個時間定點，那就是「當下」。任何事件的發生都是按著時間軸前進，向著「當下」、向著説話人的時刻定點移動。説話者想報告一件過去發生的事，還想強調這「已然」和「當下」的關聯，説話人借用表空間移動的「嚟」來説明這時間上轉移，是最自然不過的語言延伸手段。

$$事件 \longleftrightarrow 説話者當下時間 （時態）$$

10.「嚟」表判斷

在現代粵語中，「嚟」還有一種用法，如例 (29)。根據一般語法書的描述，「嚟」附在句子末，表示「判斷」，可以和「嘅」/「㗎」連用（方小燕 2003: 56, 138；劉倩 2007: 370–385）。例如：

(29) 佢係我朋友嚟（㗎）。（他是我朋友。）

這種用法十分普遍，説粵語的人學説普通話，往往會把(29)句説成：

(30) *他是我朋友來的。

這當然是受到語言干擾而造成的病句，學習外語常常會犯類似的錯誤，不足為奇。但是為什麼粵語會在這樣的句子中加上「嚟」？這個表判斷的「嚟」和表「趨向」的「嚟」到底是否同一來源？[25]

翻查早期粵語語料，這種用法的「嚟」並不罕見。先列舉數例如下：

---

25 有關現代粵語中「嚟」的用法和語法身份，請參看鄧思穎 (2015) 第 10.2 節和 11.2 節的討論。Lee and Yiu (1999) 認為「嚟」是一個「動詞語詞頭」(verbalizer)，通過「嚟」而將後邊的名詞變作謂詞，所以這樣的「嚟」字句是「名詞謂語句」，提供新信息。鄧思穎把「嚟」歸為「事件助詞」，並且認為這個助詞「嚟」和動詞「嚟」應該同源，動詞「嚟」是「非受格動詞」，賓語必須是體詞，而且必須是無定。虛化以後的助詞「嚟」仍然保留原來動詞的一些語法特點。

(31a) 裝個碟係乜野呀？係沙椎<u>嘅</u>。

What is there in that dish? There are some snipes.

（Bridgman 1841: 178）

(31b) 試一下添。係好計<u>嘅</u>啞。

Try it again once more; it's a good plan.（Dennys 1874: 63）

(31c) 今日致租成間屋，本來係間細廟<u>嘅</u>，個的房係好乾淨，屋租都唔貴。（《粵音指南》1903: 3.9b）

(31d) 呢處有一枝野係乜野<u>嘅</u>呢？（《粵語》1932: 3a）

(31e) 重落的白撞雨，雖然係過雲雨<u>嘅</u>啫，但係不知幾大陣熱腥隨。（譚季強 1933: 8）[26]

(31f) 原來都唔係人，係好多喬大樹<u>黎</u>。

. . . those things . . . were not people, as a matter of fact but a lot of big trees.（Chao 1947: 115）

上列各例句，按現代粵語都可以把句末的「嘅」省略，並不影響句子的意思。早期語料中，「嘅」的使用似乎並無定規。例如 (31a) 句第一部分是問句沒有「嘅」，回答部分用「嘅」。又如下面前後兩句，前句帶「嘅」，後句不帶。

(32a) 三國志唔係二十四史裏便嘅正史<u>黎</u>。我講嗰部都係三國演義，係普通人睇嘅小説呢。

Isn't 'History of the Three Kingdoms' an official history of the 'Twenty-four Histories'? The book I am talking about is the 'Story of the Three Kingdoms', the novel that everybody reads.（Chao 1947: 203）

用「嘅」不用「嘅」，似乎是隨意添加，並無實際的語法或語意功能。我們試把 (32a) 句改成現代粵語，前後兩句都可以用「嘅」，也都可以不用。

---

26 譚季強《分類通行廣州話》1925 年出版，1933 年第七版。我們手頭版本缺末頁，暫作 1933 年版。

(32b) 三國志唔係二十四史裏便嘅正史㗎。我講嗰部都係三國
演義㗎，係普通人睇嘅小説㗎呢。

(32c) 三國志唔係二十四史裏便嘅正史。我講嗰部都係三國演
義，係普通人睇嘅小説呢。

這樣看來，用「判斷」來説明「㗎」的用法，並不清晰。

我們試從現代粵語舉例説明用「㗎」和不用「㗎」的分別。比方
説有人敲門，屋裏的人會問「邊個呀？」（誰呀？），門外的人回答説
「我哋係差人」（我們是警察）。這是最簡單的判斷句，只是在詢問和
説明敲門人的身份而已，言外並無他意。這樣的句子一般都不會加
上「㗎」。但是，假如屋子裏有別的人看見你在門口説話，要是他向
你追問，他會説：「邊個㗎噪？」你的回答會是「差人㗎噪」，句末帶
「㗎」。為什麼在這種情形的時候會用上「㗎」字句？理由很簡單，因
為這裏的問答已經不是簡單的判斷句。句子的重點除了在説明身份
以外，問和答都還帶有另一層的關心。屋子裏的人很想知道這敲門
的人到底是什麼樣的人：是你認識的朋友？還是陌生人？是鄰居？
還是送外賣的？你的回答加上「㗎」，也是要特別指出敲門人的特
殊身份：要是他們是警察，事情非比尋常，所以得小心處理。換言
之，加上「㗎」的判斷句是在簡單的「判斷」以外，還帶出話語背後深
一層的涵義，進一步「闡述」説話人對此人此物隱含的關心。這也就
是説，「㗎」字句是一種語法句構，具有特別的語用功能。

我們且從這個語用角度來翻查歷史語料的「㗎」字句是否都有這
種特點。請看下面的例句：

(33a) 儒教嘅教主係孔夫子，佢嘅學生之中有七十二個，係賢
人㗎。（李一民 1932: 31a）

例句共分兩部分，前句沒有「㗎」，後句有「㗎」。我們試把第一分
句略微改動，句末添加「㗎」，但是這一改動，意思和原句似乎稍有
出入：

(33b) 儒教嘅教主係孔夫子㗎。

原句指出儒教教主是一位姓孔的夫子先生，但句子涵義並不假定聽者已經知道孔夫子是何許人也。聽者可能對中國古代思想家等等根本一無所知，所以説話人要説明的就是有這麼一位先生，中國人管他叫孔夫子。這是一種判斷句的用法。但是要是在句子末加上「嚟」，涵義就有所改動。説話人先假定聽者本來就知道中國古代有某些諸子學人，包括孔夫子等等。説話人現在要明確指出的是儒教教主並不是老子，也不是莊子，也不是孟子，而是這位孔老夫子。所以在這樣的句構中：

(34)　N1 是 N2 <u>嚟</u>。

N2 並不只是簡單的介紹 N1 姓甚名誰，而是要比較具體的説明 N1 的身份，突顯他和別人的不同。[27] 我們回頭再看 (33) 句的後半：

(33c)　佢嘅學生之中有七十二個，係賢人<u>嚟</u>。

顯然，這句子的重點並非要列舉這七十二人姓甚名誰，而是要突出這些學生的賢良品德、與眾不同之處。[28]

在早期語料中，一般簡單的判斷句不多用「嚟」，而帶「嚟」的判斷句到底帶有什麼樣的涵義，有時也不容易覺察。但是我們仔細閲

27　Yiu (2001: 149) 以為：". . . when appearing after a nominal predicate, *lai* 嚟 not only is used to indicate that a piece of new information is contained in the sentence as denoted by the nominal predicate but also that there is a change in the cognitive state of the speaker. . . ."

28　我們試比較下面兩個英文句子：
　　(a) Who is Trump? ╱
　　(b) Who is Trump? ╲
(a) 句句末語調上揚，是典型的英文問句。「Trump 是誰？」問句並不帶有任何預設的認識或知識。也許在談話中有人提到 Trump 此人，但是我從來不曾聽説過有 Trump 這樣的人，於是提出這樣的簡單的問話：「他是何人？」反看 (b) 句，重音在 is，語調下降。雖然也是問句，但是句子要問的不只是「Trump 是何人」，而是在追問：「Trump 究竟是何許人也？」是政治家，還是政客？提問的重點是要知道他的確實身份、他的背景等等比較具體的細節。譬如在下面這句子中，話語背後的涵義就很清晰。
　　(c) Who is Trump after all? A politician!
這兩種語調的問句，換成粵語，就會牽涉到用「嚟」和不用「嚟」。純粹的問句是：
　　(d) Trump 係邊個？
而帶有特別涵義的問句是：
　　(e) Trump 係邊個嚟㗎？

讀文本，還是不難從上下文發現這樣的語用功能。1947年趙元任書
中有這樣的句子：

> (35) 睇，嗰啲唔係鉛筆，亦唔係毛筆，亦唔係鋼筆。嗰啲係
> 幾對筷子<u>黎</u>呀。
>
> Look, those are not pencils, nor writing brushes, nor pens,
> why, those are a few pairs of chopsticks. (Chao 1947: 88)

趙書 (1947: 93) 指出這樣句子中的「嚟」屬於助詞 (particle)，功能在
於 "expressing mild surprise"。這也就是說 (35) 句用「嚟」是強調「筷子」
與別的長條物件 (如「鉛筆」之類) 不同的地方，語帶驚訝，是一種對
比性的用法，和上面舉的孔夫子例子相似。又如以下數例，雖然作
者沒有明確加注說明功能所在，但是從上下文來看，「嚟」字句顯然
是在判斷中再加上進一步的界定或描述：

> (36a) 霍亂，……呢的係一種利害嘅時症<u>嚟</u>。(譚季強 1933: 21)
> (36b) 你估佢係貧窮個咩？唔係呀。佢係財主佬<u>嚟</u>呀。左右村
> 都算佢至有錢嘅咯。(李一民 1932: 39b)

請注意這些句子中的「嚟」都不能換成「去」。但是為什麼這種強調
性、對比性的用法只能用「嚟」來作標誌？我認為這也是「嚟」從表趨
向而轉向表意念的一種延伸用法。「嚟」以說話人作基本定點，從空
間言，是動作向著「我」移動；從時間言，是從過去而移向此刻；從
意念言，是把句子的重點轉移到說話者本身的關注。說話者要強調
N1的特質，於是用「N2嚟」來闡述說話者認為最值得注意的特質，
用「嚟」把話語納入說話人自己的思考範疇，[29]突出說話者對這著客觀
事實所帶有的一種主觀關心之處。

29　梁仲森 (2005: 57–58) 以為「嚟」的功用在於表「確認」。出現在系詞「係」的句子中，
　　「嚟」的功能在於「確認賓語名詞的真實性」，經常與「嘅」連用。他同時也指出，「嚟」
　　可以出現在動作動詞等的句子中，功能在於確認「動作或情狀在不久的過去曾經進
　　行或出現」，這也就是上文所說的表「近經歷」用法。

判斷 → 說話者當下的關心（判斷）

單純的判斷句，早期粵語帶「嚟」的用法不多見，但是現代粵語差不多所有問句都一定是「嚟」字句。這也就是說原先用「嚟」來強調個人思考的用法，現在已經淡化。幾乎所有「⋯⋯是什麼」的問句都可以說成 (a) 式，回答也必然作 (b)。

(37a) N1 係乜嘢嚟嘅？

(37b) N1 係 N2 嚟嘅。

網上的文章，不管是口語還是書面語，「嚟」字句遍拾皆是。例如：

(38a) 呢啲乜嘢 Design 嚟㗎？完全唔識欣賞。（2014.12.23）

(38b) 我係女仔嚟㗎，唔好太過分。（2015.7.6）

(38c) T 細胞自體疫苗是什麼來的？（2014.12.31）

(38d) 點會呢我哋，始終都係兄弟嚟嘅。[30]（2015.6.21）

例句 (38c) 中的「來的」就是把「嚟嘅」逐字翻譯的新派粵語書面語。

從歷史語料來看，1841 年和 1874 年的文本中各有「嚟」字用句一例，二十世紀中期以後才漸漸普遍使用。而且早期材料中大部分都只單用「嚟」，「嚟嘅」或「嚟㗎」連用的例子很少。然而這樣的連用又是怎樣發生的？

粵語中句末助詞很多，而且不同助詞可以連用，「嚟」可以和「嘅」或其他一些助詞一起出現，例如：

(39a) 就係二三百銀，我都唔捨得賣。呢隻狗係救我個恩人嚟咯。（譚季強 1933: 48）

(39b) 講到的霧呢，其實就係雲嚟啫。（譚季強 1933: 9）

30　2015 年，香港立法會在表決通過某議案時，某些政黨有多位議員同時離席，以致議案未能通過。有記者向一位當時沒有離席的議員查詢，是否會因此而對同僚產生反感。這位議員的回答是：「始終都係兄弟嚟嘅。」那就是說同僚關係微妙，非比尋常，怎能為此而責怪對方？（雅虎香港新聞，2015 年 6 月 21 日）

（39c）敢先個禮拜二就係——十二月廿五，啊，嗰日係聖誕節<u>黎播</u>。

So that last Tuesday was—December 25th, why, that was Christmas.（Chao 1947: 27）

（39d）佢舊時原本係一個肥佬<u>嘅嘅</u>。唔見嗰佢十零日，就落晒形。（譚季強 1933: 17）

（39e）原來都唔係人，係好多稿大樹<u>黎嘅</u>。（Chao 1947: 17）

雖然語料中沒有「嚟㗎」連用的例子，但是「㗎」其實就是「嘅啊」連用的結果。「嘅」的發音是 ke，「啊」是 a；兩個音節連讀合音，產生一個新的助詞：ke + a → ka，寫成「㗎」。這也就是說「嚟㗎」是「嚟 + 嘅 + 啊」三詞連用，合音成一個兩音節的新組合「嚟㗎」。我們猜想在「嚟」的發展過程中，後來一定是常和「嘅」連用，沿用既久，就成了一個雙音節的助詞「嚟嘅」。再通過和「啊」的合音，於是這個雙音節的助詞也可以說成「嚟㗎」。

　　為什麼在眾多助詞中，「嚟」會經常選擇和「嘅」配合？這也許是和另一個句型有關。請看下面這些句子：

（40a）佢係<u>幾時</u>嚟嘅？（他是什麼時候來的？）

（40b）佢係<u>點樣</u>嚟嘅？（他是怎麼來的？）

我們都知道這是表過去的句式，重點不在動詞「嚟」，而側重在「幾時」、「點樣」這些更重要的資訊。用法和現代漢語中的「是 …… 的」用法基本一樣，前人討論甚詳。[31]

　　我們試把這些句子和下面表判斷的「嚟」字句比較：

（41）　佢係<u>邊個</u>嚟嘅？

雖然此「嚟」不同彼「嚟」，但是句子排列基本一樣。

31　這種「是 …… 的」字句的變化，粵語和現代漢語稍有不同。現代漢語的句式「是 V 的」，要是 V 之後帶有賓語，賓語可以移到 V 之後，例如：「他是昨天考試的」→「他是昨天考的試」。粵語不容許這樣移位。

(42)　　N1係 – 疑問詞 – 嚟嘅

　　　　幾時

　　　　點樣

　　　　⋯⋯

　　　　邊個

疑問詞自然是句子的資訊重點，而且這種資訊重點都涉及過去。
(40a) 和 (40b) 是指已經發生的事件，「嚟」是主要動詞，表已然句型
的標誌則是句末的「嘅」或「嘅啊」的合音「㗎」。而 (41) 問「邊個」是
判斷句，「邊個」的身份當然是根據過往的認識或資料來說明；但是
「嚟」並不表示「來去」的趨向，它標誌的是另一種語用功能。可是由
於幾個句子的排列過分相似，於是借用他者的結構，作為自己的變
形，「嚟嘅」或「嚟㗎」也就成為這種句子的慣常助詞，再通過語言的
翻譯，成為普通話中的「來的」，也可以借「來的」形式出現在書寫文
字中。

11. 結語

　　早期粵語中的「嚟」用法多元，由表趨向的本義而轉化為各種
語義語用的延伸，由動詞而虛化為其他句構的標誌。這轉化背後的
機制和軌跡，我們也許可以這樣來理解。「嚟」原是動作動詞，表趨
向，從A點朝向B點移動，而B點一般就是說話者所在之處，話語
也就以說話者為空間和時間的定點，話語所涉及的一切活動都以這
定點為最終指向。從空間的層面來看，物件在空間的移動也可以是
指物件的移交，從A手轉交到B手，而B正是說話者本身，用「嚟」
可以顯示這物件移交趨向定點，於是「嚟」就成為受惠者或間接賓語
的標誌。空間的移動其實也牽涉到時間的運行。要是說話者為了B
目的而進行A動作，B是話語的定點，從時間層次來看，事件發展

在時間上是從A到B，整個事件也是朝著B定點進行，句子用「嚟」來描述動作前後的關係，標誌目的。「嚟」以當下的時空為定點，過去的事件朝著現在進展，於是倒述過去發生的事，也可以用「嚟」來表示過去和當下之間的緊密關聯，「嚟」出現在表過去動作之後，正說明這「已然」事件朝著「當下」而來，標誌說話者當下對已然事件的關注。再進一步，「嚟」可以從時空的移動而轉為意念的突顯，說話者以我為定點，陳述自己的要求，成為「祈使句」的標誌；或加強語氣，成為「肯定」句的標誌；也可以是從我的角度對人對物作出主觀的描述或界定，成為「判斷」句的標誌。

動作 → 說話者所在	（空間）	
動作 → 說話者目的	（時間：事件先後）	
動作 → 說話者受惠	（間接賓語）	
動作 → 說話者意念	（祈使）	
動作 → 說話者意念	（肯定）	
事件 ⟷ 說話者當下時間	（時態）	
判斷 → 說話者當下的關心	（判斷）	

「嚟」和「去」是粵語中表示趨向的主要動詞，而「嚟」的用法通過語義延伸而發展出許多新的功能。我們根據十九、二十世紀粵語材料中的諸多例句而歸納出「嚟」在這一百多年間的一些使用情形。這些變化當然是所謂語法化的演變結果，由一種功能而發展延伸到另一種功能。我們試按語料時代前後大略列舉各種功能的使用情形，以供參考。但是由於我們的語料只限於過去一百多年的用例，而各種功能大體從十九世紀開始已經並存，所以暫時還不能看出或擬構整個語法化的過程和各自之間的先後。不過，就因為我們還保留了這些語料，我們才發現早期粵語中有一些「嚟」的用法在現代粵語中已經完全消失。也正因為歷時的變化在十九世紀的文本中留下痕跡，我們才可以比較深入了解粵語中「嚟」的來去緣由和踪跡。

　　下面以表格形式，表示「嚟」在十九和二十世紀不同語料中表現的功能。

	表趨向	表趨向	表目的	表受惠	表追述	表祈使	表肯定	表判斷
	動詞	補語	V1-嚟-V2	V-嚟-N	S-嚟	S-嚟	S-嚟	N1係N2嚟
1828 Morrison	+	+	+		+	+		
1841 Bridgman	+	+	+	+	+	+	+	+
1874 Dennys	+	+	+	+	+	+	+	+
1877 《合璧》	+	+	+	+	+		+	
1877 Eitel	+	+	+	+	+			
1883 Ball	+	+	+		+			
1888 Stedman & Lee	+	+	+	+	+	+		
1888 Kerr	+	+	+					
1900 《粵謳》								
1903 《指南》	+	+	+	+	+	+		+
1912 Ball	+	+			+	+		
1926 Cowles	+	+	+					
1930 譚季強	+	+	+		+		+	+
1932 《粵語》								
1947 Chao	+	+	+					+
今日	+	+	+		+	+		+

附：早期粵語語料書目

1828 Morrison, Robert. *Vocabulary of the Canton Dialect*《廣東省土話字彙》. Macao: The Honorable East India Press.

1841 Bridgman, C. Elijah. *A Chinese Chrestomathy in the Canton Dialect*. Macao: Wells William.

1870 Chalmers, John. *An English and Cantonese Pocket-Dictionary*《英粵字典》. 3rd edition. Hong Kong: London Missionary Society's Press. (1st edition, 1859.)

1874 Dennys, Nicholas B. *A Handbook of the Canton Vernacular of the Chinese Language*. London: Trubner & Co.; Hong Kong: China Mail Office.

1877 *Easy Phrases in the Canton Dialect of the Chinese Language*《英華常語合璧》. 2nd edition. San Francisco: Bruce's Printing House.

1877 Eitel, Ernest J. *A Chinese Dictionary of the Cantonese Dialect*. London: Trubner & Co.; Hong Kong: Lane, Crawford & Co.

1883 Ball, J. Dyer. *Cantonese Made Easy*. 1st edition. Hong Kong: China Mail Office. (2nd edition, 1888; 3rd edition, 1907; 4th edition, 1924.)

1888 Stedman, T. L., and K. P. Lee. *A Chinese and English Phrase Book in the Canton Dialect*《英語不求人》. New York: William R. Jenkins.

1888 Kerr, J. G. *Select Phrases in the Canton Dialect*. 3rd edition. Hong Kong, Shanghai, Yokohama, Singapore: Kelly & Walsh. (7th edition, 1921.)

1900s 《正粵謳》。廣州：第七甫五桂堂。

1903 《粵音指南》。香港：聚珍樓。

1912 Ball, J. Dyer. *How to Speak Cantonese: Fifty Conversations in Cantonese Colloquial*. 4th edition. Hong Kong, Shanghai, Singapore, Yokohama: Kelly & Walsh.

1920 Cowles, Roy T. *Inductive Course in Cantonese*. Hong Kong, Hankow, Singapore, Shanghai, Yokohama: Kelly & Walsh.

1932 李一民。《粵語全書》。上海：上海印務局。

1933 譚季強。《通行分類廣州話》（第七版）。廣州：東川三馬路達光號。（第一版，1925。）

1947 Chao, Yuen Ren. *Cantonese Primer*《粵語入門》. Cambridge: Harvard University Press.

參考文獻

方小燕。2003。《廣州方言句末語氣助詞》。廣州：暨南大學出版社。

李新魁。1994。《廣東的方言》。廣州：廣東人民出版社。

張洪年。1972。《香港粵語語法的研究》。香港：香港中文大學。

———。2007。《香港粵語語法的研究》（增訂版）。香港：香港中文大學出版社。

梁仲森。2005。《當代香港粵語語助詞的研究》。香港：香港城市大學語言資訊科學研究中心。

詹伯慧。2002。《廣東粵方言概要》。廣州：暨南大學出版社。

劉倩。2007。關於粵語句末助詞「嘞」的比較研究。《第十屆國際粵方言研討會論文集》。北京：中國社會科學出版社，頁370–376。

鄧思穎。2015。《粵語語法講義》。香港：商務印書館。

Chao, Yuen Ren. 1968. *A Grammar of Spoken Chinese*. Berkeley, Los Angeles: University of California Press.

Chin, Andy Chi-on. 2009. *The Verb GIVE and the Double-Object Construction in Cantonese in Synchronic, Diachronic and Typological Perspectives*. Doctoral dissertation. University of Washington.

Matthews, Stephen, and Virginia Yip. 1994. *Cantonese: A Comprehensive Grammar*. London; New York: Routledge.

Yiu, Carine Yuk-man. 2005. *Spatial Extension: Directional Verbs in Cantonese*. Doctoral dissertation. The Hong Kong University of Science and Technology.

———. 2014. *The Typology of Motion Events: An Empirical Study of Chinese Dialects*. Berlin; Boston: De Gruyter Mouton.

原載《中國語文通訊：第二十屆國際粵方言研討會》（香港：香港中文大學吳多泰中國語文研究中心，2018），頁17–39。

Cantonese Made Easy

早期粵語中的語氣助詞

PINYIN.

Yes, (affirmative).

Yes? (indicative of great surprise).

Yes, (you are right it is so).

Yes, (indeed it is so).

Yes, (didn't I say it was so, or I told you

Yes? (yes? Oh! is it so?)

Yes? ('tis so, isn't it?)

Yes? (it is indeed so, is it not?)

Yes? (the same).

Yes, ('tis so).

Yes, (it is so indeed).

It's so, I think.

I think, yes—I think it so, is it not?

Yes, all right.

Yes, that's it.

It's so, is it not, eh?

Oh! it's so, is it indeed?

Yes, 'tis so.

'Tis so, I think.

It's so, isn't it?

Indeed it's so?

There, isn't it so now?

1. 係, Hai²
2. 喺, 'Hai?
3. 係哩, Hai² le
4. 係啊, Hai² o
5. 係嘸, Hai² ne
6. 係咩, Hai² me?
7. 係嗎, Hai² má?
8. 係嗎, Hai² má?
9. 係麼, Hai² mò?
10. 係叮, Hai² á
11. 係呀, Hai² á
12. 係吶, Hai² kwá
13. 係吶, Hai² kwá
14. 係囉, Hai² lo
15. 係咯, Hai² lo
16. 係囉嗎, Hai² lo má?
17. 係囉咩, Hai² lo me?
18. 係囉, Hai² lo
19. 係囉吶, Hai² lo kwá
20. 係囉吶, Hai² lo kwá

提要：粵語的句末語氣助詞非常豐富，而且使用頻率極高，在中國方言中是一個比較特殊的現象。研究方言歷史語法的，因為口語材料難找，比較少注意語氣詞的表現和演變。本文選取一本十九世紀編寫的粵語教科書，對早期粵語語氣助詞的發展大概，作初步探討。

　　Cantonese Made Easy 是英國人 James Dyer Ball（1847–1919）編寫的一部粵語教材，前後四版，在香港出版。全書15課，每課32句，都是口語對話。課文分別用漢字和拼音寫成，另附英文翻譯。書中句子，70%以上都帶有句末助詞，以單句算，約五百條。書後附助詞表，開列七十多項。本文根據1888年版各句每字的實際記音、英語對譯，並 Ball 提供的語法解釋，對當時語氣助詞的語音、語用實況作比較全面的分析，並嘗試建立一個語氣助詞的語音架構。

關鍵詞：粵語、語氣助詞、歷史方言語法、*Cantonese Made Easy*

1. 引言

　　句末使用語氣助詞是漢語語法的一大特點，也是研究漢語語法一個比較困難的課題。語氣助詞，顧名思義，主要是表達說話語氣的輕重虛實。不同的助詞，可以表強調、表婉轉、表陳述、表疑問等。它的具體實義，有時不容易掌握。語音表現形式也比較多變化，尤其是在聲調方面，往往會根據上下文意而高低有所改動。所以歷來研究漢語方言語法，對處理語氣助詞的文章相對地比較少。從歷史語法角度探討方言語氣助詞的使用，更是罕見。原因很簡單：用口語寫成的歷史方言材料本不多見，而在少有的歷史方言材料中，雖然記錄了當日語氣助詞的確實用法，但今日應如何理解、如何分析，還有待斟酌。本文試選取一本十九世紀寫成的粵語教學課本作材料，對早期粵語中的語氣助詞作一初步探討。

　　粵語中的語氣助詞數量特別多，用法靈活多變化。聲調升降稍一改動，往往會影響說話的語氣和句子的訊息。對初學粵語的人來說，如何掌握語氣助詞是一種考驗；對研究粵語的學者來說，如何分析語氣助詞更屬一種挑戰。二十世紀六十年代初，詹伯慧在《漢語方言概要》的〈粵語〉一章中對廣州話語氣助詞的使用，作了詳細的描述。1972年張洪年《香港粵語語法的研究》對六十年代香港粵語中的助詞現象，也作過比較深入的分析。1991年梁仲森出版《香港粵語助詞的研究》，2003年方小燕出版《廣州方言句末語氣助詞》，更是有系統地對兩地粵語中的語氣助詞作全面性的論述。

2. *Cantonese Made Easy* 簡介

2.1. 前人對粵語語氣助詞的研究，以共時描述為主，時間上限是二十世紀五十年代或六十年代。五十年代以前的粵語，我們所知有限。但是粵語中語氣助詞豐富的現象，當不始自五十年代。近年大批早期材料陸續面世，當可為證。現摘取一段十九世紀的教學材料

為例（見下圖），句中的語氣助詞加圈為標記。引文共32句，幾乎每句都有語氣助詞，由此可見使用之頻繁。

這一段課文錄自 *Cantonese Made Easy*（下文簡稱CME），作者是 James Dyer Ball（1847–1919）。Ball是英國人，在香港生長，能操多種中國方言，並曾編寫各種不同方言的教學材料。[1] 有關粵語教學就出版過多種教材，其中尤以CME最為重要，前後四版，而第四版更是在Ball逝世後出版，更可見其受歡迎之廣。

第一版：1883, Hong Kong: China Mail Office.

第二版：1888, Hong Kong: China Mail Office.

第三版：1907, Singapore, Hong Kong, Shanghai, Yokohama: Kelly & Walsh.

第四版：1924, Hong Kong: Kelly & Walsh.

---

1 關於Ball的生平，請參看H. J. Lethbridge在1982年重版*Things Chinese*的序言。

　　CME在40年間四版，前後頗有修訂。但在語氣助詞使用方面，卻改動不大。本文研究以1888年版為準。[2] 本來在Ball以前已經頗有一些為西洋人學習粵語而編寫的字典或教科書，[3] 二十世紀以後，粵語教材更見普遍。我們這裏只選用Ball的CME，主要原因是語氣詞用法可能因人而異，雜採眾家說法，或許不容易整理頭緒。Ball對粵語的語感敏銳，觀察精微，而CME一書對語氣助詞的分析，遠較其他教材詳細。所以我們以CME作探討的首要對象，以此為切入點，先作分析，以便將來再和其他材料比較，進行更深入的研究。

2.2. CME一書共15課，每課32行，採用對話形式，以淺白口語，把中國社會中各種情形，包括家庭、教育、醫藥、司法、宗教等等都大略交代，作為進階的認識。每課課文分四欄排列，漢字一欄，拼音一欄，左右再分列兩欄翻譯，一欄是逐字直譯，一欄是每一個句子的意譯。因為每句都附有羅馬注音，聲韻調並連同變調，都一一注明。[4] 所以我們根據全書記錄，可以對當時整個語音系統有一個全面而確實的了解。語氣助詞在書中歸為Finals，也就是說附於句末的助詞。課文中每一個語氣助詞的發音及音調高低，都標注得十分清楚。從翻譯部分，我們可以知道助詞使用的上下文意和語境。書後更附有語法講義，前後數十頁，其中也包括對語氣助詞的一些具體描述。整體而言，CME對我們研究早期粵語的語氣助詞，是一項十分重要的語料。

2　關於語氣助詞的使用，各版本之間還是略有差別。例如1888年版，第6課第19句作「你出年娶咩」，1907年版則作「你出年娶老婆喇咩」，句末助詞稍有不同。

3　現存最早的粵語教材是Robert Morrison在1828年出版的粵語詞典 *A Vocabulary of the Canton Dialect*。1841年有Elijah C. Bridgman的 *Chinese Chrestomathy*，全書七百多頁。

4　請參看文末插圖。

3. CME書中出現的語氣助詞

3.1. 我們先看CME使用語氣助詞的大概。下面開列15課課文中使用語氣助詞的統計數字。

課文	句子	帶助詞	%
1	48	37	77%
2	53	43	81%
3	43	34	79%
4	44	35	80%
5	45	36	80%
6	40	24	68%
7	35	12	34%
8	42	19	45%
9	44	41	93%
10	38	36	95%
11	40	33	83%
12	44	39	87%
13	49	28	61%
14	48	32	67%
15	56	41	73%
共計	**669**	**490**	**73%**

　　綜觀全書單句669句，句末有語氣助詞的共490句，佔總數的73%。有的課文如第10課，共38句，用助詞的有36句，佔95%；最少的也有34%，如第7課。鄧思穎(2002)曾對當今粵語口語中使用語氣助詞的現象進行研究。他把電視和廣播電台的節目錄音謄寫，一共得到893句，而使用語氣助詞的句子有601句，佔67%。單從百分比來看，這兩種語料前後相差一百多年，但都呈現同樣的語言現象，也就是語氣助詞極其常見。從十九世紀的CME到今日二十一世紀，粵語多用語氣助詞的習慣一直未變。

　　粵語語氣助詞使用既頻，而助詞本身數目亦多。根據梁仲森（2005）的研究，現代粵語共有95項語氣助詞，變化繁複，這裏不容細舉。然而一百年前的粵語究竟有多少語氣助詞？CME書後附有一列，共76項（見下圖），雖比梁書所列為少，但仍然頗為可觀。

　　本文即以CME開列的語氣助詞和全書近七百句的實例為基本材料，進行研究。根據例句使用的上下文語境和書中所附的英文翻譯，我們可以比較確切地理解各語氣助詞的具體語用和語義。Ball的語法講義，對我們整理十九世紀粵語語氣助詞的系統，也極備參考之用。

1. ₍A, 吖, interrogative, emphatic, or merely euphonic.
2. A', 呀, emphatic, or merely euphonic.
3. A², 呀, emphatic, more so than the last.
4. ₍Chá, 喳, cautionary, or restraining.
5. 'Chá, 喳, stronger, or more urgent than the last.
6. Chá', 咋, cautionary, or restraining, or delaying, but rarely implying doubt.
7. ₍Che, 唭, or 遮, implying limitation.
8. Che', 啫, implying limitation, &c.
9. 'Chá, 啫, implying limitation, but stronger than the last.
10. ₍Chí, 吱, emphatic.
11. ₍Cho, or 'chö, 咽 emphatic.
12. ₍E, 唉, interrogative.
13. ₍Ká, 咖 }
14. Ká', 嘛 } emphatic-affirmative.
15. Ke', 嘅, somewhat similar to the last, or simply euphonic.
16. Ko', 个, same as last.
17. ₍Kwa, 㗎, implying doubt, or some degree of probability; there is also an expectancy of a reply sometimes expressed in it,—a reply which will solve the doubt, or intensify the probability.
18. Kwá', 㗎, the same as last.
19. ₍Kwo, 喎, }
20. Kwo', 喎, } the same as last.
21. ₍Lá, 喇, emphatic, or simply euphonic.
22. Lá², 嚹, implying certainty, or simply euphonic.
23. Lak₁, 呖, emphatic.
24. ₍Le, 哩, affirmative.
25. 'Le, 哩, same as last.
26. Le', 唎, imperative, or emphatically affirmative.

27. Le, 哩,
28. ʻLe, 哩,
29. Le², 啦,

> The best way to indicate the difference between these two series of Les may be best illustrated by supposing a traveller was telling a tale the truth of which he could see was doubted by his auditors. He might use any of the second series of Finals in replying to any question put to him in which he could plainly see there was doubt felt by the questioner; but supposing his tale concluded and corroborative evidence proving that his marvels were truths, then the former series would be employed by him, their use giving a slight trace of jubilant triumph, which, if expressed in English colloquial, might be, "There you see that's just what it is."

30. Lo, 囉, affirmative, or emphatic.
31. Lo², 囉, same as last.
32. Lok₀, 咯, the same as last, but intensified in its sense.
33. ʻMá, 嗎, simply interrogative, or interrogative combined with surprise.
34. ʻMá, 嗎, interrogative and expecting an affirmative reply.
35. Má², 嗎, interrogative: asking certainly as to any matter.
36. ₍Má, 嘛, same as last, or the meaning might be expressed by "(I told you so before), now isn't it so?"
37. ʻMá, 嗎, interrogative, and expecting an affirmative reply.
38. Má², 嗎, affirmatively-interrogative.
39. ₍Me, 咩, interrogative, or expressing some surprise as well, as—"Is it so?"

40. ₍Mo, 麼,
41. ʻMo, 麼, } interrogative, implying doubt.
42. Mo², 麼,

43. ₍Mo, 麼,
44. ʻMo, 麼, } simply interrogative, used after hearing anything said, having the sense of,
45. Mo², 麼, } "Oh! that's what it is, is it?"

46. Ná, 那,
47. Ná², 那, } emphatically demonstrative.

48. ₍Ne, 嘛,
49. ʻNe, 嘛,
50. Ne², 嘛, } emphatically demonstrative, used when one might say in English, "There
51. ʻNe, 嘛, } now, what I said was true you see."
52. Ne², 嘛,

53. ₍Ne, or more commonly ₍ni, 呢,
} interrogative, or emphatically demonstrative.
54. ₀Ne, or ₀ni, 呢,

55. ₍O, 啊,
56. O², 啊, } strongly emphatically affirmative.   The first is rarely used.
57. O², 啊,

58. Pe², 嗶, interrogative.
59. Peï², 嗶, affirmative.
60. Po², 嚿, very emphatic, used often after the final 囉 lo².

61. Wá², 話,
62. ʻWá, 話, } denoting that the statement preceding it has been made by some one
63. Wá², 話, } before.

64. Wo₀, 喎,
65. ₍Wo, 喎, } same as above.
66. Wo², 喎,

67. ₍Yá, 吔,
68. Yá², 吔, } affirmative.
69. Yá², 吔,

70. ʻYá, 吔, } expressing slight surprise.
71. Yá², 吔,

72. Yák₀, 喫,
73. Yák₀, 喫, } affirmative.
74. Yák₀, 喫,

75. Yo², } expressive of surprise.
76. Yo²,

3.2. 説話的語氣本來就不容易用文字記錄，粵語語氣助詞所反映的語氣，更不容易通過英語來説明。Ball深明這個中難處。他在CME中指出：

> Though the Final Particles so freely used in Chinese have in most cases no exact meaning as separate words, yet they often throw a strong emphasis upon the sentence, and express in the clearest manner whether it is Interrogative or Affirmative; whether the speaker is simply assenting to some propositions that is stated, or expressing surprise at it; whether a simple statement is being made, or whether it is being stated in the most positive manner, and with all the possible emphasis; or whether the speaker is not very sure of what he says, and with this uncertainty asks in an indirect manner whether it is so, or not. It will thus be seen that such words as these express different feelings, and modulations of intensity of such feelings, and bring out different shades of meaning as they are used singly, or in combinations (very much as stops are used in an organ to modulate, and intensify the sound of music). It will be seen that such words as these are very difficult, or impossible even of translation into English where accent and emphasis alone do their work to a great extent.[5]

Ball在書後語法部分列舉26個短句，都是以「係」為例。[6] 一個簡單的「係」相當於英語的 "yes"，但一經配搭不同的助詞，表達的語氣就大有分別。Ball嘗試用不同的英語句子，或是另加説明，來解釋語氣和意義上的差異。

5　CME，頁112。

6　CME，頁115–116。

1.	係, Hai²	Yes, (affirmative).
2.	喺, ꞌHai?	Yes? (indicative of great surprise)
3.	係哩, Hai² ₍le	Yes, (you are right it is so).
4.	係啊, Hai² ₍oꞌ	Yes, (indeed it is so).
5.	係呱, Hai² ₍ne	Yes, (didn't I say it was so, or I t
6.	係咩, Hai² ₍me?	Yes? (yes? Oh! is it so?)
7.	係嗎, Hai² ₍má?	Yes? ('tis so, isn't it?)
8.	係嗎, Hai² má²?	Yes? (it is indeed so, is it not?)
9.	係麼, Hai² mòꞌ?	Yes? (the same).
10.	係叮, Hai² ₍á	Yes, ('tis so).
11.	係呀, Hai² ₍áꞌ	Yes, (it is so indeed).
12.	係呱, Hai² ₍kwá	It's so, I think.
13.	係 ₍呱, Hai² kwáꞌ	I think, yes—I think it so, is it not
14.	係囉ꞌ, Hai² ₍lo	Yes, all right.
15.	係咯, Hai² lok₍.	Yes, that's it.
16.	係囉嗎, Hai² loꞌ máꞌ?	It's so, is it not, eh?
17.	係囉咩, Hai² loꞌ ₍rue?	Oh! it's so, is it indeed?
18.	係囉, Hai² loꞌ.	Yes, 'tis so.
19.	係囉呱, Hai² loꞌ kwáꞌ	'Tis so, I think.
20.	係囉呱, Hai² loꞌ ₍kwá	It's so, isn't it?
21.	係唉, Hai² ₍e	Indeed it's so?
22.	係唔係呢, Hai² ₍m hai² ₍ni?	There, isn't it so now?
23.	係唔係嚥, Hai² ₍m hai² ₍ne?	Is it so, or not? or simply Is it so
24.	係唔係呀, Hai² ᵐ hai² áꞌ?	Is it so, or not? or simply Is it so
25.	係唔係叮, Hai² ₍m hai² ₍á?	There, didn't I tell you it was so
26.	係唔係啊, Hai² ₍m hai² oꞌ?	Do tell me is it so, or not?

外語對譯，本不易拿捏。Ball 在列舉例句之時，更慎重地指出翻譯或說明的不足：

> Of course the learner will understand that the English words
> that appear . . . , opposite the Chinese, do not appear in the
> Chinese, but where a certain state of feeling is given expression
> in English in certain words, the same feeling would probably
> cause the Chinese words that are opposite the English to be
> uttered. It is thus rather a free translation without which it would
> be impossible to convey anything of the sense of these enclitic
> particles.[7]

7　CME，頁125。

不過，倘若沒有Ball的嘗試和努力，我們就沒有認識舊日粵語實況的可能。本文的討論還是根據Ball的語感和翻譯，重新整理十九世紀的語氣助詞使用概況。

3.3. Ball在CME中列舉76項語氣助詞（頁111–115），但是他同時指出這些助詞有一半以上不見於任何詞典。[8] 我們翻檢全書，把各課文中所有出現過的語氣助詞一一排列出來，也只有27項。我們下面先把原來的76項助詞按拼音排列。粵音九調，拼音中的聲調以數目字標寫，容後再作討論。但是書中不曾出現的助詞，則以暗格表示。

a1	吖	la1	喇	mo2	麼	wa3	嗱
a3	呀	la3	嗱	mo3	麼	wa5	嗱
a6	呀	lak9	嘞	mo4	麼	wa6	嗱
cha1	嗻	le1	哩	mo5	麼	wo3	喎
cha2	嗻	le2	哩	mo6	麼	wo4	喎
cha3	咋	le3	喇	na4	那	wo6	喎
che1	呪、嚦	le4	哩	na6	那	ya1	吔
che3	啫	le5	哩	ne1	嘅	ya3	吔
cha2	啫	le6	喇	ne2	嘅	ya4	吔
chi1	吱	lo1	囉	ne3	嘅	ya5	吔
cho2	咽	lo3	囉	ne5	嘅	ya6	吔
e1	唉	lok8	咯	ne6	嘅	yak7	喫
ka1	咖	ma1	嗎	ni1	呢	yak8	喫
ka3	嘎	ma2	嗎	ni10	呢	yak9	喫
ke3	嘅	ma3	嗎	o1	啊	yo3	×
ko3	個	ma4	嘛	o3	啊	yo6	×
kwa1	啩	ma5	嗎	o6	啊		
kwa3	啩	ma6	嗎	pe3	嘭		
kwo1	喎	me1	咩	pei6	嘭		
kwo3	喎	mo1	麼	po3	嘭		

8　"Considerably more than half of the above Finals and their Variants do not appear in any dictionary." CME，頁125。

　　查表中所列而真正在課文出現的語氣助詞只有26項，而非27項。原因是課文中有助詞「啫」chek7，但是並沒有收入書後的語氣助詞總表中。所以，要是把這一條也算進去，總數當是77項。我們且把這27項語氣助詞重新開列如下：

1. 吖	a1		10. 嘅	ke3		19. 嗎	ma5
2. 呀	a3		11. 個	ko3		20. 咩	me1
3. 呀	a6		12. 啩	kwa3		21. 咯	lok8
4. 嗏	cha2		13. 喇	la1		22. 呢	ni1
5. 咋	cha3		14. 嚹	la3		23. 啊	o3
6. 呎、嚧	che1		15. 囉	lo1		24. 啊	o6
7. 啫	che3		16. 囉	lo3		25. 嚤	po3
8. 啫	chek7		17. 嗎	ma1		26. 喎	wo3
9. 㗎	ka3		18. 嗎	ma3		27. 喎	wo6

4. 語氣助詞和聲調的關係

4.1. Ball書中開列這許多語氣助詞，有許多是同一個音節的不同聲調變化。Ball說，同一個語氣助詞可以用不同的聲調來說，表達的意思輕重有別。[9] 也就是說，一個助詞可以有不同的變體（variants），由聲母韻母組成的基本音節不變，但是聲調可以配合語氣而發生變化。我們按此道理，可以將原來76項助詞重新分析，只看聲韻部分，不管聲調，歸納為32個音節。[10]

9　　CME，頁115。

10　表中音節排列，根據聲母橫排。CME全書所列語氣助詞只有兩類音節：以元音為韻母的開音節和以塞音-k收尾的音節。翻閱全書，沒有收-p或收-t的韻尾，也沒有收鼻音韻尾的音節。也就是說，語氣助詞以陰聲韻為主，入聲韻只有收-k一類。傳統音韻排列，陰陽入相配，自成組合。但粵語助詞的語音組合，陰陽並不配搭。chek排入ch-一欄，lak和lok排入l-一欄，yak排入y-一欄。請參看下文第5.1節。

a	e		o		
cha	che	chi	cho	chek	
ka	ke		ko		
kwa			kwo		
la	le		lo	lak	lok
ma	me		mo		
na	ne	ni			
	pe	pei	po		
ya			yo	yak	
wa			wo		

4.2. 從聲調角度來討論，我們先要了解一下當日的聲調系統。根據 CME 書中描述，十九世紀的聲調大抵和今日相似，分四聲九調。四聲也就是平上去入，各分陰陽，陰入再分上下。[11] 至於各調調型和調高，Ball 在其他文章中曾作描述。我們這裏且把 CME 的聲調系統圖表如下。表中先分四聲。四聲各分上下，「上、下」是 Ball 的叫法：the upper and lower series，[12] 相當於傳統的陰陽之分。Ball 的標調法，是在字的四角加半圓圈，左下角表平聲，左上角表上聲，右上角表去聲，右下角表入聲。半圈底下加橫線表陽聲調，不加橫線表陰聲調。我們在文章中簡為 1 至 9 調。[13]

11　CME 對聲調的處理十分詳盡。書前總論部分以 20 頁篇幅（頁 xviii–xxxviii）描述各聲調的音高變化。請參看張洪年 (2000) 對 CME 聲調系統的討論，亦見本書，頁 91–117。

12　CME，頁 xxiv。

13　助詞總表中，「呢」有兩條，一條注音是 ni1，另外一條作 ni10。調號 10 代表變調，屬高平調。

我們從77項助詞表中抽取若干相同音節的助詞，按平上去 (1-2-3、4-5-6) 排列，看看聲調變化是否並不真正影響助詞的基本意義。

(1) 吖 a1
interrogative, emphatic,
or merely euphonic

呀 a3
emphatic, or merely
euphonic

呀 a6
emphatic, more so than
the last

(2) 嗏 cha1
cautionary, or restraining

嗏 cha2
stronger, or more urgent
than the last

咤 cha3
cautionary, restraining,
or delaying, but rarely
implying doubt

(3) 呿、嚧 che1
implying limitation

啫 che3
implying limitation,
&c.[14]

(4) 啩 kwa1
implying doubt, or some
degree of probability

啩 kwa3
same as last

(5) 哩 le1
affirmative

哩 le2
same as last

唎 le3
imperative, or
emphatically affirmative

(6) 麼 mo1
interrogative, implying
doubt

麼 mo2
interrogative, implying
doubt

麼 mo3
interrogative, implying
doubt

(7) 呢 ne1
emphatically
demonstrative

呢 ne2
emphatically
demonstrative

呢 ne3
emphatically
demonstrative

根據Ball的英文注釋，同一個音節的語氣助詞，顯然可以有幾個聲調變體，語氣可能有強弱之分，但是所表達的意思大致相同。按此道理，77項語氣助詞，實際上只有32個音節。也就是説CME語氣助詞，倘不管聲調變化，共有32項，而真正在課文中出現的只有15項，現開列如下（最右一欄即課文中的15項）。

---

14 "&c." 意思即 "etc."。

吖 a1	呀 a3	a
	呀 a6	
嗏cha2	咋 cha3	cha
呎、嚧 che1	啫 che3 chek7	che
	嘅ka3	ka
	嘅 ke3	ke
	個 ko3	ko
	啩 kwa3	kwa
喇 la1	嘞 la3	la
囉 lo1	囉 lo3	lo
	咯 lok8	
嗎 ma1	嗎 ma3	ma
嗎 ma5		
咩 me1		me
呢 ni1		ni
	啊 o3	o
	啊 o6	
	嚕po3	po
	喎 wo3	wo
	喎 wo6	

4.3. 陰聲調和陽聲調的對比

4.3.1. 粵語聲調分陰陽兩大類。CME 的語氣助詞，有的是陰陽兩類兼有，如上面所舉各例。一般而言，陰聲調調值較高，陽聲調調值較低。根據 Ball 的描述，陰陽四調的調型和調值大略如下：[15]

---

15 請參看 Ch'an and Ball (1900), "Rules for the Use of the Variant Tones in Cantonese," *The China Review* 24: 209–226。

	平 level	上 rising	去 going	入 entering	
上 high					
下 low					

我們也可以因而把粵語聲調重新排列如下：

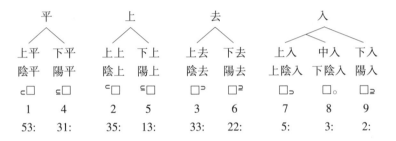

平		上		去		入		
上平	下平	上上	下上	上去	下去	上入	中入	下入
陰平	陽平	陰上	陽上	陰去	陽去	上陰入	下陰入	陽入
ͨ□	ͨ□	ͨ□	ͨ□	□ͻ	□ͻ	□ͻ	□。	□ͻ
1	4	2	5	3	6	7	8	9
53:	31:	35:	13:	33:	22:	5:	3:	2:

我們查看76項助詞總表，同一音節而兼有陰陽聲調並存的助詞，頗有一些例子。陰陽相對的關係，Ball已經注意到這一點。他在書裏特別舉le為例子，說明聲調變化的現象。le共有陰陽六調，都表示「肯定」。

(8)　le1 哩：affirmative

　　　le2 哩：same as last

　　　le3 唎：imperative, or emphatically affirmative

　　　le4 哩

　　　le5 哩

　　　le6 唎

1-2-3調屬陰調，即陰平、陰上、陰去；4-5-6屬陽調，即陽平、陽上、陽去。陰陽二分的用法，Ball特別加以說明：

The best way to indicate the difference between these two series of Les may be best illustrated by supposing a traveler was telling a tale the truth of which he could see was doubted by his auditors. He might use any of the second series of Finals in replying to any question put to him in which he could plainly see there was doubt felt by the questioner; but supposing his tale concluded and corroborative evidence proving that his marvels were truths, then the former series would be employed by him, their use giving a slight trace of jubilant triumph, which, if expressed in English colloquial, might be, "There you see that's just what it is."[16]

這也就是說：當說話人發現對方不盡相信自己的說話時，他會用陽調的 le 回答對方的質疑。不過，要是他能列出證據證明自己所說並非胡言亂語，他就會用陰調的 le，語氣比較輕鬆，勝券在握。換言之，陽調的助詞比較謹慎，語氣較重，志在說服對方；陰調的助詞比較輕快，意氣高揚。

這種陰陽區別，陽重陰輕，是否確實如此，我們且到 CME 書中尋找實例。

4.3.2. 翻閱 CME 全書 15 課，助詞陰陽聲調的最小對比，我們只找到三例。各有兩句，一句是句末的語氣助詞，屬陰去調，另一句是陽去調助詞。[17]

16　CME，頁 113。

17　查 CME 書中描述各種語氣助詞用法，驗諸今日粵語，大體依然。下文所引十九世紀用例的發音和意義，多仍見於二十世紀以後的口語。但本文只是斷代研究 CME 當年的語言，以一人一時的記錄為依歸，所以不列舉今日用法，以資比較佐證。倘有必要，則在注中說明。

(9)　　（我慌佢食鴉片煙嘅。）　　　　　　　(CME 11.27)[18]

　　　　I am afraid that he smokes opium.

(9a)　怕係|呀|a3。[19]

　　　　Perhaps he does.

(9b)　或者係都唔定|呀|a6。

　　　　I am afraid he does.

(10a)　今日好熱|啊|o3。　　　　　　　　　　(CME 3.8)

　　　　It's very hot today.

(10b)　事頭呢？出街囉。佢出街有幾耐呢？幾時翻嚟呢？

　　　　佢又冇話幾時翻嚟|啊|o6。　　　　　(CME 4.24–27)

　　　　Where is your master? He is out. How long has he been gone?

　　　　When will he be back?

(11a)　佢哋呢，和尚呢，做乜野呢？成日念經|唎|wo3。(CME 12.6–7)

　　　　What do they, the priests, do?

　　　　Read the sutras the whole day long, so they say.

(11b)　佢話乜野呢？冇銀|唎|，銀兩緊|唎|wo6。　(CME 5.1–2)

　　　　What does he say? He says he has no money.

　　　　He says he is hard up for money.

我們先看例 (9) 的兩句。(9a) 句以「怕」開頭，表「恐怕」意，英文翻譯作 "perhaps"，語氣是表「不敢肯定」。(9b) 句雖然也用「或者」開頭，以「唔定」結尾，但是從上下文來看，説話人在揣測之餘，不乏肯定的意味。相比之下，(9b) 句語氣比較強，助詞「呀」的聲調比 (9a) 句的較低，這也就是説讀陽去的 a6 要比讀陰去的 a3 顯得有力。

18　"CME 11.27" 表示 CME 第 11 課第 27 句。下文舉例，説明出處，皆同此例。

19　例句皆用漢字，語氣助詞加框，後標注音。數目字表調，1-2-3 屬陰調，4-5-6 屬陽調。句後再附英文翻譯。

例 (10) 兩句的上下文境各不相同。助詞「啊」的功能是 "strongly emphatically affirmative"。[20] (10a) 和 (10b) 兩句用「啊」都有加強語氣的功能。(10a) 句是形容句，後加助詞「啊」o3，強調天氣的炎熱，是一個描寫句。(10b) 句是說話人無法答覆別人的提問，只有強調自己的不知情，作為解釋：「老闆沒說，我怎麼會知道呢？」句子近似反詰，語氣理應較重。句末用陽調的 o6。[21] 兩句相比，陽調的 o6 比陰調的 o3 更能突出說話人的語氣心態。

例 (11) 的「喎」，Ball 認為是 "denoting that the statement preceding it has been made by some one before"。[22]「喎」是粵語中一個獨特的語氣助詞，表示說話人在轉述別人的話語，有「別人所云，如是我聞」的意思。(11a) 句的意思是「成日念經」是和尚自己的說法，說話人不一定贊同，也不必為這話負責。英文翻譯作 "so they say"，正是這個意思。(11b) 句也是因引用別人的說話，一來沒錢，二來週轉不靈，手頭很緊。兩句相比，(11b) 句的情況特別嚴重。(11a) 句用的是陰調的 wo3，(11b) 句用的是陽調的 wo6。

4.3.3. 上舉三例，都是陰去和陽去的對比。陰去是中平調，陽去是低平調，高低分別十分清楚。從句子文義來看，句末助詞的聲調高低和語氣輕重似乎有著必然的關係。Ball 對聲調陰陽系列分工的描述，頗有道理。可惜，這樣的對比例子很少，也沒有陰平和陽平的對比、陰上和陽上的對比或陰入和陽入的對比，希望以後可以再從其他的語料中找到實例研究。

20　CME，頁 114。

21　今日粵語，句末可以用 wo3，表示引述句。請參看例句 (11b)。

22　CME，頁 114。

4.4. 陰平和陰去的對比

4.4.1. CME 材料中的 27 項語氣助詞，按聲調排列，分佈如下：

	平		上		去		入	
	陰	陽	陰	陽	陰	陽	陰	陽
	7	1	1	0	13	3	1	1
	26%	4%	4%		48%	11%	4%	4%

從數字顯示，陰去的語氣助詞最多，共 13 項，佔 48%，差不多是課文中出現助詞的一半。與陰去相對的陽去只有 3 項，佔 11%。陰平的助詞反而倒有 7 項，佔 26%。其他聲調的助詞出現極少。從調高的角度來看，陰平是高降調 53:，陰去是中平調 33:，陽去是低平 22:，正是高、中、低三種音高的對比。

陰平	陰去	陽去
53:	33:	22:
高 ——	中 ——	低

我們翻看 Ball 列舉 76 項語氣助詞，陰平助詞佔 25%，陰去佔 28%，陽去佔 16%，其他聲調的詞共佔 31%，也顯示同樣的高中低的對比。三調之中，尤以高調的陰平和中調的陰去助詞最多。

4.4.2. Ball 在語法部分討論語氣助詞的時候，特別提到這調高的區分。他指出有的語氣助詞有上平和上去兩種説法。所謂上平也就是高調的陰平，所謂上去就是中調的陰去。而上平的變體要比中平的變體顯得語氣更強。

> If the same final is put into a 上平 and 上去, the former has generally more emphasis of meaning than the latter.[23]

23　CME，頁 115。

我們查看他的76項總表，每個語氣助詞後面都附有英文注解，而 "emphatic" 一詞隨處可見，並不只限於上平助詞。如「吖／呀」陰調平、上、去三聲都注有 "emphatic"，[24]「嚧」陰調平上去和陽調上去都作 "emphatically demonstrative"，[25] 所以總表中的注釋並不能說明陰平和陰去分工的情形。我們只有從課文中找尋例句，從上下文來看陰平和陰去的區分是否果如 Ball 的描述，可以分辨語氣輕重。

4.4.3. che1 呰／嚧：che3 啫

「呰／嚧／啫」的寫法雖然不同，聲調有別，但是 Ball 都注釋為 "implying limitation"，也就是「只不過……而已」的意思，所以應該算是一個語氣助詞 che 的聲調變體。陰平和陰去的變體究竟有沒有區別語氣的功能？我們從書裏找到下面一些例子。

(12) 閒事嚧che1，冇相干咯。 (CME 3.29)
It's only a trifling matter. It's no matter.

(13) 我講笑話啫che3，你見怪咩？ (CME 4.17)
I am only jesting. Do you think it strange?

(14) 我唔係做學生吖。我不過嚟坐吓呰che1，嚟見吓個教館先生啫che3。
I do not belong to this school. I have only come to visit—to
see the teacher. (CME 15.17)

(12) 和 (13) 兩句的 che，一個陰平，一個陰去，都表示 "only"，雖然聲調有別，但是語氣上是否輕重有別，從上下文並看不出來。句 (14) 的 che1 和 che3，卻顯得出前後兩句說話的語氣重點。前一半是否認別人的看法——我不是學生，我只不過是來看看而已。因為是要糾正別人的錯誤印象，所以語氣較重。後一句是補充前半的說

---

24 CME，頁112。

25 CME，頁114。

話，説明自己來學堂的目的 —— 只是來看看教書先生罷了，語氣放軟。倘若兩句都用高調的che1，説話似乎有點不客氣。[26] 從話語角度來看，語氣輕重確實會影響語氣助詞的聲調高低。Ball的看法頗有道理。

4.4.4. lo1 囉：lo3 囉

陰平調的lo1和陰去調的lo3，Ball都解作是"affirmative"或"euphonic"的標誌，表示肯定的語氣，或者是放緩語氣，聽起來比較溫和。CME課文中用lo3的例子很多，用lo1的只有一句。

（15）　佢肚餓囉lo3……俾野佢飲囉lo1。　(CME 6.21–22)

He is hungry. . . . Give him something to drink.

句 (15) 其實是同一課文的兩句説話，前後相承。前一句是描述句，後一句是祈使句或命令句，語氣自然很不一樣。用高調的lo1可以強化命令的語氣，帶出事情的迫切。描述句並沒有迫切性，用較低的lo3也許比較合適。請比較下面這一句：

（16）　你發熱囉lo3。我俾藥水你食。　　　 (CME 11.16)

You have fever. I will give you a draught.

句 (16) 同樣是前後相承的兩句，前句描述事件，後句敍説行動。描述部分用的助詞是陰去的lo3。行動句沒有助詞，不過我們可以猜想假如説話人在句末加上一個lo，以表示強調，這個助詞應當是一個高調的lo1。CME各課文中出現lo3的27處，很多都是和描述句有關，但是lo1僅 (15) 一句。關於祈使句用陰平高調的情形，還可以參看下一節的討論。[27]

26　今日粵語沒有中平調的che3，所以 (13) 和 (14) 兩句的che3都會説成高平調的che1。

27　今日粵語用lo1的情形很多，但用法有別。例如：「佢唔肯去lo1」(他不肯去唄)，「我都覺得佢有啲唔妥當lo1」(我也覺得他有點不太對勁吧)。説話者雖然是表示意見，但是卻不太願意為説話負上責任，用lo1表示有所保留。這種用法似乎是二十世紀八十年代以後新興的現象，並不見於早期粵語。

4.4.5. a1 吖：a3 呀

「吖」a1 和「呀」a3 是 CME 書中十分常見的語氣助詞，陰平的 a1 出現共 47 次，而 a3 出現 76 次。CME 對 a1 的解釋是 "interrogative, emphatic, or merely euphonic"，對 a3 的解釋是 "emphatic, or merely euphonic"。也就是說，兩者的功能都在表強調，或是讓說話聽起來比較和諧悅耳。查閱 CME 全書，a1 和 a3 都可能出現在問句之末。即使是在今日粵語中，問句句末不帶助詞，語氣會顯得突兀或不禮貌，這也就是 Ball 所謂 euphonic 的功能。不過 a1 和 a3 的分別，在 CME 課文中並不特別顯著。但是也有一些例子可以說明聲調區別語氣輕重的功能。例如：

（17） 佢飲酒唔飲呀 a3？   （CME 11.25）
Does he drink?

（18） 你信唔信吖 a1？冇人信嘅。   （CME 12.8）
Do you believe it? No one does.

（17）和（18）都是正反問句，句末帶有助詞 a。兩者相比，句（17）是一個簡單的正反問句，句末的「啊」a3 應該是緩和語氣（euphonic），而非加強問話（emphatic）。反觀句（18）前後兩句，後句批駁前句，所以前句並非為提問而提問，實質上是等同質詢，所以語氣自然很重。高聲調的 a1 正可發揮這樣的語氣功能。

我們再看一些並非問句的句子，看看是否也呈現以聲調高低辨義的現象。

（19） 頭瀨呀 a3。   （CME 11.6）
My head aches.

（20） 我肚都痛吖 a1。   （CME 11.10）
I have also the stomach-ache.

（21） 好重利呀 a3。唔係吖 a1。幾平利呀 a3。（CME 9.31）
That's very heavy interest. No! It's rather little interest.

(19) 和 (20) 兩句出自同一課文，內容是有關看病的對話。(19) 是病人向醫生報告自己的病狀 —— 頭疼，(20) 是在醫生追問之下再補充的病情 —— 還有肚子疼。後一句自然比前一句語氣要重，語氣詞似乎也反映這語氣的分別。(21) 同一句有三個短句。第一個和第三個短句都是描述句；而中間一句是否定句，反駁第一句的意見，用高聲調的a1理所當然。

第4.4.4節提到祈使句多用陰平高調助詞。這情形在a1：a3的比對中，更是明顯。下面是CME課文中表禁止的祈使句，三句帶a1，只有一句帶a3。可見高聲調的a1更能表現命令的語氣。

(21)　咪飲咁多水吖a1。　　　　　　(CME 11.20)
　　　 Don't drink so much water.

(22)　唔好咁慳吖a1。　　　　　　　(CME 9.24)
　　　 Don't be so stingy.

(23)　掩埋門，咪閂吖a1。　　　　　(CME 2.9)
　　　 Don't fasten it.

(24)　咪行埋煙通個處呀a3。　　　　(CME 13.19)
　　　 Don't go near the funnel.

4.5. 從上述的討論來看，語氣助詞所表達的語氣輕重和助詞的聲調有關。這一點並不難理解。說話的時候，說話人的心態、對事情的感覺、對聽話人的預期，往往是通過語調來表達。這本是語言中常見的現象，而這種現象在漢語裏表現更為突出。漢語是一個有聲調的語言，說話的時候，字調一加上語調，變化會顯得複雜，而句末語氣詞最能體現這種語調變化。語氣助詞多沒有實義，所以最容易通過聲調高低升降來表現話語的輕重強弱，於是造成一個語氣助詞可能有不同的聲調歸類。趙元任 (1968) 討論漢語語法，已經把有的語調類型獨立成類，視為助詞一類，是介乎語音和語法之間的一

種語言手段，可以和其他自成音節的詞語結合，表示不同的語氣功能。[28] 麥耘對粵語中的語氣助詞的語調性質，曾撰專文討論。[29]

　　CME書中的語氣助詞，按聲調分，最常見的有高調（陰平調）、中調（陰去調）和低調（陽去調）三類。從語氣輕重角度來看，高調比中調強，低調也比中調強。中調似乎是一個標準調高，CME課文所用的27項助詞，差不多一半都是中調，佔48%（見第4.4.1節）。比中調高的聲調，表達的語氣較強；比中調低的聲調，也表達較強的語氣。換言之，偏離標準，都是別有意義。我們可以用下面圖表說明這現象：

$$\boxed{\text{高} \;>\; \text{中} \;<\; \text{低}}$$

至於高低二調，誰輕誰重，CME並沒有足夠的對比例句可以讓我們分析歸納，這裏只能存疑。

5. 語氣助詞和元音的關係

5.1. 粵語的語音系統相當複雜。根據CME書中的注音，當時的粵語有22個聲母、56個韻母、8個元音和9個聲調。[30] 韻母分陰、陽、入三大類，陰聲韻以元音收尾，陽聲韻以鼻音收尾，入聲韻以塞音收尾。CME所列76個語氣助詞，在音韻結構上有一個特點，也就是除了少數的幾個入聲韻尾助詞以外，一律都是陰聲韻，完全沒有陽聲韻。而且陰聲韻母都是單元音。書裏列有「𠵘」，讀音是pei6，表肯定（affirmative），[31] 是唯一的複元音助詞，但是課文中並沒有實例，無法作進一步的分析。除此以外，其餘的70個語氣助詞都是單元音

28　Chao Yuen Ren (1968), pp. 812–814.

29　麥耘 (1998) 對字調和語調之間的相互關係有詳細的討論。

30　CME的聲韻系統，請參看張洪年 (2006) 的研究。

31　CME，頁114。

韻母。當日粵語韻母有8個元音，但是語氣助詞卻只見四個元音：i、e、a、o。我們把這70個助詞按元音重新排列如下：

i	e	a	o
chi (1)	che (3)	cha (3)	cho (1)
	ke (1)	ka (2)	ko (1)
		kwa (2)	kwo (2)
	le (6)	la (2)	lo (2)
	me (1)	ma (6)	mo (6)
ni (2)	ne (5)	na (2)	
	pe (1) pei (1)		po (1)
		wa (3)	wo (3)
		ya (5)	yo (2)
	e (1)	a (3)	o (3)

表中所列共27個音節，每個音節後括號裏的數字，代表書中列出的助詞數目，總數是70。例如 "a (3)" 代表三個助詞：a1、a2、a5，其實都是聲調的變體。

表中所列元音排序顯得很有秩序。而且有些助詞的音節組合，聲母相同，韻母的元音呈開合之分，而具體用法又非常類似，或是完全相同。例如：「哇」wa 和「喎」wo，CME的定義都是 "denoting that the statement preceding it has been made by some one before"。[32] 這樣看來，wa 和 wo 可以歸為一個語素中的兩個變體，分別只在元音的前後不一樣。我們是否可以用這樣的方法，把27音節助詞重新歸併？而元音的音質不同，又和語氣因有什麼關係？我們從CME課文抽取一些實例來分析。

5.2. ke – ka – ko

我們先選取 k- 聲母的語氣助詞實例來看。

（25）　字大多淺嘅ke3，但意思有時好深嘅ke3。　（CME 15.11）
　　　　The words are most of them simple, but the meaning is sometimes abstruse.

32　CME，頁114。

（26）　佢係好惡人嘅ka3。（叫佢扯咯。）　　　　　（CME 2.6）

He is a very bad man. (Tell him to go away.)

（27）　呢間屋好大間個ko3。　　　　　　　　　　（CME 7.7）

This is a very large house.

三個語氣助詞的漢字寫法都不一樣，元音是e–a–o的對比。Ball給這三個助詞的定義是：

（28）　嘅ka3 – emphatic, affirmative

嘅 ke3 – somewhat similar to the last, or simply euphonic

個 ko3 – same as last

也就是說三個助詞都是表強調、表肯定，實質上並無區別。但是從實例來看，用法似乎不盡相同。句（25）用ke，是描述句，語氣一般。相比之下，句（26）用ka，雖然也是描述句，但是重點在強調「他是壞人一個」，所以下一句是「叫佢扯咯」（叫他滾吧，"Tell him to go away"），語氣理應較重。句（27）用「個」ko3，是否語氣更強，上下文並沒有交代。而且全書15課，只有這一個ko3的用例，不能進一步深究。[33] 不過，從英文翻譯來看，（26）和（27）兩句都在形容詞前加上"very"："a very bad man"、"a very large house"，而（25）ke字句，只是簡單的"simple"和"abstruse"，並沒有前加"very"以示強調。由此可見，語氣輕重確然有別。

5.3. chi – che – cha – cho

這是助詞表上唯一的四個元音俱全的系列。Ball對這些助詞的解釋是：

（29）　chi1 哋：emphatic

che1/3 呎／嚧／啫：implying limitation[34]

33　今日粵語中有ke3和ka3，用法相當，但並沒有ko3這種說法。

34　根據CME，頁113的描述，che有三種寫法、兩種說法：che1寫作「呎」或「嚧」，che3寫作「啫」。

cha1/2/3 嗻／咋：cautionary, restraining, or delaying,

but rarely implying doubt[35]

cho2 咀：emphatic

從課文去找，沒有chi1或cho2的例句。但是che3和cha3卻有下面這兩句，都是陰去調值。

（30）　我講笑話嗻|che3。你見怪咩？　　　　　(CME 4.17)

I am only jesting. Do you think it strange?

（31）　等吓咋|cha3。呢條錯咯。　　　　　　(CME 10.10)

Wait a bit, this item is wrong.

che3表示"limitation"、cha3表示"restraining"，都帶有減少或輕化的意味。句(31)的意思是「等一下！這條錯了」。「等一下」或「稍等」本來是客氣的説法，但是因為發現錯誤，所以緊接一句是「要計過咯」（要再算一次，"It must be gone over again"），事態顯得嚴重，語氣自然加強。低元音的cha聽起來似乎比高元音的che更有力。這兩個例子也許可以説明e – a的分別。[36]

5.4. e – a – o

元音韻母的語氣助詞有以下幾項：

（31）　喉 e1 – interrogative

吖 a1 – interrogative, emphatic, or merely euphonic

呀 a3 – emphatic, or merely euphonic

啊 o1 – strongly emphatically affirmative

啊 o3 – strongly emphatically affirmative

35　根據CME，頁112–113的描述，cha有兩種寫法、三種説法：cha1和cha2寫作「嗻」，cha3寫作「咋」。

36　今日粵語中，相當的助詞只有che1和cha3兩種形式。

五項之中，只有「呀」a3和「啊」o3既同聲調，用法也都是表示加強語氣。我們試從以下實例，來看a3和o3在語氣上是否還有分別。

(32)　我見好冷呀a3。　　　　　　　　　　(CME 3.30)
　　　I feel very cold.

(33)　今日好熱啊o3。　　　　　　　　　　(CME 3.8)
　　　It's very hot today.

(34)　有平啲嘅冇呀a3？呢個平啲啊o3。　　(CME 9.5–6)
　　　Have you any cheaper ones? This is cheaper.

(32)和(33)兩句分別似乎不大，都是描述句加助詞，語氣生動活潑。句(34)是市場上討價還價的話語。前一句嫌貴，想討一個便宜的價錢；後一句不肯降價，説「這個已經是夠便宜的囉」。所以語氣上，後一句要比前一句重。使用助詞，前句用a3，後句用o3。也就是説後元音o比前元音a更強有力。

5.5. le – la – lo

這一列e – a – o的對比在書裏是這樣的解説：

(35)　哩 le – affirmative
　　　嚹 la – implying certainty, or simply euphonic
　　　囉 lo – affirmative, emphatic

在課文中找到兩句實例，可以對比元音前後和語氣的關係。

(36)　聽日月尾嚹la3。　　　　　　　　　　(CME 3.13)
　　　Tomorrow is the end of the month.

(37)　第二個月(係)冷囉lo3。　　　　　　　(CME 3.12)
　　　Next month will be cold.

句(36)是陳述句，説明「明天是月底」這事實。句(37)也是陳述句，但是語帶誇張，強調據「下個月會很冷」這個可能。句子中加插

「係」，就是表示這種加強語氣的説法。句末用後元音 o，也是同樣的道理。這兩個例子和上一節的句 (34)，都説明 o- 語氣助詞比 a- 語氣助詞更能增強説話的語氣。

5.6. 其他

CME 書裏還有別的一些元音排序的對比。例如：

<u>me – ma – mo</u>

（38） 咩 me1 – interrogative, or expressing some surprise as well, as, "Is it so?"

嗎 ma1 – simply interrogative, or interrogative combined with surprise[37]

麼 mo1 – interrogative, implying doubt[38]

<u>ni – ne – na</u>

（39） 呢 ni1 – interrogative, emphatically demonstrative[39]

𡁸 ne1 – emphatically demonstrative, used when one might say in English, "There now, what I said was true, you see."

那 na4 – emphatically demonstrative[40]

<u>ya – yo[41]</u>

（40） 吔 ya6 – expressing slight surprise

□ yo6 – expressive of surprise

可惜這些對比在書裏都沒有實例可以顯示助詞的確實用法和語氣。不過，就從英文翻譯來看，還是可以見到元音和語氣的關係。比如

37　今日粵語只有 ma3 的説法。

38　今日粵語沒有 mo1 的説法。

39　查今日粵語中相當於早期 ni1 的只有 ne1，但不帶強調語氣。

40　今日粵語沒有 na4 的説法。

41　ya 和 yo 都不見於今日粵語。

(40) 的 ya6 是 "slight surprise"，而 yo6 卻是 "expressive of surprise"，元音從 a 到 o，語氣逐漸加重。

5.7. 從 CME 的用例和解釋來看，語氣助詞的元音不出 i－e－a－o，而且自成系統。從高到低，從前到後，語氣越來越強。我們可以用下圖來説明：

$$i < e < a < o$$

輕　　　→　　　重

元音的變化，是因舌位上下移動而有所不同。舌位向下，口腔張大，發音也就比較用力。i－e－a－o 的不同，正顯示口腔用力的多少。説話的時候，語氣重自然會多用力，句末的語氣助詞往往會因此而發生元音音質上的變化。同一聲母的幾個助詞音節可能只是一個助詞的聲調變體，表示不同程度的語氣輕重。元音分 i－e－a－o 四階段，是否意味語氣也因而可以分成輕重四度？從 CME 的例句來看，似乎有這種可能。

6. 語氣助詞和韻尾的關係

CME 助詞總表中，還有幾項是屬於入聲韻：chek7、[42] lak9、lok8、yak7、yak8、yak9。真正見於課文的只有 chek7[43] 和 lok8。以 chek7 為例，用法和沒有 -k 尾的 che1 似乎相同，都是表「只不過⋯⋯」的意思。chek7 的聲調是陰入，調值和陰平相近，都屬於高調。請比較下列兩句：

che1 – chek7

(41)　　有少少 喀 che1。　　　　　　　　　　　　　(CME 2.16)

There is only a very little.

42　　如上文所述，chek7 並不見於助詞總表，但是卻出現在課文中。

43　　CME 的 1888 年版本「嗻」作 chek7，但是 1907 年版本作 chek8。

(42)　唔係幾好，中中啲嘍chek7。　　　　　　(CME 1.18)

　　　　It is not very good, only middling.

從句子內容和翻譯來看，都看不出語氣上有強與弱的分別。che1 和 chek7 可以看成同一個助詞的兩個變體。但是 CME 全書 15 課，用「嘍」chek7 的例句只有一句，無法進一步分析。但是請看下面的例子：

lo3 – lok8

(43)　見乾囉lo3，又見好痛添咯lok8。　　　　(CME 11.19)

　　　　I feel my throat dry, and it is very painful.

(44)　佢好耐見軟弱囉lo3。食咗藥丸……越發敝咯lok8。

　　　　He has been feeling weak for a long time. After taking the

　　　　pills . . . he was much worse.　　　　(CME 11.29, 31–32)

(43) 和 (44) 都各有兩句，一句收「囉」lo3，一句收「咯」lok8。從聲調上來說，陰去的 3 調和中入的 8 調，調值都是中平調，所以「囉」lo3 和「咯」lok8 的分別只在塞音韻尾的有無。從文意來看，句 (44) 是病人訴說自己的病情。前句說喉嚨乾，後一句補說喉嚨疼痛。所以後一句語氣當比前一句為重。句 (44) 也是和看病有關。前一句說身體感到虛弱，後一句說吃藥以後，病情反而加重。語氣當然也是後句轉強。(43) 和 (44) 都是前句用 lo3，後句用 lok8，似乎加上塞音韻尾，顯得更有力。CME 助詞總表中指出「囉」lo3 表 affirmative（肯定），表 emphatic（強調），而「咯」lok8 的用法相同，"but intensified in its sense"。[44] 也就是說，lok8 更能進一步強化說話的語氣。根據 Ball 的說明並參考實際用例，我們可以說 lo3 和 lok8 當屬於一個助詞的兩個語音變體，有塞音韻尾的語氣特別重。我們也許可以進一步說，-k 尾的功能在於強化，就像聲調的升高降低變化一樣，利用語音變化來調整語氣助詞所表達的語氣輕重。我們試舉三例來說明這變化現象：

44　CME，頁113。

(45)　叫佢翻去嚹la3。　　　　　　　　　(CME 5.19)

　　　Tell him to go back.

(46)　要問佢就知囉lo3。　　　　　　　　(CME 12.31)

　　　You must ask him to know.

(47)　若係再製就加重嚴辦咯lok8。　　　　(CME 5.32)

　　　If he does, he will be more severely punished.

三句都在説明事情的下一步應該做些什麼。只從英文翻譯來看，三句話的輕重分別很清楚。句(45)只表示一個請求；句(46)有"must"，語氣較強；句(47)提到「加重嚴辦」，可見事非尋常。所以三句的語氣強度排序應當是(45)–(46)–(47)，語氣越來越強。而三句的語氣助詞正是la3–lo3–lok8這樣的排序。兩者相對，説明語氣的強度會影響元音和韻尾的表現。不過，關於韻尾部分，因為實例不多，無法知道是否確實如此。而且粵語塞音韻尾有-p、-t、-k三類，CME材料中不見收-p、-t韻尾的語氣助詞。這三缺二的現象是因為我們材料不足而未能盡窺全貌，還是因為某些語音性質而自動造成-p、-t的缺位，我們還得蒐集更多的資料，再作深入的探討。不過，就今日粵語來看，收塞音的語氣助詞，也只有收-k，沒有收-p或-t的例子，情形和當年一樣。也許粵語本來就沒有入聲語氣助詞，所謂收-k尾的其實來自收喉塞音-ʔ。説話人為了加強語氣，句末喉頭緊鎖，於是開音節的助詞，就成了-ʔ音節。而-ʔ和-k相類似，漸漸轉化成收-k的音節形式。這種可能性，也還待進一步研究。

7. 語氣助詞的組合

以上幾節都在討論語氣助詞和聲調與韻母的關係。然而聲母是否也在助詞體系中扮演某一種角色？馮淑儀(2000)和飯田真紀(2005)曾對這問題進行討論。她們認為現代粵語句末助詞可以分成

幾大類，各有語法或語氣功能。這些類別往往可以按聲母區分，而各類之間的聚合與組合有一定的規律。我們這裏借用她們的說法，取其重點來看CME材料中語氣助詞組合的大體情形。

根據飯田的分析，從話語層面來看，語氣助詞可以突出說話人對事體的看法，也可以表示他對聽話人的期望。前一類又可以再分兩類，一類是說話人陳述事實，強調事體的一般性，表達的助詞主要是「嘅」ke3；另一類是說話人對事體更主觀的看法，或強調事體的新情況，如「嚹」la3，或把事體放在一個比較低的層次來看待，如「啫」che1。後一大類包括表陳述、表疑問、表祈使等，都在說明說話人和聽話人之間的關係和互動，許多表語氣的如「呀」a3、「咩」me1、「喎」wo3等等，都屬於這一類。飯田有一個圖表說明這三類的關係：[45]

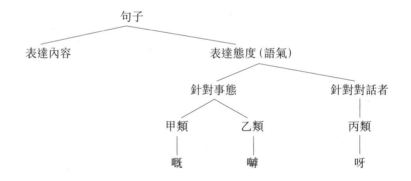

45　飯田真紀 (2008) 原分四大類，除表中三類外，她還有一類是「表達內容」，和「表達態度」相對，包括「住」、「嚟」、「先」、「添」。飯田認為這些助詞的重點在句子的實質內容，而不在表示說話者對這命題內容的看法或表達方式。嚴格來說，這些都屬於語氣助詞。CME的助詞總表中並不收這四助詞，所以我們的討論也不包括這一類。飯田的第一類是A類，她的第二類包括B、C、D三小類；我們既不處理A類，所以把她的B、C、D三類改為甲、乙、丙三類。

前人研究粵語，都注意到語氣助詞連用的現象。[46] 飯田根據許多語料，分析語氣助詞之間的組合，認為連用的次序是按甲、乙、丙三類的排序。三類各有自己的範疇意義，組合的原則是從客觀到主觀，從說話人對事態的看法到他和聽話人之間的互動。甲類以k-聲母為主，乙類以l-、che-聲母為主。組合排列，是k-在前，後接著是l-、ch-等。飯田的說法為研究粵語語氣助詞開出一個新的探討途徑，但是能否有效地解釋所有連用的現象，還有待進一步的研究和印證。[47]

CME書中也有一些語氣助詞連用的例子，但例句不多。現列舉如下：

ke3 la1

(48) 定嘅喇。 (CME 15.7)
Certainly.

ke3 lok8

(49) 我地唐人過年算至緊要嘅咯。 (CME 15.7)
We Chinese think it of the utmost importance to keep the New Year.

(50) 你都唔識好醜嘅咯。 (CME 9.19)
You don't know good from bad.

ke3 me1

(51) 做乜你唔曾入教嘅咩？ (CME 12.17)
Why have you not become a convert?

la3 kwa3

(52) 係舊嘅嘑啩？ (CME 9.21)
I am afraid it is old. Is it not?

---

46 請看梁仲森 (2005) 的研究。

47 例如同屬丙類的「呀」a3、「嗎」ma3可以連用，如：「你嚟呀嗎？」如何解釋「呀」在「嗎」前？又梁仲森以為粵語中可以八九個助詞一起連用，我們應當如何處理？

la3 ma6

(53)　好嗰嗎？　　　　　　　　　　　　　　　（CME 2.16）

It's good, is it?

lo3 kwa3

(54)　年尾放假囉啩。　　　　　　　　　　　　（CME 15.6）

There will be holidays at the end of the year, I suppose.

lo3 po3

(55)　你對手污糟囉噃。　　　　　　　　　　　（CME 7.17）

Your hands are dirty.

上舉八例，都只是兩個助詞連用，而其間排列次序，和飯田提出的語序正相吻合。但是因為例句不多，又不見多詞組合的例子，所以早期粵語中語氣助詞連用的規律，以至語氣助詞的分類，還待蒐集更多語料，研究個中實況，才能進一步討論。

8. 餘論

粵語大量使用語氣助詞，從歷時記錄到今日語料，都可以得到確實的明證。根據1888年CME的記錄，當時的語氣助詞數目高達七十多項，用法靈活。Ball 認為：

> It is curious, and most interesting to notice how small and insignificant a word at the end of a sentence will change the meaning of the whole sentence, like the rudder at the stern of the ship governing the motions of the whole vessel.[48]

相對整個句子的具體內容來説，語氣助詞似乎是細瑣的贅語，隨意加添。但是句子臨末加上一個助詞，馬上勾勒出説話人的語氣和整

48　CME，頁112。

個説話的用意。Ball 把語氣助詞比作船後的舵，不無道理。船就是説話的具體內容，但是船沒有舵，航行就沒有方向。説話不用語氣助詞，也許會語焉不詳。話語的實際用意，聽話的人不一定能聽得明白。不過，所謂語氣又當如何理解？我們從 CME 書中看到語氣助詞在語音結構上稍一變動，句子所表示的態度或意圖也就有所不同。語音和語氣之間有著一定的關聯或對應。我們從書中實例的注音可以看到語音變動的痕跡，但是語音變動如何影響語氣輕重變化，Ball 並沒有交代。我們試用 CME 全書 15 課課文，對這問題作初步的探討。七八十項的助詞，經過整理分析之後，我們可以看到語氣助詞的運作似是按著兩條語音規律來進行。一條規律是聲調的變化：從中調往上或往下調動，都表示語氣的加重。

高 ＞ 中 ＜ 低

另一條規律是元音的排序：i-、e-、a-、o-，從前元音到後元音，從高元音到低元音，遞進式的加強語氣。而同一個元音可以再加上塞音 k- 尾，語氣更重。

i ＜ e ＜ a ＜ o
∧   ∧
ek   ok

根據這兩條規律，我們可以大大簡化整個語氣助詞體系。從聲調層面整理，77 個語氣助詞可以歸納為 27 個基本音節。再從元音層面入手，我們可以把下面的音節中同聲母而韻母呈現 i－e－a－o 的組合，歸位同一個助詞的元音變體，於是體系中只有 10 個助詞。每個音節後括號裏的數字代表書中列舉的助詞數目。

i	e	a	o
chi (1)	che (3)	cha (3)	cho (1)
	ke (1)	ka (2)	ko (1)
		kwa (2)	kwo (2)
	le (6)	la (2)	lo (2)
	me (1)	ma (6)	mo (6)
ni (2)	ne (5)	na (2)	
	pe (1)		po (1)
		wa (3)	wo (3)
		ya (5)	yo (2)
	e (1)	a (3)	o (3)

按聲母排序，這十個助詞是：

　　ch-、k-、kw-、l-、m-、n-、p-、w-、y-、ø-

最後一個是零聲母，也就是元音助詞。輔音聲母中塞音和塞擦音一律都是不送氣。這樣的簡化或系統化，事實上是在說：語氣助詞是以聲母為核心，因聲母而區分句子的語氣。而元音（或塞音尾）和聲調的變化只是在語氣輕重程度上的調整。馮淑儀（2000）研究現代粵語的語氣詞有類似的觀察。不過，這樣的分析，也許會有失於過度簡化，反而會掩蓋其間有趣或複雜的現象。譬如 ma 和 me 同屬 m- 系列，是否同一表態？我們知道 ma 一般是表疑問，而 me 是表反問，用法迥然有別。l- 系列有 le、la、lak 等，既可表肯定，也可表新情況，分析時當歸為一個助詞，還是分為兩個助詞？其間分合，還要作更詳盡的語料蒐集和分析。

　　Ball 在書中提到，當日西方學者研究漢語，往往只著重書面語，對口語裏的種種現象，往往一無所知。他認為句末助詞是粵語的優美特質，西方學者視若無睹，入寶山而空手回，深為可惜。[49]其實在十九世紀或二十世紀初之際，又有多少中國學者留意到粵語中如此豐富的語氣助詞現象？倘若沒有 Ball 或其他一些有心人，細

49　CME，頁112。

心觀察當日粵語的實況，進行記錄，留下詳細的語料和分析，我們今日又如何能夠重窺十九世紀的語言世界？歷史方言研究一定要有可靠的實際語料，CME雖然只是一部學習粵語的初階教材，但是15課課文卻是一個寶藏，從口語對話到語法解釋，從注音到翻譯，如實記載一個活的語言。語氣助詞只是眾多語言現象中的其中一個。我們的研究只是一個開始，還要再參考其他同時代的口語材料，作更深入的分析，才能對十九世紀的語氣助詞有更全面的認識。這種認識對我們研究今日粵語的助詞性能，重構粵語語法演變的規律，或者是從理論角度來討論語氣助詞的範疇意義和標誌，都有一定的意義和啟發。

LESSON II.—General.

1.	₍Lai ₍ni shü⁾ á⁾. Tsò²-mat₎ ₍néi ₍m ₍lai ni?² [ko⁾ ₍á?²	Come this place.² Why you not come eh?⁵³ [eh?¹
2.	Mi ₍yan• ₍lai á?² Mi-₍shöü• ₍á?² ₍Pín	What man come eh?¹ Who eh?¹ Which one
3.	⁵Mò ₍yan ₍lai ₍á,² *or simply* ⁵Mò ₍yan ₍á•² *or* ⁵Mò ₍pín ko⁾ ₍á.²	No man come,¹ *or* no man,¹ *or* no which [C.].¹
4.	⁵Ko ko⁾ hai² ₍mi ₍yan• ₍ni?²	That [C.] is what man eh?⁵³
5.	₍M ₍chí á⁾. ⁵Ngo ⁵tím ₍chí á⁾?	Not know.² I how know eh?² [man.¹⁴
6.	⁵K'öü hai² ₍m ⁵hò ₍yan á⁾. ⁵K'öü hai²	He is not good man.² He is very wicked.
7.	Kíú⁾ ⁵k'öü ₍ch'e lok₎. [⁵hò ok₎ ₍yan ká⁾.	Tell him to-be-off.³²
8.	⁵K'öü höü⁾•⁵cho lok₎. Höü⁾ ⁵hò noí²	He gone [s. of p. t.].³² Gone very long.³²
9.	⁵Yím ₍maí ₍mún, ⁵maí shán ₍á.² [lok₀	Close to door, don't fasten it.¹
10.	₍Hoí ₍mún á⁾. Tsò²-mat₎ ₍néi ⁵so ni?²	Open door.² Why you lock eh?⁵³
11.	Kíú⁾ Á⁾.⁵Má ₍lai kín⁾ ₍ngo ₍lá.²	Call Amah [this also means grandmother if in lower even tone, as Á⁾ ₍má] come see me.²¹
12.	Fáí⁾-₍ti ₍lai: yüt₎ fáí⁾ yüt₎ ⁵hò lok₀.	Quickly come: still quicker still better.³²
13.	⁵Kwún tím⁾• ₍ni?² ₍laí méi² ₍ts'ang á⁾?	House (*or* shop) coolie eh;⁵³ come not yet eh?²
14.	₍T'ing [better ₍T'ing]-yat₎ ₍lai ₍lá.² ₍haú²-yat₎ ₍lai ₍tò ⁵hò ₍á.² (*or* ₍tò tsò² tak₎.	To-morrow come.²¹ Day-after-to-morrow come also good,¹ (*or* also can¹).
15.	⁵Yaú ⁵shíú ⁵shíú ₍che.² [₍á²).	Have little little only.⁷
16.	⁵Hò lá⁾ ⁵má? ⁵K'öü hai² ⁵kòm wá².	Good ?²³ ³⁷ He does so say.
17.	⁵K'öü wá² ₍mi ⁵ye? ⁵Kong kwo⁾ ₍ngo ₍t'eng† ₍lá.²	He says what thing? Tell over to-me to-hear.²¹
18.	⁵K'öü wá² ₍m ⁵sòng ₍lai lok₀.	He says not wish come.³²
19.	⁵Káí ₍ming kwo⁾ ⁵k'öü ₍t'eng† shí²-pít₎, yíú⁾ ₍t'ung ₍ngo höü⁾.	Explain clearly to him to-hear certainly must with me go. [men eh?⁵³
20.	₍M lun² táí saí⁾ ⁵yaú ⁵kéí ₍to ₍yan• ₍ni?²	No matter (whether) big small have how many
21.	⁵Yaú shap₎ ⁵kéí ko⁾, *or* ⁵yaú shap₎ ₍lengt ko⁾ lok₀, *or* shap₎ ko⁾ ⁵yaú ₍to.	Have ten odd [C.], *or* have ten plus [C.],³² *or* ten [C.] have more.
22.	Hám²-páng²-₍láng² ⁵yaú luk₎-shap₂ ₍yan lok₀. [⁵mò ₍ni?²	In-all have, sixty men.³²
23.	⁵Yaú saí⁾ (*or more often* sam)-₍man-tsaí•.	Have children not eh?⁵³
24.	⁵Yaú ko⁾ (*or* yat₂ ko⁾) ⁵tsaí lok₀.	Have [C.] (*or* one [C.]) boy.³²
25.	⁵Ko ko⁾ hai² ₍tsaí, péí² ⁵nöü• ₍ni?²	That [C.] is boy, or girl eh?⁵³
26.	⁵K'öü ⁵hai ₍ngo shü⁾ ⁵tá-₍kung ke⁾	He at my place works.¹⁵
27.	₍Pín ko⁾ hai² ₍néí sz²-₍t'aú• ₍ni?²	Which [C.] is your master eh?⁵³
28.	⁵K'öü hai² ₍pún téí² ₍yan, tsik₎ hai² ₍sheng•† ₍yan lok₀. [ke.⁾	He is native soil man, that is city man.³²
29.	⁵K'öü ₍m hai² ₍t'ung ⁵néí ₍t'ung hông-	He not is with you together villager.¹⁵
30.	⁵K'öü ⁵hai ₍pín shü⁾ chü² ₍ni?²	He at what place lives eh?⁵³
31.	⁵Léí ₍ni shü⁾ ⁵yaú ⁵hò ⁵yün lok₀.	Separated-from this place have very far.³²
32.	⁵Tá lò² höü⁾, péí² táp₀ ⁵shün höü⁾ ₍ni?²	By road go, or on ship go eh?⁵³

1. This word is pronounced *pá²* when spoken rapidly.

LESSON II.—General.

1. Come here. Why don't you come?	嚟呢處呀、做乜你唔嚟呢、
2. Who has come? Who is it?	乜人嚟吖、乜誰吖、 *or* 邊個吖、
3. No one has come.	右人嚟吖 *or* 有人呀 *or* 有邊個吖、
4. Who is that?	嗰個係乜人呢、[1]
5. I don't know. How should I know? [man.	唔知呀、我點知呀、
6. He is not a good man He is a very bad	佢係唔好人呀、佢係好惡人嘅、
7. Tell him to go away.	叫佢扯咯、
8. He has gone. He went long ago.	佢去咃咯、去好耐咯、
9. Close the door, don't fasten it.	掩埋門、咪閂吖、
10. Open the door. Why did you lock it?	開門呀、做乜你鎖呢、
11. Tell the Amah to come to me.	叫亞媽嚟見我喇、
12. Come quickly ; the quicker the better.	快啲嚟、越快越好咯、
13. Where's the coolie ; has he come?	管店呢、嚟未曾呀、
14. Come to-morrow, or the day after to-morrow.	聽日[2] 嚟喇、後日嚟都好吖 *(or* 都做得吖 *)*、
15. There is only a very little.	有少少啫、
16. It's good is it? He says so.	好嬲嗎、佢係噉話、
17. What does he say? Tell me.	佢話乜野、講過我聽喇、
18. He says he doesn't wish to come. [with me.	佢話唔想嚟咯、
19. Explain to him that he must certainly go	解明過佢聽、是必要同我去、
20. How many persons are there, old and	唔論大細、有幾多人呢、
21. More than ten. [young?	有十幾個、 *or* 有十零個咯、*or* 十個有多、
22. Altogether there are sixty men.	喊囖吟有六十人咯、
23. Are there any children?	有細佬仔有呢、
24. There is a boy	有個 *(or* 壹個 *)* 仔咯、
25. Is that a boy, or a girl?	嗰個係仔嘅女呢、
26. He is in my employ.	佢喺我處打工嘅、
27. Who is your master?	邊個係你事頭呢、
28. He is a native of the place, that is a Cantonese.	佢係本地人、卽係城人咯、
29. He is not a fellow-villager of yours.	佢唔係同你同鄉嘅、
30. Where does he live?	佢喺邊處住呢、
31. A long way from here	離呢處有好遠咯、
32. Do you go by land, or by water?	打路去嘅搭船去呢、

1 Or as in No. 2.

2. 聽 日 (t'ing yat₂ very often also means any indefinite time in the future.

參考書目

方小燕。2003。《廣州方言句末語氣助詞》。廣州：暨南大學出版社。

袁家驊等。1960。《漢語方言概要》。北京：文字改革出版社。

張洪年。1972/2006。《香港粵語語法的研究》（修訂版）。香港：中文大學出版社。

梁仲森。2005。《當代香港粵語語助詞的研究》。香港：香港城市大學語言資訊科學研究中心。

麥耘。1998。〈廣州話語調說略〉，《廣州話研究與教學（第三輯）》，頁 269–280。廣州：中山大學出版社。

飯田真紀。2007。〈粵語句末助詞的體系〉，《第十屆國際粵方言研討會論文集》，頁 377–385。北京：中國社會科學出版社。

鄧思穎。2002。〈粵語句末助詞的不對稱分布〉，《中國語文研究》2: 75–84。

Cheung, Hung-nin Samuel [張洪年]. 2006. "One Language, Two Systems: A Phonological Study of Two Cantonese Language Manuals of 1888." *Bulletin of Chinese Linguistics* 1.1: 171–200.

Ball, J. Dyer. 1888. *Cantonese Made Easy: A Book of Simple Sentences in the Canton Dialect*. 2nd Edition. Hong Kong: China Mail Office.

———. 1982. *Things Chinese*, with an introduction by H. J. Lethbridge. Hong Kong: Oxford University Press.

Ch'an, Chan Sene, and J. D. Ball. 1900. "Rules for the Use of the Variant Tones in Cantonese." *The China Review* 24: 209–226.

Chao, Yuen Ren [趙元任]. 1968. *A Grammar of Spoken Chinese* 中國話的文法. Berkeley; Los Angeles: University of California Press.

Fung, Roxana Suk Yee [馮淑儀]. 2000. "Final Particles in Standard Cantonese: Semantic Extension and Pragmatic Inference." PhD Dissertation, Ohio State University.

原載《中國語言學集刊》第三卷第二期（紀念李方桂先生中國語言學研究學會、香港科技大學中國語言學研究中心，2009），頁 131–169。

早期粵語裏的借詞現象

提要：不同異國文化的接觸，不同文物的交流，往往會促使本土語言為舶來事物尋求命名，因而產生許多新詞語。香港地處中西文化薈集一帶，外來借詞特別豐富。歷來學者研究粵語借貸，多以現代粵語為描述對象。本文試根據三本十九世紀的語料，研究早期粵語如何從英語移借原詞，通過音譯和意譯不同的手段，為新來事物製造新名，以配合本土語言的需求。不同材料中有時會顯示一些發音上的差別，這些差別可能正是反映粵語本身的音韻變化。

關鍵詞：外來語、十九世紀粵語、音譯、意譯

1. 引言

任何兩種語言文化發生接觸，常常會發生詞語轉借的現象。今日粵語裏的外來語，遍拾皆是，討論的文章也很多。但是從歷史的角度來看早期借詞現象的論著，卻不多見。本文是利用三本十九世紀的粵語教材，來描述一百多年前粵語中移借外語的情形。

這三本用英語編寫的粵語教學材料依次是：

（1）Robert Morrison, *Vocabulary of the Canton Dialect* (Macao: The Honorable East India Company Press, 1828). 全書共分三卷，第一卷是英粵詞典，第二卷是粵英詞典，第三卷是粵語的熟語成語詞典。粵語詞先列漢字，再附注音。不過拼音系統交待欠清楚，塞音塞擦音不分送氣和不送氣，如「在、菜」皆作tsoy，聲調則完全不標，如「樟、掌、賬」皆作cheong，而「長、唱」亦作cheong。今用第一、二兩卷，共576頁。

（2）E. C. Bridgman, *Chinese Chrestomathy in the Canton Dialect* (Macao: S. Wells Williams, 1841). 全書七百餘頁，共分17章，教授粵語，介紹中國文化。內容從天文地理至日常食用，無所不包。對話以口語為主，間中也雜有文言或語文體。課文每頁分三欄。第一欄英文句，第二欄粵語句，第三欄拼音。音韻系統和今日粵語略有出入。

（3）T. L. Stedman and K. P. Lee, *A Chinese and English Phrase Book in the Canton Dialect* (New York: William R. Jenkins, 1888). 全書186頁，分41課。課文內容主要是描述在美華人的生活。每課對話分別用英語和粵語寫出，左右兩頁並排，互相對照，而且各附中英注音，粵人可以用來學習英語，所以書又名《英語不求人》，但美國人也可以用來學習粵語，一書二用。[1]

1　下頁圖片來自此書第39課，頁158–159。

十　呢只 珍珠 戒指 好平 就 賣 咯。
ˌni chek, ˌchan ˌchü kái' 'chi 'hȯ ˌp'eng chau' mái' lok,

十一　我 嘅 錶 壞 咻、同 我 整 好 佢。
'ngo ke' ˌpiu ˌwái ˌheu ˌt'ung 'ngo 'ching 'hȯ k'ü

十二　你 想要 乜嘢 紙 呢。
'ni 'seung iu' ˌmi 'ye 'chi ˌni

十三　我要 的 信紙、及 一 磚 墨 水。
'ngo iu' tik, san' 'chi k'ap. yat, ˌchun mak. 'soi

十四　俾 我 一 札 信 封 添 囉。
'pi 'ngo yat, chát, san' ˌfung ˌt'im ˌlo

十五　要 的 耶穌 生日 嘅 帖 唔 呢。
iu' tik, ˌye ˌsu ˌsang yat. ke' t'ip, ˌm ˌni

十六　我要 一部 初學 嘅 書、及 一本 字 格。
'ngo iu' yat, pó' ˌch'o hok. ke' ˌsü k'ap. yat, 'pun chi' kák,

10. I can sell you this pearl ring very cheap.
埃、乾、賒、妮腰、地時、破妒、鈴、威厘妾皮。

11. My watch is out of order, please repair it for me.
嗎 滑治、衣時、區阿尸、阿吼、舖璃時、璃在吁咽科臊。

12. What kind of paper do you want?
滑 溪然、阿尸批耙都腰湾。

13. I want some note-paper and a bottle of ink.
埃湾、深 怒批耙、晏、縊不渡妮阿尺英部

14. You may give me a package of envelopes, too.
腰 米、忌尸臊縊柏契治 阿尺晏威立時吐。

15. Don't you want some Christmas cards?
當地、腰湾深 忌厘時麻時咳時。

16. I want a first reader and a copy-book.
埃湾、縊科時別打晏縊給棗卜。

2. 借詞手段

十九世紀正是滿清政府開放門戶，西方政治家、商人、傳教士大批進入中國的時代。外來勢力引入很多洋物品、洋觀念，在當地華人生活環境周遭，不斷出現。中國人怎麼為這些舶來物命名？製造借詞，應運而生。Morrison 在他的詞典（1828）引言中説：

> Names of goods are sometimes entirely foreign; at other times a translation of foreign names; and occasionally they are half Chinese and half foreign. (p. 2)

短短數語，扼要道出轉借外來語的三種不同語言手段。洋物命名，可以根據洋名音譯，也可以按洋名意譯。有的譯名是半中半西，音義兩全。下文先討論音譯。

3. 音譯

3.1. 音譯外來詞是仿原來語言的發音，用本土聲音説出。十九世紀粵語中的外來詞多源自英語，中英文的語音系統不同，所以在音譯過程中，必然有所調整，而以粵語音節形式出現。請先看下列數例：[2]

    (1)   quart → 括 gwaat（VCD 316）[3]

    (2)   mop → 嘜 māk（CC 141）

---

[2] 文中徵引諸例，皆後附引書及頁數。VCD 是 *Vocabulary of the Cantonese Dialect*（1828）之省，CC 是指 *Chinese Chrestomathy*（1841），PB 指 *A Chinese and English Phrase Book*（1888）。各書拼音系統不同，今一律轉為耶魯拼音，在元音上附加符號表示聲調升降，元音後加 h 表示陽調，不加則屬於陰調，舉例如下（括號中的數字是今粵語調值）。陰平是 ā（55）或 à（53）、陽平是 àh（31）、陰上是 á（35）、陽上是 áh（13）、陰去是 a（33）、陽去是 ah（22）、陰入是 āk（5）、陽入是 ahk（2）、中入是 ak（3）。

[3] VCD 不標調，今缺，又書中長短 a 分別不很嚴謹，時有錯誤。

（3）　yard → 喺 yà（PB 91）[4]

（4）　pudding → 布顛 bou-din（VCD 434）

（5）　cutlet → 吉烈 gāt-liht（CC 162）

（6）　sardine → 沙嗲 sà-dín（PB 119）

（7）　chocolate → 揸古聿 jà-gú-leuht（CC 161）

（8）　Chicago → 積加古 chīk-gà-gú（PB 141）

這些例子由單音節至多音節，對應簡明，以一對一。發音雖然不完全一樣，但還是大同小異。如例（1）的 quart 翻成入聲的 gwaat、例（5）的 cutlet 翻成 gāt-liht、例（7）的 chocolate 翻成 jà-gú-leuht，都保留了原詞的 -t 尾。[5] 不過有的英語詞收音形式和粵語不一樣，於是在對音的過程中，尾音獨立成單位，一個單音節的詞，往往一開為二，變成一個雙音節的外來語，例如：

（9）　cheese → 支士 chi-si（VCD 57）[6]

（10）　miss → 美士 míh-sih（CC 236）

（11）　inch → 煙治 yìn-jih（CC 254）

（12）　toast → 多時 dò-sìh（CC 145）

（13）　custard → 吉時 gāt-sìh（CC 162）

例（13）原詞是雙音節，音譯只取前一部分，"cus-" 以 -s 收尾，翻成吉時，還是雙音節。

3.2. 對於複輔音的處理，一般是分拆開來，各成獨立音節，如：

（14）　stamp → 士担 sih-dàam（PB 41）

（15）　Smith → 士密 sih-maht（PB 115）

4　粵語陰平分高平、高降二體，按 CC 及 PB 二書不分。今標高降，請看下文討論。

5　請注意在早期粵語借詞中，往往是以不送氣的輔音聲母對英文的清聲，如例（5）的 cutlet，對音是 "g"，而不是 k-。例（4）的 pudding，對譯 bou-din，兩音節都用不送氣的聲母。為什麼會有這樣的現象？有待研究。

6　早期粵語中的「士」讀作舌尖前音，CC 標作 sz，「支士」連讀和 cheese 音近。

（16） brandy → 罷嚹地酒 ba-laan-di (VCD 84) [7]

（17） Broadway → 布律喊街 bou-leut-wài (PB 63) [8]

（18） France → 佛嚹西國 faht-láan-sài (CC 163)

（19） Holland → 荷嚹國 Ho-laan (VCD 204)

最後一例，Holland 是收複輔音 -nd，粵語簡化只留一鼻音尾。

3.3. 對音形式，一般以符合本土發音習慣為原則，上舉例 (2) mop 對作 māk (CC 141)，從 -p 改作 -k，主要原因是粵語中不太有同時以唇音開結的音節。mop 既有唇音 m- 的頭，所以尾音異化是有一定的語音理由。不過同一書中有下面一例，[p-]、[-m] 並存，算是一個例外。

（20） pump → 唥 bom (CC 326)

其實，唥 bom 這個外來詞雖然保留了英語原詞的頭尾鼻音，但元音 [o] 和原詞的 [ʌ] 還是不大相同。百多年後的今天，粵語中還保留著唥這個外來詞，不過發音略有調整。但是調整的不是雙唇尾音，而是元音，今日發音是 [pɐm]，反而更接近英語原來的説法。

3.4. 舊日的外來語，至今仍保留在粵語中的，尚有一些例子。不過今日的讀法有時和英文原詞並不太近，例如：

（21） jelly → 啫喱 jē-léi

今音第二音節由單元音變成複元音。反看一百多年前的材料，當時的發音是：

（22） jelly → je-li (VCD 174)

　　　　 車厘 jè-lìh (CC 164)

原來十九世紀的粵語，並沒 [ei] 的音節，當時都是 [i]。譬如「你我」的「你」，今音是 [nei]，舊讀是 [ni]。上舉例 (10) 的「美」作 míh，和今讀 méih 有別。「車厘」這個外來詞，正反映了當時讀 [i] 不讀 [ei] 的現象。另舉一例：

> (23)　coffee → 架啡 ga-fi（VCD 65）
> 　　　　　　　喫啡 ga-fi（CC 137）
> 　　　　　　　咖啡 gà-fi（PB 155）
> 　　　　　　　咖啡 ga-fē（今讀）

從三本材料來看，咖啡的「啡」當日都讀 [fi]，正符合英文的原音。從 fi 變成 fe [fɛ] 是二十世紀以後的事。翻查二十世紀初期的材料，咖啡的啡標音是 fei，而不是 fi。[9] 由 fi 而 fei 是歷史音變的過程，而後起的 fe 則是特殊的變例。

3.5. 從舊日外來語中，還可以看到粵語中一些別的語音變化。以 minute 一詞為例，1888 年的 PB 翻作：

> (24)　minute → 晚呢 mìnnì（PB 23）

但是在 1828 年的 VCD 中卻對成：

> (25)　minute → 晚利 min-li（VCD 158）

今日粵語中 n-、l- 不分，是人所共知的現象。從我們找到的早期材料來看，n-、l- 儼然有別，本土詞彙中沒有任何混淆的例子。由 n- 變 l-，似乎是一個相當晚起的現象。不過就例 (25) minute 對 min-li 的例子來看，顯然在十九世紀，n- 已逐漸由 l- 頂替，n- 的消失可能在兩世紀以前開始。語言教科書教的是正讀標準音，n-、l- 的變化並沒有記錄下來，[10] 反而在外來詞中，可以找到一些蛛絲馬跡。

9　見 James Dyer Ball 的 *Cantonese Made Easy*（Kelly & Walsh, 1907）。

10　一直到今日，大部分的粵語教科書還是 n-、l- 有別。在外來語音譯過程中，英語的 n- 音節，今日往往對作 l-，如 number：lāmbá；notes：lūksí。

3.6. 粵語是一個多聲調的語言，查看今日粵語中外來語的聲調型式，一般是單音節讀高平調55，如 tie —→ 呔 tāai；雙音節或作55＋35，如 sofa —→ 疏化 sōfá；或作22＋55，如 store —→ 士多 sih-dō。詳細討論，可參考前人著作。[11] 十九世紀的對音，是否也可以歸納出一定的聲調格式？ VCD 一書不標調，無從考察。謹就 CC 和 PB 來看，似乎當時對外來詞聲調的處理，還不很穩定統一，例如上文所舉的例 (23) coffee，CC 作 gafì（陰去＋陰平），而 PB 作 gàfì（陰平＋陰平），上下才四十年而聲調已有變化。其實就算同一書內，前後對音也可能不同。如：

(26)　minute —→ 晚呢　mìhn-nì (PB 23)

　　　　　　　　　晚呢　mìn-nì (PB 23)

(27)　France —→ 佛囒西 faat-làahn-sài (CC 163)

　　　　　　　　　faat-láan-sài (CC 163)

(28)　Brown —→ 布朗 bou-lohng (PB 83)

　　　　　　　　　bou-lòhng (PB 103)

　　　　　　　　　bu-lòhng (PB 109)

例 (28) 的最後一讀，連元音也有所改變，正可見借詞開始的時候，對音原無定規，但求其音似而已。Brown 今讀布朗 bou-lóng，「朗」字原調是陽平 lohng，讀 lóng 用的是變調格式，也是後來約定俗成的讀法。

　　CC 和 PB 二書，收的外來詞例子雖然不多，但經收集整理之後，仍然有一些聲調對應規例可循。

11　討論粵語借詞的文章有張洪年的《香港粵語語法的研究》(1972)，第六章；張日昇的〈香港廣州話英語譯詞的聲調規律〉(1986)；Mimi Chan、Helen Kwok 合著的 *A Study of Lexical Borrowing from English in Hong Kong* (1982)；和 Robert Bauer 的 *Modern Cantonese Phonology* (1997)，第三章。

3.6.1. 單音節的外來語多作高調，如：

 （29） cod → 鮎魚 gāt（PB 117）

 （30） beer → 啤酒 bè（CC 161）

 （31） tart → 噠 dāat（CC 167）

 （32） quart → 唎gwāt（PB 127）

「啤」字書中標作陰平調，不過當時的陰平皆讀高降，所以和今日單音節借詞讀高平55不同。根據其他的材料，早期粵語裏的陰平調讀高降是本調，讀高平是變調。CC和PB都沒有記錄變調，所以當時的借詞真的只讀高降，還是確有高平變調而材料記音忽略，現在無從分辨。

  因為單音節借詞對讀高調，上述例（31）噠dāat便造成粵語音韻上的一個變例。按粵音陰入字根據元音長短分上下二調，短元音讀上陰入，是高調，如畢bāt；長元音讀下陰入，是中調，如八baat。外來詞tart翻作dāat，明明是長元音，卻讀高調，有違入聲字聲調常規。請對比下例：

 （33） yard → 喻 yà（PB 91）

yard和tart的音節結構原本一樣，但yard對譯成長元音兼高調的yà，因為捨卻尾輔音，所以喻yà便比噠dāat更像粵語的詞語。

3.6.2. 雙音節的外來語，聲調格式一般是前高後低，佔六成。茲舉數例，並附調型如下：

 （34） custard → 吉時 gāt-sìh（CC 162）

 （35） cutlet → 吉烈 gāt-liht（CC 162）

 （36） cents → 先士 sìn-sih（CC 171）

 （37） Charley → 差利 Chà-lih（CC 145）

 （38） cherry → 車厘 chè-lìh（PB 164）

 （39） San Luis → 申雷 sàn-lèiuh（PB 143）

 （40） toast → 多時 dò-sìh（CC 145）

(41)　sardine → 沙嗹 sà-dín (PB 119)

(42)　dozen → 打臣 dá-sàhn (PB 91)

(43)　damar → 打嘛油 dá-máh (CC 206)

(44)　arrack → 啞叻酒 alihk (CC 200)

音譯的最後一個音節在拼音上多帶有 h，屬於陽調，調值低。

　　這些雙音節的例子，有的原詞是單音節，如例 (36) 先士、(40) 多時，對音的時候，把尾音部分獨立成一音節，所以重音在第一部分，聲調前高後低，而且「士、時」是舌尖前音，聽起來更像原詞發音。有的原詞本來是雙音節，重音在第一音節，如 (35) cutlet 一例，翻成中文 gāt-liht，聲調前高後低，正對應原詞的前重後輕。[12] 個別例外如 (41) sardine，英文是重音在後，但 PB 記錄的沙嗹，還是前高後略低：sà-dín。請參看今日的對音是 sā-dīn，聲調有所調整，更符合 sardine 原來的讀音。

　　舊日沙嗹的調型是 53 + 35，正是今日借詞常用的聲調格式。35 高升調是粵語中常用的變調調型，熟詞第二音節常常轉讀高升調。不過從十九世紀的材料來看，只有沙嗹一例是 53 + 35。究竟借詞用 35 變調是後起的現象，還是只是當時的書沒有記載，現在不得而知。至於今日常用的另一個雙音節外來詞的聲調格式 22 + 55，當時的例子偶有一二，如：

(45)　stamp → 士担 sih-dàam (PB 41)

例證過少，未能歸納成一定格。

3.6.3. 多音節的外來語，今日粵語用的對音調型格式主要是 22/33 + 55 + 35，或 55 + 55 + 35。前者例子如 Vanilla → 呍呢拿 wen-nī-lá，後者如 forecast → 科加士 fō-kā-sí。在 1888 年的 PB 中，載有數例，顯示類似的調型：

12　不循此聲調格式的如 pancake → 班戟 bàan-gik (CC 165)。其他還有一些是音譯而兼帶義釋，調格不在此限，見下文。

（46）　Chicago → 積加古 jīk-gà-gú（PB 141）

（47）　conductor → 勤德打 kàhn-dāk-dá（PB 143）

（48）　Cicinnati → 仙仙拿打 sìn-sìn-nà-dá（PB 151）

各例最後的音節皆是高升調，顯然和今日的發音習慣一樣。詞語用高升變調作結的現象在雙音節外來語中，看不出來；但在多音節的外來語中，卻很明顯。但是為什麼有這樣的區分？為什麼多音節會比雙音節先發生變調？這也有待進一步的分析。

4. 譯音兼釋義

4.1. 在音譯的外來語中，有不少是在音譯之外，再附加一字，説明類別。如：

（49）　beer → 啤酒 be+jau（VCD 502）

　　　　　　　啤酒 bè+jáu（CC 161）

啤酒一詞，前半譯音，後半釋義，音義兼顧，[13] 這樣的例子，早期材料中還有一些，如：

（50）　liquer → 利哥酒 li-go+jau（VCD 194）

（51）　port → 砵酒 but+jau（VCD 129）

　　　　　　 砵酒 būt+jáu（CC 165）

（52）　damar → 打嘛油 dá-máh+yaùh（CC 206）

（53）　salt cod fish → 鹹鮎魚 hàahm+gāt+yùh（PB 117）

（54）　ball → 波球 bo+kau（VCD 22）

最後一例特別有意思。波球的構詞形式和啤酒一樣，都是音義雙拼的外來詞，由來已久。借詞常用的一種手段是第一步把原詞對音，

13　在1828年的VCD書中，啤也有不和酒同用的例子，如細啤 sai+be（small beer）、大啤 daai+be（large beer）（VCD 516）。不過書中指出大啤的意思其實是指 porter，今日音譯作波打酒 bōdájáu。

再加上説明詞，兼顧音義，其後才把説明的字眼取消，變成一個純音譯詞。啤酒可以省作「啤」，不過啤酒一詞一直沿用至今，而波球省作「波」，在1828年已經存在，當時已有「打波」的説法，波字單用之後，即取代波球，波球的説法不復通行。在發展上，「波」比「啤」快了一步。[14]

(55) 原詞 → 音譯＋義釋 → 音譯(＋義釋) → 音譯
    beer → 啤酒 → 啤(酒)
    ball → 波球 → 波(球) → 波

4.2. 音義兼顧的外來詞，有的並不是借用他詞説明類別，而是在音譯當中選用有意義的字，讀則音近，拆則可解，例如：

(56) mango → 樣菓 mong+gwo (VCD 202)

「菓」字身兼二職，一表聲，一表意。又如：

(57) rudder → 勒肚 lahk+tóuh (CC 326)

勒肚是翻譯英文的rudder-ropes，意思是「自首至尾勒船肚而繫舵」(CC 326)。這顯然是一個音義並顧的翻譯。雖然聲音並不完全相同，但字面上很清楚地説明rudder ropes的用途。再舉一例：

(58) Champagne → 三鞭酒 sàam-bìn+jáu (CC 139)

「酒」字定其類，三鞭是Champagne的音譯。但在中文裏，鞭另有所指，中國人認為是壯陽的補品，以三鞭命名，似乎比今日通行的翻譯「香檳」更能引人遐思。

和「三鞭酒」構詞類似但效果相反的有「乞食牛肉」，詞帶貶義：

(59) 留翻聽日做乞食牛肉。

    Keep the beef till tomorrow and make a hash of it. (CC 163)

---

14 請參看 Benjamin Tsou (1999), "Some Remarks on Entomological Terms in Chinese and the Austroasiatic Link Revisited," *In Honor of Mei Tsu-Lin: Studies on Chinese Historical Syntax and Morphology,* ed. Alain Peyraube and Chaofen Sun (Paris: CRLAO)。

CC同頁有注説明：

> 乞食, like words chocolate, cheese, cutlet, beer, custards, jelly, & several others, which being altogether unknown in Chinese cookery, the characters are used merely to denote the sound of a foreign word, their sense being entirely disregarded. Of course, the meaning of such words cannot be entirely known.

CC作者的解釋，當然有他一定的道理。以啤對beer，把cutlet翻作咭烈，各字只表音，本身沒有意義。但是乞食自成一詞語，發音和hash音近而不盡同，分明是一個兼帶意義的音譯詞。乞食和hash的意思，很不一樣。Hash原義是指把吃剩的肉剁碎，和以其他作料回鍋再煮的菜式。這也許和把殘餘剩菜施於乞食者的做法略略相似，都是「廢」食利用。

5. 翻譯

5.1. 為外來物品命名的另一手段，是用自己的語言描述物品，如：

(60)　dressing case

MVC書中説："The Chinese have none." (MVC 49) 中國人於是按其用途而名之為剃鬚箱。Dressing case本是男女梳裝所用的小箱子，但是在粵語的翻譯中，卻成了男性的專用品。由翻譯而得的外來詞，三本書中例子很多，如：

(61)　floor mats → 地蓆 (VCD 63)

(62)　tooth powder → 牙灰 (CC 155)

(63)　pillow cases → 枕頭布 (CC 158)

(64)　shirt → 白衫 (PB 77)

(65)　cream/butter → 牛奶油 (VCD 39, CC 161)

(66)　finger bowls → 洗手盅 (CC 179)

(67)　postal card → 寄信帖 (PB 41)

這些都是舶來洋物，洋名中譯，有時翻得並不貼切，如：

> (68) 我想去海邊洗身，攞洗身衫嚟。
>
> I am going to the seashore to bathe, bring me my bathing dress. (CC 151)

Bathing dress當然是指泳衣，這裏說洗身衫，只是直譯，意思相去甚遠。又如例 (67) 寄信帖，以中國傳統的帖翻外國的card，還算貼切，但請看下例：

> (69) Christmas card → 耶穌生日嘅帖 (PB 159)

帖的用途描述詳盡，但文字一大串，說起來顯得囉唆，後來改稱聖誕卡singdaan kāat，一半義釋，一半音譯，簡單明瞭，不過究其義，還是和原來的說法一樣。

CC一書對外來詞的翻譯，時常加上一些案語，說明洋物得名的始末，別饒趣味。例如：

> (70) piano → 八音琴 (CC 141)
>
> The reference here is to the foreign instrument, the piano forte, called by the Chinese 八音琴, or eight sounding harp, thus, however, may not be the most appropriate term.
>
> (71) fireplace → 火爐龕 (CC 132)
>
> 龕 is probably a shrine, usually made in Chinese houses in the walls, in its form bearing some resemblances to our fireplaces or grates.

以龕表牆裏的火爐，於是火爐上的mantle piece，就叫火爐額 (CC 133)，譯名傳神而貼切。

5.2. 從翻譯而得的外來詞，三本書的名稱有時並不一致，例如下面這些食物名稱：

	VCD (1828)	CC (1841)	PB (1888)
(72) bread	麵頭	麵頭	
	麵包		麵包仔
	麵龜		
(73) biscuit	麵頭乾		
	麵包乾		
	麵餅	麵餅乾	
	麵餅仔		
	餅乾		
(74) cheesecake	牛奶餅	牛奶餅	
	番餅		
(75) pie		麵龜	

這些外來食物，粵人起初不知何以名之，所以叫法不一，有的留存下來，成了今日大家共用的通稱，如麵包、餅乾。有的名稱如牛奶餅雖然 VCD、CC 兩書都用，但今日已被「芝士蛋糕」取代。麵龜一詞，VCD 書中是 bread 的意思，到了 CC 指的卻是 pie。CC 加注說：

> 龜, here used for pie, is the name of the tortoise. The Chinese make no pies for themselves and the term 龜 may have been selected to denote a pie on account of its back being round and flat like a pie. (CC 163)

當時麵龜有多種，如：

(76) 叫整好<u>鵝頭龜</u>。

Bid him prepare a giblet pie. (CC 163)

(77) 做個鬆酥<u>白鴿麵龜</u>。

Make the pigeon pie tender & crispy. (CC 165)

(78) 焗蠔油<u>麵龜</u>要起好酥。

Bake the oyster pie so that (the pastry) will become light and tender. (CC 165)

今日pie音譯作批pài，顯然是後起的叫法。不過，澳門粵語仍保留舊日麵龜一詞的用法。

5.3. 材料中有一些外來詞，詞意十分特別，值得一提。如：

（79） Venetian windows

在十九世紀的粵語中，這種窗有兩種叫法，一種是木板簾窗，或簡作板簾窗，見VCD；CC則作板簾窗門，以板為簾，描述Venetian windows的用料和用途。另一種叫法是：牛拍脇窗ngau+baak+yip+cheung（VCD 366），或牛百葉窗 ngàuh+baak+yihp+chèung（CC 131）。CC注云：

> 牛百葉："Cow's hundred leaves" as an allusion to the internal folds of the omasum or manyplus, the third stomach of the cow; the cavity of this stomach is much contracted by numerous and broad duplicatures of the internal coat, which lie lengthwise, vary in breadth in a regular alternate order, and amount to about one hundred; thus showing the appropriateness of this singular allusion for describing the venetian blinds. (CC 131)

所以牛百葉窗顯然是描寫小木板層疊相依，宛如牛胃牛肚的樣子，取譬成詞。當年的窗以小木為板，今日以膠以鋁為片，美其名為百葉窗。大家以為是百葉成簾，又誰知它的來源和吃的文化有關，百葉窗是牛百葉窗的省略？

6. 外來語的用法

從歷史的角度來看，有的外來詞在語言中用了一百多年，也許意思並沒有多大的改變，但是實際用法卻古今有別。譬如餐桌上用的knife和fork，1828年的VCD翻成刀和叉，今日仍然叫刀叉。名字雖一樣，但配搭的量詞卻很不相同，請看下面一句：

(80)　擰張刀擰枝叉來。（VCD 91）

用今日的話來說，這句話似乎殺氣騰騰，像是要上演全武行。一張
刀是一把大刀，一枝叉可以是叉戟之叉。假如是吃飯用的刀叉，只
說一把刀、一隻叉或一個叉。名稱不變，但量詞不同，而意思有所
分別。

　　時間詞 minute，早期粵語有兩種說法，一是「分」，和今日用
法相同；一是免利，或作喊呢，見於 1828、1888 年兩書，「分」是量
詞，如一分一秒，但「喊呢」則作名詞用，前加「個」字，[15] 如：

(81)　我哋七點十五箇喊呢食朝餐。

　　　We eat breakfast at a quarter past seven. (PB 23)

PB 書中喊呢的用法，和漢語一般時間詞的詞序大相逕庭，如：

(82)　約十箇喊呢過七點咯。

　　　It's about ten minutes past seven. (PB 23)

(83)　五箇喊呢到八點。

　　　It wants five minutes of eight. (PB 21)

這些句子分明是從英文翻譯過來的。今日粵語不用喊呢，也沒有這
種西式的說法。

　　從西方借入的話語，還見於其他材料，如：

(84)　好早晨

　　　good morning (VCD 446)

(85)　好夜晚

　　　good evening (VCD 446)

(86)　李先生，我十分歡喜共你相會。

　　　I am very happy to meet you. (PB 272)

15　雙音節量詞很多都可以名量雙用，如 ounce：一安士、一個安士。但 PB 書中並沒「一
　　喊呢」的例子。

這些半中不西的句子，雖然只是偶爾一見，但也足以看得出當日的語言很受英語的影響，不只是借貸詞語，連熟語也可成句套用。一百多年後的今日，飛機上用的禮貌語言如「早上好」、「晚上好」，還不是和例(84)、(85)一樣，都是套自英文的用法？這樣晨昏問候的寒暄，徹頭徹尾是外來語言的習慣。

7. 結語

　　VCD、CC和PB記載十九世紀三個不同時期的粵語。從這些材料來看，當時舶來物品很多，粵人正不斷製造新詞，逐一命名。有的是照原物形狀或原名意思來賦予新名；有的是按原詞讀音，直接對轉成有音無意的音譯詞；有的音義兼顧，別出心裁。音譯詞所用漢字，多加口傍，以示區別。如：

　　(87)　America → 咪唎加國

　　　　　　　　mih-lih-gà+kwok (CC 262)

　　(88)　John Street → 讚街

　　　　　　　　jaan+gài (PB 47)

有的更是從別的方言中轉借入粵語，如：

　　(89)　嗶嘰 bat-gi（VCD 502）

嗶嘰是一種布料，書中翻成longells。花嗶嘰是 "embossed cloth"。嗶嘰本來是beige的譯音，[16] 原指布料或羊毛未經染色前的顏色，漢語裏引用作毛織棉織布料解。按發音，嗶嘰大概是吳語的對音，粵語借用，讀出來和beige的發音相差很遠。

　　總的來說，十九世紀粵語中的音譯外來詞並不太多。個別借詞的讀音，有的還未穩定下來，如chocolate的譯音，幾經變化，最後

16　見劉正埮、高名凱等，《漢語外來詞詞典》(上海：上海辭書出版社，1984)。

才變成今日的jyūgūlīk。其實舊讀反而更近原詞的發音。

(90) chocolate → 知古辣 jo-go-laaht（VCD 58）[17]

　　　　　　　揸古聿 jà-gú-leuht（CC 161）

　　　　　　　朱古力 jyū-gū-līk（今讀）

Sardine由沙唲sàdín到沙甸sādīn，ball由波球到波，Venetian blinds由牛百脅窓到百葉窗，每一個例子都是外來語發展的個案歷史。不過由於材料中的例子有限，我們無法進一步研究早期外來語究竟如何在粵語中生根，如何在音譯和義譯兩種形式之間取捨。二十世紀以後的口語材料較多，在有系統的整理歸納之後，我們也許可以更全面地研究粵語裏借詞演變的歷史。

參考書目

張日昇。1986。〈香港廣州話英語音譯借詞的聲調規律〉。《中國語文》，1:42–50。

張洪年。1972。《香港粵語語法的研究》。香港：香港中文大學。

劉正琰、高名凱等。1984。《漢語外來詞詞典》。上海：上海辭書出版社。

Ball, Dyer. 1907. *Cantonese Made Easy*. Singapore, Hong Kong, Shanghai, and Yokohama: Kelly & Walsh.

Bridgman, E. C. 1841. *Chinese Chrestomathy in the Canton Dialect*. Macao: S. Wells Williams.

Chan, Mimi, and Helen Kwok. 1982. *A Study of Lexical Borrowing from English in Hong Kong Chinese*. Hong Kong: Centre of Asian Studies, University of Hong Kong.

Hansell, Mark. 1992. *Borrowed Polysemy in the Chinese Lexicon*. Manuscript.

Morrison, Robert. 1828. *Vocabulary of the Canton Dialect*. Macao: The Honorable East India Company Press.

17　知古辣的發音本是ji-gu-laaht，不過VCD注的音卻是Cho-co-lat。

Robert Bauer. 1997. *Modern Cantonese Phonology*. Berlin; New York: Mouton De Gruyter.

Stedman, T. L., and K. P. Lee. 1888. *A Chinese and English Phrase Book in the Canton Dialect*. New York: William R. Jenkins.

Tsou, Benjamin. 1999. "Some Remarks on Entomological Terms in Chinese and the Austroasiatic Link Revisited." In *In Honor of Mei Tsu-Lin: Studies on Chinese Historical Syntax and Morphology*, edited by Alain Peyraube and Chaofen Sun. Paris: CRLAO.

原載丁邦新、余靄芹編，《語言變化與漢語方言：李方桂先生紀念論文集》（台北：中央研究院語言學研究所，2000），頁319–335。

雜揉與創新
從廣告寫作看香港語言的多元性

提要：物品銷售成功與否，除了和物品本身的質量和取價的高低之間有必然的關係以外，口碑宣傳也往往會影響消費者購買的意願。廣告是一種推銷手段，利用圖像、文字或聲音來宣傳物品，招徠顧客。香港消費市場主要是說廣東話的市場，以粵語入廣告，自是預料中事。香港流行的三文兩語，也給廣告提供更靈活的語言交錯和替換變化。本文以香港書面廣告為主，分析廣告作者如何利用不同的語言手段，包括押韻、同音假借、詞語重組等語音語法安排，在短短的數字或十數字中，一語雙關，製造意想不到的意趣和吸引力。廣告是一種語言遊戲，它一方面依靠語言本身的靈活性和多元性而創作別有意趣的廣告，另一方面這些在文字上自由轉折替換的解讀，也正在反映語言本身在語音語用層面所發生的內在變化。

關鍵詞：廣告語言、兩文三語、押韻、同音假借、詞語重組

1. 香港是一個世界性的大都市，是全球經貿中心之一。香港是消費者的天堂，也是一個龐大的消費市場。有消費，便有推銷。數百萬的市民，加上每年到訪不計其數的遊客，都是這個市場的消費者，也是這個市場推銷的對象。最有效的推銷莫過於廣告，廣而告之，用不同的表達形式，在消費市場上招徠顧客，推銷貨品。廣告可以是沿門叫賣，也可以是廣發招貼；可以在報紙雜誌上刊登告白，也可以在收音機電視上購買時段，大事宣傳。不論表面形式如何千變萬化，各種廣告基本上都是通過視覺和聽覺的媒體來傳遞消息，聽覺是聲音，視覺是圖像文字。宣傳的成功與否，端視乎廣告能否在視聽方面引起別人的注意，通過聲音影像吸引消費者對推銷物的興趣。只要我們對宣傳物略加注意，投之一瞥，或側耳稍聽，廣告已做到傳播訊息的工作。只要我們對銷售物稍具好奇，產生一絲的購買、參與或擁有的意欲，廣告就達到招徠顧客的目的。

廣告之術，由來已久。古代賣酒，高懸酒旆，吸引過客，此即一例。酒旗本身是一個圖像，旗中「酒」字就是文字符號。廣州博物館藏有一幅大概是十九世紀的廣告，獨家推銷劉家功夫細針，有文字，也有圖像，簡單而一目了然。今日的視像廣告，無論在構思或者技巧方面，當然遠勝十九世紀的廣告。但就基本廣告內容而言，也還是不離圖像和文字，文字當然也連帶聲音，不能忽視。不過今日廣告在文字和圖像之間的關連和變化，不斷翻陳出新，形形種種，教人目不暇給。請看下面兩則廣告。一則是香港先施公司光緒二十六年 (1900) 的廣告，見圖一；一則是先施公司1999年的廣告，見圖二。兩則廣告相比較，內容大差不離，前者用文字交代公司從商原則、銷售外國品種、店址所在並營業時間。後者報道的也是類似的訊息，但表達形式除文字外，還加插圖像，用畫圖來標明外國貨品Tarzan牌衣服，爭取兒童顧客。圖像突出生動、清楚明白，在宣傳的實效上，自然比全篇只是文字說明，更能發揮廣告的作用。

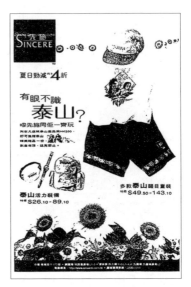

圖一　　　　　　　　　　圖二

　　就算在文字方面，兩則廣告也頗有不同。前清的廣告是以所謂
的語體文或簡單的文言文寫成，今日的廣告主要是根據口語。前者
說：「請君光顧，請移玉步面議為荷。」後者說：「嚟先施同佢一齊
玩。」一文一白，語言雖異，但用意相同，旨在拉攏顧客。兩則廣
告的對象，其實都是香港顧客，說同一種語言。但什麼廣告中的文
字為什麼卻有這樣大的分別？這當然和近年廣告事業的新發展有很
大的關係。翻看過去一個世紀的香港廣告，大概是六十年代之後，
才漸漸引入口語文字。時至今日，語文混雜，已經到了非香港人看
不懂的階段。「香港人看得懂」，其實正是廣告的策略。廣告既是
招徠顧客，購買貨物的顧客也就是廣告的對象，認識顧客，認同顧
客，這是宣傳術的基本原則。從顧客的眼睛來看世界，應該配合顧
客的需求，說他們最容易聽得懂看得明白的話語。顧客的語言也自
然成為廣告的語言。香港的消費市場主要是說廣東話的市場，廣東
話入廣告本是預料中事。我們千萬不要以為創作廣告的人語文能力
不足，沒法寫出通順的文字，才以口語入文。其實據資深的廣告撰

寫人士的看法，中文根基深厚是晉身廣告創作的必備條件。寫一篇像前清先施公司的通告，只要稍有文字訓練的人都能勉強交差。但是能夠利用想像力，套用舊句「有眼不識泰山」配合突出泰山猩猩童裝，卻並非每一個執筆為文的人都能做得到的。把口語寫入廣告，是市場的一種實際要求，對創作的人來說，也是一種挑戰。好的廣告是一種加工的「我手寫你口」，你口說的是什麼語言，我手寫的也就是這種語言。

消費市場有一定的時間性和空間的限制，廣告對象也是一時一地的顧客，廣告中所用的、所反映出來的也是這一時一地的語言實況。換了一個時代一個地區，語言不同，同一則廣告也就可能無法施展它的文字圖像魅力，甚至是叫人看了一頭霧水，不知所賣何物。香港是一個兩文三語的社會，兩文三語齊用的現象，在廣告中更是層出不窮。香港人的語言以粵語為主，但日常說話時，往往兼帶英語單字或短語，拿起筆來，粵語雜入書面文章，半是口語半白話。這種語文交雜、又中又西的語言現象，有心教育的人士深以為訴，認為這正是今日香港中文水平低落的一大癥狀。但是語文混雜是今日社會中不可否認的一個語言事實，廣告中所反映的也是這個語言事實。語文混雜是廣告創作的一大泉源。我們甚至可以說，只有在廣告語言中，兩文三語的揉雜才似乎得到合法性的地位，從揉雜中力求創新，醒人耳目。至於這種廣告語言的雜揉和創新對香港人普遍語文水平究竟發生多大影響，至今還沒有人進行有系統的調查或研究。

本文研究主要的重點是廣告創作中所採用的語言策略，特別是和語音有關的語言手段。研究廣告語言是一門學問，我們可以從藝術、設計、語言、修辭、心理、社會、文化等各方面來研究廣告，分析各家各派各公司創作廣告的方案策略。我的研究課題是語言策略，這些策略其實可以適用於任何一個社會、任何一個語言環境中，但是在香港這個兩文三語的廣告世界中，這些策略往往是發揮

得淋漓盡致，達到意想不到的效果。我近年搜集廣告，以書面廣告為主。電視收音機的廣告雖有一些，但不在研究範圍之內。下文分析主要是根據二十世紀九十年代末的材料，看看這些廣告採用什麼語言手段，並且通過這些廣告進一步了解香港語言變化的實況。

2.　　書面廣告以圖像和文字為主，圖像文字都和目睹眼看有關，其實除了視覺的感應之外，聽覺的吸引力也是書面廣告創作的一大要訣。聽覺的對象是聲音，而聲音又往往能引導我們對話語的了解，加深我們對話語內容的印象。所以好的廣告作者，一定要雙耳聰穎，對聲音特別敏感，在創作廣告時，利用文字的聲音，對顧客挑起一定的聽覺上的刺激，見其文而彷彿聞其聲。由文字而聲音、因聲音而加強文字的宣傳功效，這種和聲音有關的語言策略主要可分押韻和同音假借兩大類，現分述如下。

3. 押韻

3.1.　書面廣告除了圖像突出、文字新穎外，往往還要求句子聲韻鏗鏘，容易上口，讓看廣告的人一經入目即轉化聲音，幫助記憶。而最能體現這種聲音美的手段是運用押韻，製造聲音上的和諧，下面且舉一些例子說明這現象。例子中押韻的字，用耶魯拼音標明粵語讀音，廣告出處見括號內說明。

(1)　　住在香<u>港</u> (góng)
　　　　食在聯<u>邦</u> (bōng)　　　　　　　(聯邦酒樓)

(2)　　樂聲更全<u>面</u> (mihn)
　　　　精采每一<u>天</u> (tīn)　　　　　　　(樂聲牌電器)

(3)　　摯誠感謝厚<u>愛</u> (oi)
　　　　盡享崇光姿<u>采</u> (chói)　　　　　(崇光百貨公司)

(4)　　你精我都<u>楮</u> (jēng)
　　　　飲杯竹葉<u>青</u> (chēng)　　　　　(竹葉青酒)

> (5) 善於選擇 (jaak)
>
> 勝券在握 (ngaak)　　　　　（廣州卷煙）
>
> (6) 我騎呢 (lé)
>
> 我更攬嘢 (yéh)　　　　　（電影《凸務之王》）
>
> (7) 行行企企 (kéi)
>
> 遠近由您 (néih)　　　　　（Nikon 照相機）
>
> (8) 做得咁好 (hóu)
>
> 梗係惠而浦 (póu)　　　　　（Whirlpool 電器）

翻開報章雜誌，兩句押韻的廣告遍遍皆是，押韻只講究句末一字的韻母相同，聲調是否相同並不重要。例 (1) 的「港」、「邦」是陰上陰平押，例 (2) 的「面」、「天」是陽去陰平押，例 (6) 的「呢」、「嘢」是陰平陽上押。韻同調異，是詩歌中常見的押韻手段，和舊體詩韻分平仄的要求並不一樣。

3.2. 上舉八則押韻廣告，前四例和後四例稍有不同。前四例的押韻，在粵語中如此，在普通話或很多其他方言中亦如此，而且用字遣詞是一般的語體文，放諸中國各地，廣告效果不失。但從例 (5) 開始，押韻只限於粵語，用普通話來讀，句尾的字並不屬同韻。例 (5) 本身句子文雅，但只有配上粵音「擇、握」才有押韻的效果。顯然易見這些廣告的對象是操粵語的顧客。例 (6) 至例 (8) 都帶有粵方言特有的詞語用法，押韻部分有的更是方言詞，如例 (6) 的「騎呢」kèh lè，有聲無字，意思近於「奇怪」，今寫作騎呢，假借而已。例 (7) 末句「遠近由您」，用的是普通話中的「您」，表示尊敬，但此字在普通話讀 nín，在廣東話中並無相對的讀音，香港廣告借其形而不用其音，按「你」原來的讀法，不收鼻音，讀 néih 所以和「企」kéi 押韻。例 (8) 的「惠而浦」是英文 Whirlpool 的音譯，「浦」、「好」押韻，當然只限於粵語，改成普通話讀音，音韻效果頓失。

3.3. 香港有不少廣告是打破中英文的界限，混雜兩種語言，中英文交替押韻，例 (8) 的惠而浦即其一例。不過惠而浦雖是外來語，但

漢字書寫，屬於正式的音譯詞，反觀下面數例，卻是直接把英語移入廣告，和中文句子押韻，中英夾雜成一種特別的音韻和諧效果，別開生面。

（9）　同阿媽Say Hel<u>lo</u>
　　　　網上做得<u>到</u>（dóu）　　　　　　　（網上電話）

（10）　持文憑，升學<u>易</u>（yih）
　　　　搲工更eas<u>y</u>　　　　　　　　　　（City College）

（11）　頭<u>皮</u>（pèih）
　　　　No <u>Way</u>　　　　　　　　　　　（Rejoice洗頭水）

（12）　日日upgrade
　　　　永遠有<u>機</u>（gēi）　　　　　　　　（Career Times）

（13）　減<u>肥</u>（fèih）
　　　　Buff<u>et</u>　　　　　　　　　　　　（香港拼圖）

當然這些外語的讀法，要按香港人的發音才能達到押韻的效果。如例（12）的upgrade，香港人一般都把第二音節讀成[krei]，和英文原來的讀音[greid]不同。但不發尾音d，正好和「機」[kei]押韻。再看下一例：

（14）　食番個Mr. <u>Bun</u>
　　　　Casio即影即有貼紙相機有得<u>Fun</u>　（嘉頓麵包）

這明明是一則中文廣告，但押韻的字偏偏都是英文，別出心裁。廣告中押韻兼用中英文的現象，其實並不始自今日，下面一則1980年的DQJ牌牛仔褲，就是用英文字母J的讀音來押中文裏的「尾」字。

（15）　多文DQJ
　　　　由腰Fit到腳指<u>尾</u>（mēi）　　　　（DQJ牛仔褲）

3.4. 廣告中的押韻，一般是同韻相叶，不過也有一些用韻較寬的現象，如：

（16）　心水家電得你心（sām）

　　　　可愛贈品攞滿 <u>Fun</u>　　　　　　　（百老匯電器）

「心」字收-m，fun收-n，同屬鼻音尾，雖然一是雙唇，一是舌音，但音色相近，香港人聽起來覺得和諧相叶。下面一例是入聲韻，-p、-t相押，道理相同：

（17）　殺一滅五<u>十</u>（sap）

　　　　甲由斷魂<u>旦</u>（yaht）　　　　　　（Raid殺蟲水）

我們在其他類型的材料中也發現粵語唇音舌音（-m:-n / -p:-t）相叶的現象。我們再看下面這些廣告，嚴格說來，並不算是押韻的例子。

（18）　一日一個<u>橙</u>（cháang）

　　　　好過做煙<u>剷</u>（cháan）　　　　　（戒煙廣告）

（19）　看出一點<u>真</u>（jān）

　　　　看出可觀人<u>生</u>（sāng）　　　　　（眼鏡88）

（20）　貴為全港第<u>一</u>（yāt）

　　　　當然洗得又曬<u>得</u>（dāk）　　　　　（Whirlpool洗衣機）

例（18）的「橙」收舌根鼻音-ŋ，「剷」收舌尖鼻音-n，分屬不同韻部，本不相叶，例（19）亦然。例（20）是-t尾和-k尾，也還是舌尖舌根的對比，為什麼可以押韻？這並不是押韻從寬的現象，而是反映了今日粵音的新變化。香港年輕的一代，許多人都是舌尖舌根尾音不分，也就是所謂的「懶音」現象，-ŋ轉讀-n，於是「橙、剷」同音；「真、生」同韻，入聲尾-k變作-t，於是「一、得」相押。下面一例是中英押韻的廣告：

（21）　開心時<u>刻</u>（hāk）

　　　　Pizza <u>Hut</u>　　　　　　　　　（Pizza Hut）

「刻」字原讀hāk，但是由於舌根音向前而導致和舌尖音相併，於是「刻」變讀hat，正和香港人口中的「Hut」字同音。換言之，以上列舉

的這幾則廣告，按標準粵語來讀，並不押韻；但按今日新派粵語來讀，押韻分明。這也可以證明廣告語言正正反映語言現況。這些新派讀法，有人視為懶音，不願接受。但不容否認的是香港粵語近年發生許多變化，整個語音系統都有所更動調整。而這些變化調整，都可以從廣告語言中找到實證。

4. 同音假借

4.1. 我們先看下面這則在地鐵站招貼的廣告（圖三）。只看圖畫，一人沿階而上，腳碰梯階，似有不妥。這是什麼廣告？是地鐵廣告？為的是請搭客上下電梯小心，以免發生意外？圖像下有一行大字，寫的是「好聲呀」，意思似乎更清楚。在廣東話裏，「好聲」hóu sēng 是「小心」的意思，但這一則廣告不是地鐵廣告，而是香港電訊推銷電話的廣告。這樣一來，「好聲」指的不是「小心」，而是「聲音好」，不論在地面或是地下，電話收音一樣清晰。這樣一幅圖畫廣告，點睛全在「好聲」二字。「好聲」有兩種意思，而二解同音，由第一解「小心」轉去第二解「聲音好」，轉折之間，非始料所及。看的人體會過來之後，詫異驚喜之餘，也許就會對廣告商品多加注意。

圖三

這種文字上的轉折遊戲，關鍵在於一語雙關。雙關來自歧義，創作廣告的人利用歧義而製造特別效果。香港的廣告有很大的一部分都屬於這一類型。從語言分析來看，一語雙關是建基在三個語言手段上：(1) 同音假借、(2) 語法重組、(3) 語義轉換。表示「小心」的「好聲」和表示「聲音好」的「好聲」，同音異詞，同字異義，由前者假借作後者，這就是同音假借。假借前的「好聲」和假借後的「好聲」，語法結構並不一樣，表示「小心」的「好聲」是一個雙音節詞，指聲音的「好聲」是一個詞組，「好」是形容詞，修飾名詞「聲」。由「好聲」變作「好 + 聲」，這是語法重組。

語法上動了手腳，語義也因而改變，語義一變，使用的場合也因而不同，發揮的語用大不一樣，這是語義轉換。從表面形式來看，雖同音同字，但涵義迥然有別。同而不同，是修辭上的上乘技巧，也是廣告上的成功招徠術。

4.2. 一語雙關有幾種不同的情形。這語義雙關的一語，可以是一個單音節，也可以是一個多音節的詞或詞組，因同音或假借而轉作他解，現分別略述如下：

4.2.1. 同一字而有多義，但各義之間卻並不相連。不相連的可視作同音同形詞，茲舉二例：

(22) 可口可樂齊齊戽

這是可口可樂的廣告，推銷的是可口可樂手提電話。廣告還另附一句說「儲齊39個樽蓋，獨得潮流 Phone」，也就是叫人多喝可樂，可以憑瓶蓋換取手提電話。廣告中的「戽」字顯然有兩層意思，一解是倒水的「戽」，一解談話戽酌的「戽」，前解指的是汽水，大家一起喝可樂，後解指的是電話，大家一起用可口可樂手機談心。一個「戽」字兼顧兩樣推銷物，用思不可謂不巧妙。

(23) 你醒、醒你

這是日產汽車廣告，簡單的四字句，共用兩字，前後顛倒。「醒」字在粵語中有二解，一解是精明靈活的意思，是一個形容詞；另一解是獎賞的意思，是動詞。所以全句四字前後倒裝，實際上是兩個不同的句子，意思是因為你精明，選擇日產汽車，所以汽車公司決定給予獎品，廣告説明獎品是首年牌費和汽車全保。

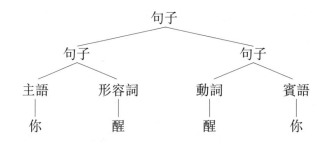

「醒」字二用，還見於下面一則廣告：

(24) 淘大醒醒你

這是淘大鮑魚XO醬廣告，句子可以有二解：一是淘大聰明，獎賞顧客，醒字二用。另一解是淘大獎賞獎賞顧客，醒字作獎賞解，動詞重疊。前者是複句，後者是單句。圖解如下：

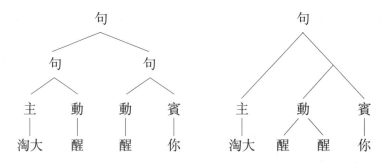

4.2.2. 同一雙音節或多音節詞，因語法組合不同而有不同意思。其中一個是獨立成詞的解釋，另一個是拆開之後的字面意思，例如：

(25)　認真大膽

這是賣海膽壽司的廣告。粵語中「大膽」二字，本是一個雙音節的形容詞，意思是「膽子大」。但廣告裏的「大膽」是指所賣的海膽分量夠大，語法上屬修飾結構，圖解如下：

想深一層，兩重意思在廣告中都用得上。敢賣如此大的海膽，真是膽子夠大，所以廣告中另補一句「膽色過人」來加強語氣。

(26)　最新和味手機

這是賣和記公司出品的東洋式手機，所以和味二字可以指和記公司的品味，也可以指東洋和式的品味。和字一音二解，「和味」分拆成詞組，因而有兩種解釋。其實「和味」在粵語中還另有一解，是一個雙音節的形容詞，意思是味道好或品味好。於是「和味手機」一句三解：

(27)　脫除不雅體毛，毋須肉痛

這是脫除體毛的廣告。肉痛作為詞條，是「心疼、捨不得」的意思；作為詞組，是「肉體疼痛」的意思。從廣告字句來看，指的似乎是詞

組意思，手術高明，皮肉不用受苦。但廣告中又加一句説明收費廉宜，所以「肉痛」兼指「捨不得花錢」的意思。

4.2.3. 上舉各例是同音、同字而意義有別，但還有些一語雙關的例子，是因為借用漢字而發生一語多義，借用的原因可能是有音無字，可能是音譯外來詞，也可能是有意利用同音假借而製造特別的修辭效果。

（28）　Ray Ben，超然掩眼法

Ray Ben是太陽墨鏡的牌子。「超然」一詞從字面來看是指戴了黑眼鏡之後有一種超然優越的感覺。但「超」字在廣東話中是「黑超」之省，黑超是黑鏡的意思，來源待考。所以此「超」實不同於彼「超」。

（29）　軌咁方便

這是九龍火車的廣告。四字一句，當然是取自同音的「鬼咁方便」，「鬼咁」是粵語的特別用法，放在形容詞之前，表示「十分」的意思，所以這個廣告第一層意思是「九龍火車，十分方便」。進一步分析：鬼軌同音，而「軌」字拆開來是「九車」兩字，也就是「九龍火車」之省，所以「軌咁方便」的另一層意思是「九龍火車這樣方便」。兩重解讀合起來是：「九龍火車，鬼咁方便。」同音假借再加上拆字，曲折而多趣味。

（30）　AIG快脆批私人貸款

廣告附圖（見圖四）是一塊糕餅（pie）。按圖索驥，「批」當是指pie，是一個外來借詞，粵語讀作pai，放在pai前面的「快脆」是一修飾詞，意指又快又脆又好吃的「批」。實際上，AIG是一家貸款公司，

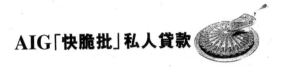

凡成功申請AIG「快脆批」私人貸款，
「零息機會刮刮卡」一張，贏取免息貸款
〇先得，送完即止。

他優點：
〇00
〇%**

00,000三個月之環球24小時個人意外保障

錢途快線：
2917 2917
星期一至五　　9:00 a.m.-9:00 p.m
星期六　　　　9:00 a.m.-6:00 p.m

AIG

圖四

貸款和糕餅有什麼關係？關鍵是這裏的「批」字可以當貸款手續，意指AIG公司處理貸款申請批核快速。「快速」粵語說faaicheui，一般寫成「快趣」，和「快脆」同音。所以「快脆批」一語兩義，在語法結構上完全不同：

圖中的脆餅甜食和私人貸款風馬牛不相及，不過望文生義，我們可以說借貸批款之快，讓人有如吃脆餅一樣的滿足感。又或者說借貸正如大家分吃脆餅一樣，只取一小角而已。

4.3. 一語雙關的廣告例子不勝枚舉，所用的手法基本同出一轍。這些廣告雖然都是通過視像文字來推銷貨物，但是我們看到這些文字，第一個反應並不在文字表面，而是把文字串成聲音。廣告中的警句套用熟詞熟語，雖然不一定是常規寫法，其間可能偷換一字，但是在語音層面，我們還是聽成常用熟語，仔細一想，才發現或許

是文字有別，或許是結構不同，重新切割而得到新的解讀，一語雙關，趣味無窮。

尤有進者，廣告語言中的一語雙關手法，牽涉的不只是文字、聲音、語法之間的轉換，更重要的是在語義對換過程中，我們是怎樣認清這兩重新舊意義和銷售物之間的關係。假如我們把廣告中畫龍點睛的警句標作A，而A的構成成分是XYZ：

$$A \quad \rightarrow \quad X + Y + Z$$

當我們看到或聽到這A句的時候，腦子裏先做語音配對（phonetic mapping），根據聲音而配上一個常用熟語或傳統舊句，得出第一個解讀，我們姑且稱為熟語舊解。

$$A \quad \rightarrow \quad X + Y + Z$$
$$\downarrow$$
$$X1 + Y1 + Z1 \quad \rightarrow \quad A1 \quad \text{熟語舊解}$$

等套上熟語之後，馬上就發現句中有一個或多個地方，和廣告中的字句寫法或用法頗有出入，例如音同（X1 = X2）而意不一樣，於是重組成分而得出廣告句的新解：

$$A \quad \rightarrow \quad X + Y + Z$$
$$\downarrow$$
$$\underline{X1} + Y1 + Z1 \quad \rightarrow \quad A1 \quad \text{熟語舊解}$$
$$\|$$
$$\underline{X2} + Y2 + Z2 \quad \rightarrow \quad A2 \quad \text{廣告新解}$$

A1及A2這兩種解讀，和廣告銷售物之間有三種不同的關連。第一種情形是只有廣告新解A2和物品有關，第二種是廣告背後的熟語舊解A1和物品有關，第三種是新舊兩解A1及A2都和物品有關，現分別說明如下。

4.3.1. 第一種情形是同音假借後的廣告新解，直指銷售物品，但對換前的舊解和物品絕無關係。換言之，舊讀舊解只是一種修辭手段，目的是在引人進入新讀新解。下舉數例，略作說明。

（31）　喜有此李

圖五

圖五的廣告是套用舊句「豈有此理」，粵語中「喜、豈」同音，「李、理」同音。廣告貨品是健姿美顏藥物，借用名人李曾超群推銷。廣告中說她「縱橫商界廚藝數十年，經歷幾許風雨，依然活得精采活力不減」，所以喜有此李曾超群。「喜有此李」是一個肯定句，和原來的反問句「豈有此理」，風馬牛不相及。

A1　　——　　<u>豈</u>有此<u>理</u>

　　　　　　　　‖　　　‖

A2　　——　　<u>喜</u>有此<u>李</u>

（32）　今世唔收

圖六

圖六是CTI互聯網的廣告，賣點是顧客一生享用免費服務，但是A1的熟語舊解是「今世唔修」。「收、修」粵語同音，「今世唔修」的意思是今生不作好事，不積陰德。廣告句子寫的雖是「收」字，但從畫面的陰森感，和老婦人面部的黯然表現，讓人聯想到的是「唔修」而不是「唔收」，只有通過假借，去到A2才得到廣告「今世不收費用」的新解。

A1 ── 今世唔<u>修</u>

∥

A2 ── 今世唔<u>收</u>

(33)　茶飯不C，怎培育出壯健孩子

茶飯不C，來自「茶飯不思」，C和「思」同音。賣的商品是利賓納飲料。廣告中強調利賓納有豐富的維他命C，令孩子「骨質強壯，牙齒健康」。這則廣告是套用英文入中文廣告的例子。

A1 ── 茶飯不<u>思</u>

∥

A2 ── 茶飯不<u>C</u>

(34) 想唔想打到七彩？

圖七

圖七是一則絕好廣告。一把雞毛撢子，用來打人，原圖七彩顏色，而「七彩」在現代粵語中是程度補語，表示「嚴重厲害」，「打到七彩」也就是「打得厲害」的意思。但仔細一看，才明白全句另有所指。廣告推銷的是有多種顏色的手提電話，所以「打」字是指打電話，而「七彩」是指七彩手機，是字面意思。打到七彩也就是說打電話已經到了打七彩手機的新局面。A1和A2兩句，雖然字句全同，但字義、句法、語用完全不同。

$$A1 \quad \text{——} \quad \underline{打到七彩}$$
$$\parallel \quad\quad \parallel$$
$$A2 \quad \text{——} \quad \underline{打到七彩}$$

4.3.2. 第二種情形是警句有新舊二讀，新讀適用於銷售物品，但從文字上來看，只有舊讀才成句子。

$$A \quad \rightarrow \quad X1 + Y1 + Z1 \quad \rightarrow \quad A1 \quad 熟語舊解$$
$$\parallel$$
$$X2 + Y1 + Z1 \quad \rightarrow \quad A2 \quad 廣告新解$$

這一類廣告因同音假借由XI轉換成X2，A2正是貨物的賣點特徵。但從整句言，A2新句是讀不成句，只有按A1原來舊讀去理解才能明白，而A1的原解加強貨品銷售的號召力。舉例如下：

(35) 泰抵食啦

廣告賣的是泰國食物，A1熟句是「太抵食」，「太」是X1，轉成同音的「泰」(X2)，「泰」正是廣告賣點，但只看「泰抵食啦」一句，意思難明，只有轉「太抵食啦」才知道是價廉物美的意思。「抵食」是粵語常用詞，意思是物有所值。「太抵食啦」，也就是說這個廣告正確的解讀是「泰(國食物)，太抵食啦」。

A1 —— <u>太</u>抵食啦

    ‖

A2 —— <u>泰</u>抵食啦

A3 —— <u>泰</u>，<u>太</u>抵食啦

語法圖解如下：

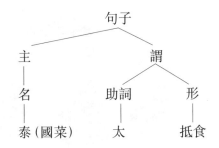

（36） 深情演<u>奕</u>

這是歌星陳奕迅演唱會的廣告，「演<u>奕</u>」無解，但「奕、繹」同音，「演<u>奕</u>」顯然來自「演繹」。「奕」是廣告重點人物，但廣告句子當是舊句「深情演繹」。

A1 —— 深情演<u>奕</u>

    ‖

A2 —— 深情演繹

A3 —— <u>奕</u>，深情演繹

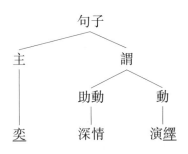

（37） 增加你的 Cup 引力

圖八

圖八廣告賣的是 Natural Push-Up，是一種供女性服用、「提升胸部的健康食品」，廣告中注明服用此項食品，可以「擴大一個 Cup 尺碼」，廣告句中的「Cup 引力」一語，Cup 是指「Cup」的尺碼，但 Cup 引力當借自「吸引力」，「吸」的粵語發音和 Cup 極相近，把英文字切入中文句中，組合意想不到，這段廣告也倍具吸引力。

A1 —— 增加你的<u>吸</u>引力

‖

A2 —— 增加你的 <u>Cup</u> 引力

A3 —— <u>Cup</u>，增加你的<u>吸</u>引力

4.3.3. 第三類是廣告警句舊讀（A1）和新解（A2）皆通，都適用於推銷貨品，這一種廣告才真正發揮了一語雙關的巧妙。例如：

（38） 一價靚車

「一價」來自「一架」，也就是一部車的意思。「架」是量詞，「價、架」同音，所以廣告賣的是一架靚車，同時強調是一口價、不二價的好車，兩句語法結構完全不同。

A1 ——　一<u>架</u>靚車

‖

A2 ——　一<u>價</u>靚車

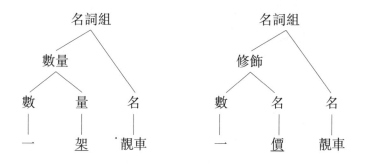

（39） 俾人洗不如自己洗

圖九是賣洗衣機的廣告，附圖是一件用一千元大鈔摺疊成的襯衫。「洗」字同音二字，一個是洗衣服的「洗」，一個是使用的「使」，粵音sai。廣告說有了洗衣機，衣服不用交給別人洗熨，同時自己用洗衣機洗衣服，比送出去洗便宜，所以省下來的錢還是自己使用。兩層解釋，完全適用，而且互為表裏，加強廣告物品的吸引力。

A1 —— 俾人<u>洗</u>，不如自己<u>洗</u>

‖　　　　　　　‖　　　　　　‖

A2 —— 俾人<u>使</u>，不如自己<u>使</u>

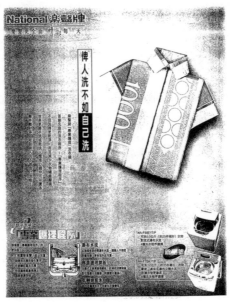

圖九

(40) 底你有著數

這是賣玩具車的廣告，在輪子底下藏有獎品記號。所以從句子結構來看，「底」是全句的主語。但這樣的句子，乍聽乍看只有一解，就是「抵你有著數」——該你運氣好，「抵」是動詞。這兩種解讀雖然語法結構大不同，但都可同用在廣告中。玩具車輪下有獎，可以讓你獨佔便宜，一語雙關。

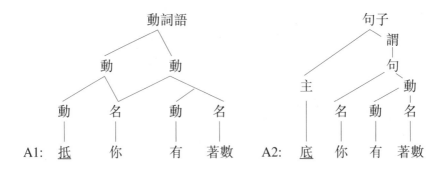

按語法分析，A1是兼語式的動詞詞組，而A2是一個完整的句子。

（41）　全家Bear住你屋企

圖十

圖十是可口可樂的廣告，買可樂換取玩具熊（bear），一共四款，四款齊備，共住你家。所以這一句的語法結構如下：

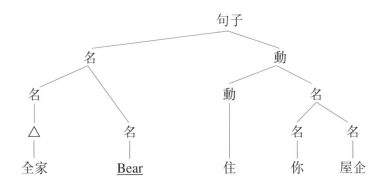

不過在今日粵語中，另有 be [pɛ] 一詞，發音和港人說 bear 的發音相同。be 是動詞，意思是盯著。從這一個解釋來看廣告，意思就很不一樣，把玩具熊請入家中，他們就全家看著你家，句法分析又另一種：

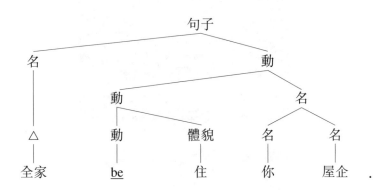

兩句解釋，都可以描述喝可樂換玩具熊的樂趣。請注意，這一句也是把英文帶入中文的廣告。

上述多例，顯然易見都是廣東話的廣告。有的廣告用上廣東話特有的詞語或語法，有的同音假借，只適用於粵語，換了其他方言，就不會有因聲生義、發生聯想的可能。

5. 今日香港是一個商業性的社會，我們生活在廣告之中，我們愛看廣告，廣告左右我們的思想，影響我們在生活上的許多行動。廣告反映社會的需求，也帶引社會在消費上的發展。廣告利用語言來創作，也記錄了一時一地的語言實況。但是廣告是否也會影響到整個社會的語言發展？近日常常有人批評說香港語文水平低落，其中一個重大原因就是廣告作怪帶來的壞影響。比方說，廣告中把「快趣」寫成「快脆」，年輕人多看廣告是否也就會仿效起來，大寫白字，「趣脆」不分？這一點似乎言之過早。其實「快趣」的「趣」字本字是什麼？是否也是一個假借字，仍待考。廣告人士把「快趣」寫成「快脆」，是玩文字遊戲，遊戲的趣味就在於「趣、脆」分別得十分清楚，一般人不會把「快趣」誤作「快脆」。今日在廣告中的「脆」代「趣」，

正是標奇立異，引人注意，假如久假不歸，大家都寫成「快脆」，那麼就無奇可標，無異可立，廣告也就失去了它的趣味性。如果説廣告誤導語言，容或有之，但這種誤導都並非廣告作者所希望發生的事。另一方面，廣告中有一些詞語的用法，有乖常規，例如有一則賣潔膚面膜的廣告説：

(42)　來吧！好面子的你

作者顯然是把「面子」和「面」混作一談，無論在粵語或在普通話中，「面子」和「面」的用法區分得都很清楚，相信這一段廣告不管有多通行，消費者斷不會因為多看廣告而不分「面」和「面子」。語言有自己的發展趨勢，約定俗成，並非幾個人的能力或一段廣告創作所能改變。多年前有一則賣香煙的英文廣告：

(43)　Winston tastes good, like a cigarette should.

大家都知道這句子不合英文語法，廣告流行日久，但並沒有因而影響到英文中 like 和 as 的區分，反而有的英語老師以此為戒，廣告成了反面教材，加深學生對 like 和 as 區分的了解。

我們的語言不斷在變，廣告中人對語言的變化最是敏感，許多新詞新聲音，他們都寫入廣告中。他們活用語言中的變化，但並不創造變化。他們捕捉的是顧客最熟悉的語言，而再在這種語言上加工創新，語言在變，廣告語言也跟著在變。假如粵語中沒有 -n 和 -ŋ 不分的現象，廣告中就不會把「劏」和「橙」拿來押韻。廣告可以提供很好的語言材料，把不同年代的廣告放在一起作比較研究，我們也許看到語言變遷的過程。從我收集的一些材料來看，口語進入廣告是六十年代末期以後才慢慢開始。英語大批進入廣告，而且和中文混雜在一起，也是七十年代以後才逐漸興起的現象。今日看到的兩文三語廣告，其實正反映出我們社會中的語言多元性，互相刺激，互相補足，靈活而多變化。假如有一天普通話進入香港人的語言，或者簡體字被普羅大眾接受，相信從事廣告創作的人一定會比其他

人士更具警覺性，覺察到這些新的變化，而且很快地在他們的廣告中重新雜揉、創新，寫下另一個時代新的廣告語言。

原載周漢光編，《語文教育新動向：一九九九年國際語文教育研討會論文集》（香港：香港中文大學教育學院，2000），頁 19–38。

遊戲中的遊戲
粵語怎麼說「石頭、剪子、布」

提要：「石頭、剪子、布」是一種在世界許多地方廣為流傳的手技遊戲，尤其深受兒童的歡迎。這種遊戲在粵語中稱為「猜呈沉」，然而該遊戲的漢字寫法及其真正含義，即使對於粵語母語者來說，也仍然是一個謎。本文試根據遊戲者伸縮手指時所喊呼的口令，考察文字背後蘊藏的各種修辭技巧，從而分析口令利用不同語言手段所營造的特殊韻律效果。本文並為遊戲的命名之謎，提供一些新的線索。

關鍵詞：石頭剪子布、猜呈沉、遊戲語言、修辭手段

1.「石頭、剪子、布」

　　「石頭、剪子、布」是一種猜拳遊戲。遊戲方法十分簡單，對峙雙方或多人先握緊拳頭，然後一聲口令，各自探手伸出指頭。手指伸縮，一共可作三種姿勢：或五指緊抓，拳頭狀似石頭；或食指、中指伸直，狀似剪刀；或五指俱伸，手掌全敞，狀似一塊布。因為形似，所以遊戲就叫「石頭、剪子、布」。遊戲勝負的規則也很簡單：布能包裹石頭，所以布贏石頭；石頭摧毀銳剪，所以石頭贏剪子；剪子剪割布帛，所以剪子贏布。石頭、剪子、布，互制相剋，五指一伸縮，即時定輸贏。

　　「石頭、剪子、布」這種遊戲，據説是起源於中國，後來傳至鄰邦日本、韓國，近年亦漸漸在歐美流行，[1] 而且還有舉行國際競賽的盛事。不過中國古代著作中提到的猜拳豁指遊戲具體玩法如何，並沒有詳細記載。今日喝酒的劃拳，也是一種猜拳遊戲，伸手豁指，吆喝助興，但劃拳花樣繁多，遠比「石頭、剪子、布」複雜。一般而言，「石頭、剪子、布」是屬於兒童的遊戲，樓頭街畔，三五成群，掏拳伸指，大聲喧嚷，相互比拼，樂也無窮。

　　這種手技遊戲，英文叫 "rock, paper, scissors"，也可以説 "stone, paper, scissors"，正相當於中文的「石頭、剪子、布」。到底英文的名稱是從中文翻譯過去，還是中文的叫法從英文翻譯過來，也無從考究。日文叫じゃんけんぽん (jan-ken-pon)，或簡稱じゃんけん (janken)，[2] 韓文叫 muk-chi-ba，[3] 來源當是漢語，但並不可考。[4] 中國北方這種遊戲的玩法叫「cei」，[5] 讀陽平或去聲，但漢字怎麼寫，具體所指是什麼，都不清楚。粵語的説法是 [ts'ai55-ts'ŋ21-ts'ɛm21]，根據粵語詞典的記載，有兩種不同的漢字寫法：「猜呈尋」和「猜呈沉」。

　　《廣州方言詞典》：「猜呈沉 ts'ai53 ts'eng21 ts'ɛm21：小孩玩的猜拳遊戲用手勢做出包袱、剪刀或石頭以決輸贏。呈沉，同音字。」[6]

1　參看 http://www.netlaputa.ne.jp/~tokyo3/e/janken_e.html，記載世界各國相關遊戲的名稱和玩法。

2　參看 http://en.wikipedia.org/wiki/Rock_paper_scissors。

3　參看 http://www.wordiq.com/definition/Muk-Chi-Ba。

4　片岡新 (Kataoka Shin) 教授來函指出，じゃんけん (janken) 可能來自漢語的「猜拳」。京都人的説法是じゃいけん (jaiken)，發音近似漢語的「猜拳」。

5　見高艾軍、傅民編：《北京話詞語》(北京：北京大學出版社，2001)。詞典頁 86 列有「猜丁殼」cei4 ding1 ke3 一詞，即「石頭、剪子、布」。詞條解釋以為 cei4 是「猜 cai1」的變讀。

6　白宛如：《廣州方言詞典》(南京：江蘇教育出版社，1998)，頁 105。

《廣州話方言詞典》修訂版：「猜呈尋 cai1 qing4 cem4：猜拳以定勝負的一種方法，首先各人同時說：『呈尋』，然後伸出手來；五指張開叫『包』，伸出食指和中指的叫『剪』，伸出拳頭的叫『揼』。『包』勝『揼』，『揼』勝『剪』，『剪』勝『包』。這種做法北京話叫 cei2」。[7]

　　兩部詞典都只描述遊戲的形式，但對於遊戲的名稱並沒有解釋。「猜」顯然是和「猜拳」有關，「呈沉」或「呈尋」的意思到底是什麼，未作說明。網上對「呈沉」或「呈尋」的來源，有各種不同的說法。一種解釋認為「呈沉」分指兩個古人：五代南漢皇帝劉鋹和太監龔澄樞，狼狽為奸，百姓怨恨；國亡後，人們遂以「猜澄鋹」為酒令慶賀。酒令的語句是：「澄鋹包，龔賊把頭拋。澄鋹揼，劉鋹要執笠。澄鋹剪，抵佢有今天。」[8] 按酒令中的文字大抵是今日粵語，不可能是一千年以前留下的語言。又劉鋹的「鋹」，和「呈沉」的「沉」或「尋」，古音分屬不同韻攝，今日粵語發音儼然有別。[9] 所以坊間所傳，不足為信。遊戲命名由來，「呈沉」或「呈尋」依然是一個謎，還有待解決。

2.　猜拳劃指

　　猜拳劃指原是一種肢體遊戲，但玩遊戲的人在伸手縮指之際，總是大聲喊叫，以聲音助勢，以語言助興。粵人猜呈沉的時候，最常說的口令有以下兩種。

7　饒秉才、歐陽覺亞、周無忌：《廣州話方言詞典》，修訂版（香港：商務印書館，2009），頁15。

8　見 http://www.kenhk.org/qingshi/viewthread.php?tid:8599。又見 http://hkknowledge.yahoo.com/question/question?quid=7006/0050136；http://rthk27.rthk.org.hk/php/lautinchi/messages.php?gid=1&id=2017&page_no=32&subpage_no=1&order=&suborder=desc 等。

9　「鋹」古音是宕攝養韻上聲，今粵讀是 [tsʻaŋ]，而「沉」和「尋」都是深攝侵韻平聲，粵讀是 [tsʻɐm]。

(1) 包、剪、搨 [pau53 tsin35 tɐp22]

(2) [ts'ɪŋ55 ts'ɐm55 mɔ21 kau33 ts'a55 siu55 pau55]

這兩句口令顯然是和遊戲的玩法有關。但具體的意思是什麼，尤其是第二句口令到底是哪些漢字，並不清楚。以下先從這兩句口令入手，進行分析，從不同角度探討口令用詞遣字的配搭，明白句子的確實意思，從而進一步討論遊戲命名之的所由。

2.1. 第一種口令的説法

第一種口令的説法很簡單，「包、剪、搨」就是喊出手指手勢，相當於「石頭、剪刀、布」的説法。「包、剪、搨」是三個簡單的音節，配合三個手指姿態，分指三個動作。所以「包、剪、搨」應該是三個動詞，布「包」石頭，剪刀「剪」布，石頭「搨」剪刀。「搨」[tɐp22]是一個方言詞，或寫作「揞」，表示「捶打、敲打」的意思。所以用石頭硬物敲打剪刀，必定會摧毀銳器。三物相衡，也就是一物剋一物的道理。

「包」的發音是[pau]，屬陰平調。早期粵語陰平分上陰平和下陰平兩類，前者是高平調55:，後者是高降調53:。以調別義，用法有別，名詞多讀上陰平，動詞多作下陰平。[10] 所以這裏的「包」當讀成高降調：[pau53]。不過近年下陰平的讀法逐漸消失，一般只有[pau55]一種發音。

2.2. 第二種口令的説法

第二種口令一共七個音節，開頭的兩個音節 [ts'ɪŋ55 ts'ɐm55] 和遊戲的名稱中的「呈沉」[ts'ɪŋ21 ts'ɐm21] 發音相近。整句口令是：[ts'ɪŋ55 ts'ɐm55 mɔ21 kau33 ts'a55 siu55 pau53]。漢字寫法不一，一般寫作「稱侵磨較叉燒包」，也有寫作「程沉磨鉸叉燒包」。單看字

10　有關粵語中陰平分化的現象，請參看宗福邦 (1964) 和張日昇 (1968)。更早期的分化，見張洪年 (2000)。

面，不容易看得出意思確實何指。其實這七字口令，可以分成三個單元：

[ts'ŋ55　ts'ɐm55] + [mɔ21　kau33] + [ts'a55　siu55　pau53]

2.2.1. 口令中的最後一個單元

先從最後一個單元看起。[ts'a55 siu55 pau53]應該就是「叉燒包」，也就是粵人常吃的一種包子。但是口令是假借「包子」的「包」帶出「包紮」的「包」。同音假借，原是語言中常見的修辭手法，民間文學作品中的例子多不勝數。這口令還有另一種說法，最後幾句是：「呈沉糯米叉燒包，老鼠唔食香口膠，要食豆沙包。」[11] 句子雖然不同，但還是以「包」為重點，一字二用。不過「包」字二用中，「包子」的「包」是名詞，「包紮」的「包」是動詞，二者之間並沒有必然的語義關係，可以視作不同的詞。如上所說，一名一動，聲韻相同，但聲調分化，名詞的「包」是上陰平，讀55: 調，動詞的「包」是下陰平，讀53: 調。所以「叉燒包」的「包」是[pau55]。而口令中的「包」，雖然是放在「叉燒包」這複合詞中，但因為放在句末，語調下降，說成[pau53]，似乎仍然保持動詞的高降聲調。當然，今日粵語不分高平高降，名動分化的聲調特徵已經不復存在，玩遊戲的人有的說[pau55]，有的說[pau53]。「包」是口令中第三單元的重點，由「包子」的「包」轉為「包紮」的意思，也正是猜拳遊戲中「布」或paper所指的動作。

2.2.2. 口令中的第二個單元

口令的第二個單元是「磨較」[mɔ21 kau33]。「磨」和「較」結合，本不成詞，沒有意思。「磨較」有另外一種寫法作：「磨鉸」。「鉸」字，廣韻二讀，一是古巧切，今讀上聲；一是古孝切，今讀去聲，

11　據說這是西關的說法，整首口令是：「呈沉剪，呈沉包，呈沉糯米叉燒包；老鼠唔食香口膠，要食豆沙包。」見http://baike.baidu.com/view/1821339.htm。

都是「鉸刀」的意思。唐李賀詩：「細束龍髯鉸刀翦。」《注》云：「鉸，即今婦功縫人所用者，俗呼翦刀。」所以「鉸」即剪刀。粵人叫「鉸剪」，或寫作「較剪」。十九世紀的粵語詞典《廣東省土話字彙》有以下一條：[12]

一把較剪：a pair of scissors

同時代另一部粵語口語教材 *Chinese Chrestomathy in the Canton Dialect* 中載有「鉸剪」的用法：[13]

磨利鉸翦裁衣：grind the scissors sharp to cut out clothes

「鉸」、「較」兩種寫法都有。今日粵語仍然叫「較剪」。二十世紀香港街頭常聽見工匠沿路叫賣：「鏟刀磨較剪」，用以招攬生意。

口令中的「磨較」顯然就是「磨較剪」的省略。「磨較剪」是一個動賓組合，單說「磨較」本不成詞，但正因不合語法規矩，反而突出被省略的「剪」，讓人觸目。這種省略在修辭學上叫「縮腳語」，文學創作中時有使用。粵語熟語就有一個縮字的例子。要是有人說「茅根竹蔗」，意思就是「借錢」。「借錢」和「茅根竹蔗」，無論從字面和語義上都扯不上任何關係。這種說法，原來是來自縮字的變化。從前有一種相當普遍的飲品叫「茅根竹蔗水」，「茅根竹蔗」就是從「茅根竹蔗水」省略而來。飲品的名稱是由「茅根」和「竹蔗水」兩個詞組合而成。單說「茅根竹蔗」，聽起來就會讓人有一種突兀未完的感覺，因而教人聯想到後面還有一個「水」字被省略。在粵語口語中，「水」可以指「錢」。「水」能活命，「錢」能養生，以「水」代「錢」是一種暗喻引伸。「借錢」也就可以說成「借水」。跟人說「借錢」，語氣過於直接，說「借水」會比較委婉。要是說成「茅根竹蔗」，那就更為委婉。「茅根竹蔗」因縮字而帶出「水」字，與前面的「蔗」連成「蔗水」一詞。

12　Morrison, *Vocabulary of the Canton Dialect*《廣東省土話字彙》(Macao, China: The Honorable East India Company's Press, 1828).

13　Bridgman, *Chinese Chrestomathy in the Canton Dialect* (Macao: S. Wells Williams, 1841), 121.

「蔗水」和「借水」在粵語中同音，都說 [tsɛ33 søy35]。由一個縮字而引發一連串的替換，帶出原詞，突顯說話的本來用意。[14]

　　茅根竹蔗 → 茅根竹蔗水 → 蔗水 → 借錢

「猜呈沉」口令中的第二單元是運用同樣的縮字手法。「磨較」本來自「磨較剪」，單說「磨較」，因縮而張，帶出原來的「剪」，而「剪」正是口令第二個單元的重點所在，也就是「猜呈沉」遊戲中的「剪刀」。

2.2.3. 口令中的第一個單元

　　口令的第一個單元是「稱侵」，發音是 [tsʼɪŋ55 tsʼɐm55]，本義是什麼，根本無從查考。可以注意的是，猜拳遊戲的名稱是「猜呈沉」，而「呈沉」[tsʼɪŋ21 tsʼɐm21] 和「稱侵」[tsʼɪŋ55 tsʼɐm55] 同音而不同調。遍查詞典、文獻和早期粵語材料，都沒有「呈沉」或「稱侵」的記錄，恐怕只是假借漢字記音而已。[15] 我們試從另一個角度來考查 [tsʼɪŋ55 tsʼɐm55] 或 [tsʼɪŋ21 tsʼɐm21] 的來源。

　　遊戲的輸贏是基於手指伸縮而作出不同的形態。形態分石頭、剪刀、布或紙三種。遊戲口令亦分三單元：呈沉 + 磨較 + 叉燒包。上文指出「磨較」縮字暗指「剪刀」，「叉燒包」的「包」點出「布／紙」的包裹功能。兩個單元各司其職，那麼第一單元所指，顯然是「石頭」或和石頭相像的實物，可以用布或紙包紮起來。這個推論應該不成問題，但如何證明？

　　筆者以為 [tsʼɪŋ tsʼɐm] 的漢字寫法是「秤沉」，也就是指秤東西用的「秤錘」或「秤砣」。秤桿分兩頭，一頭是掛上要秤的東西，另一頭掛上秤錘，左右移動，取得水平，然後按秤桿上刻的數字而說出物件的重量。秤桿掛上秤錘，秤桿就往下沉，所以「秤」之「沉」，就是因為「秤錘」。「秤」是物，「沉」是動作，「秤沉」是一個「名動組

14　請參看張洪年 (1988)：A Study of *xie-hou-yu* Expressions in Cantonese，頁 52–53。

15　有一說以為「呈沉」是象聲詞，「呈」是剪刀剪物的象聲詞，「沉」是石頭砸物的象聲詞。見 http://hk.knowledge.yahoo.com/question/question?qid=7006100501306。漢語中雙音節的擬聲詞，很少會分指兩種不同的聲音，說法有待斟酌。

合」，描述一個狀態。說話人借此以動蓋名，點出「秤錘」這關鍵性的實物。「秤沉」的發音是 [ts'ŋ33 ts'ɐm21]，連用成詞，聲調發生同化作用，前一個音節受後一個音節影響，說成陽平低降調：[ts'ŋ21 ts'ɐm21]。久而久之，這低調的 [ts'ŋ21 ts'ɐm21] 就成了遊戲的名稱，假借其他漢字寫成「猜呈沉」。至於口令中「秤沉」為什麼會說成高調的 [ts'ŋ55 ts'ɐm55]，變化請看下文。

「秤沉」所指是「秤錘」，而「錘」是小件的實物，正像石頭一樣，可以用片紙單布包起。「叉燒包」的「包」正是「秤沉」的「秤錘」剋星。所以無論從語義、語用、語音各方面來看，把「呈沉」解釋為「秤沉」，都很合理。唯一的問題是沒有實證。古代文獻記錄、粵方言語料，都沒有記錄「秤沉」的用法。[16] 不過，在許多其他方言中，遊戲口令中的「石頭」都用「錘」或「錘子」代稱。如福建地區說：「錘子、剪刀、布」；西南地區說：「剪子、包袱、錘」；山地區說：「包、剪、錘」等等，[17] 可作旁證。

3. 對第二個說法中三個單元的分析

根據上述，猜呈沉口令的前後三個單元共七字，各有所指：[ts'ŋ55 ts'ɐm55] 指「錘」，[mɔ21 kau33] 指「剪」，[ts'a55 siu55 pau53]

16　1828年出版Morrison的《廣東省土話字彙》收有下列這樣的詞條：

砧磅碼子 chám pong ma tsze「scales and weight」（WHE）

《字彙》標音，不標聲調，聲母部分也不分送氣不送氣，所以「砧」的標音chám，可以讀同「沉」[ts'ɐm]。這樣一來，「呈沉」也可以是來自「秤砧」，前後兩字都表示「秤」的意思。這樣的解釋有一定的困難。第一，「砧」的發音，按其他早期或近代詞典來看，都讀[tsɐm]，屬陰平調。第二，假如「呈沉」前後兩字都指「秤磅」，那麼「秤錘」或「小塊實物」的涵義，就沒有著落。所以，從語音和語義兩方面來看，這樣的推測很難成立。

17　見 https://zh.wikipedia.org/wiki/%E7%9F%B3%E5%A4%B4%E3%80%81%E5%89%AA%E5%AD%90%E3%80%81%E5%B8%83。

指「包」。三樣所指都是實物。但是，遊戲的另一個口令「包、剪、揼」[pau53 tsin35 tɐp22]，三字三項卻都是動詞，代表的是三樣實物的功能：以包來包起錘子，以剪子來剪開包布，以錘子來砸剪子。所以「猜呈沉」一個遊戲兩種口令，一短一長，一實一動，分別說明手指伸縮之間耍出的花樣和所表示的動作。長口令雖只有七字，但三單元之間，呈現多種不同的的語言現象和創作技巧，可以再進一步分析如下。

3.1. 修辭

從修辭的角度來說，三個單元各有自己的修辭特色。「秤沉」是敘事格，描述現象，從而帶出「秤錘」。「磨較」是縮字格，因縮而伸，點出「剪刀」。「叉燒包」是同音假借，借用「包子」的名詞「包」，表示「包紮」的動詞「包」。短短七字，牽涉三種修辭技巧，各自新穎。

3.2. 音韻

從音韻角度來看，七字三單元，「二二三」三分，正是傳統絕句的一般寫法。按聲調排列，口令七字如下：

[ts'iŋ55 ts'ɐm55 ＋ mɔ21 kau33 ＋ ts'a55 siu55 pau55]
陰平　陰平　　陽平　陰去　　陰平　陰平　陰平

按詩律有「一三五不論，二四六分明」之說，也就是說七字句的平仄只講究二四六和最後一字。口令七字，換成平仄，剔去一三五字，恰恰是這樣的格局，正符合「平<u>平</u>＋<u>仄</u>仄＋<u>仄</u>平平」的規律。

再看押韻：第二單元的「磨較剪」縮字成「磨較」，而「較」的發音是[kau]，和第三單元「叉燒包」的最後一字「包」[pau]，同屬[au]韻母，也就是句中第二、三兩單元押韻。而且[au]韻的發音，屬洪音。七字平仄協調再加上押韻，所以在音律上，說起來自然顯得鏗鏘有力，最能配合出掌猜拳的大動作。

其實，「秤沉」還有另一種說的方法。舊時兒童常常把[tsʼɩŋ55 tsʼɐm55] 說成[tsʼɩŋ55 tsʼau55]：

[tsʼɩŋ55 tsʼau55 + mɔ21 kau33 + tsʼa55 siu55 pau55]

一經變動，於是三個單元的最後一字都押同樣的[au]韻，說起來就更容易琅琅上口。從另一個角度來看，這樣的改變也足以說明當時[tsʼɩŋ55 tsʼɐm55]所指已經不明，不再具有任何實在的意義，所以說口令的人可按聲音需求而加以改動。

就這一點來看，可以明白為什麼「秤沉」有兩種不同的說法：三字口令說成[tsʼɩŋ21 tsʼɐm21]，七字口令說成[tsʼɩŋ55 tsʼɐm55]。上文已經提過，「秤沉」原調是陰去加陽平，也就是[33: + 21:]。「秤沉」自成組合，發生聲調同化，於是讀成[21: + 21:]，是三字口令中的讀法。但是在七字口令中，第一單元的二平組合「秤沉」和第三單元的三平組合「叉燒包」，都屬平聲，不過前者是陽平，後者是陰平。前者所指既不清楚，有音無實，猜拳的時候，為了加強遊戲的氣氛，於是把低調的陽平[21: + 21:]轉說成高調的陰平[55: + 55:]，以助聲勢。

所以「秤沉」的前後聲調變化可如以下列表：

粵語中的陽平低降[21:]，在說話時，一般都說成很低的平調[11:]。這樣一來，七字口令的聲調可以排列如下：

[tsʼŋ55 tsʼɐm55 + mɔ11 kau33 + tsʼa55 siu55 pau55]

換言之，全句皆平調，三單元的全平調又有高低對比，自然別有聲韻情趣。

4. 總結

　　「猜呈沉」原是民間兒童遊戲一種，形式簡單，既不需要任何道具，也不講究任何場合，只憑五指開闔伸縮，就可以一決輸贏。猜拳劃指之際，再加以聲音助興，更覺刺激。但是這聲音陪襯，聽起來，似是隨意吆喝；細較起來，吆喝之間的語言變化，頗不簡單。我們試把粵語中的「猜呈沉」口令，逐字考究，發現遊戲背後牽涉到許多語言轉折，一轉三折，頗有學問。從三單元的佈局到每一個單元的修辭技巧，從聲調的上下移動到詞語之間切割轉化，處處都現出一些意想不到的巧妙。這些巧妙到底是有心人特意為之，還是民間智慧，天籟人聲，妙手偶得？暫時無從考證。有關「呈沉」的解釋，我只是按上下文理揣測，未成定論，還有待將來從更多的文獻或其他語言材料中求證。民間文藝創作，例如民謠、諺語等，常在語言文字上大玩遊戲，大作文章，看似無意，卻往往是匠心獨運。深入探討，一方面可以明白這些遊戲的趣味所在，另一方面也可以增強對自己語言本身的認識，加深對人類在認知和聯想方面本身潛能的了解。「猜呈沉」七字口令只是其中一個例子，本文試在這一方面作初步嘗試，供大家參考。

參考書目

白宛如。1998。《廣州方言詞典》。南京：江蘇教育出版社。

宗福邦。1964。〈關於廣州話陰平調的分化問題〉。《中國語文》，第5期，頁376–389。

高艾軍、傅民。2001。《北京話詞典》。北京：北京大學。

張日昇。1968。〈香港粵語中的陰平調及變調問題〉。《香港中文大學中國文化研究所學報》，第2.1期，頁81–107。

張洪年。2000。〈早期粵語中的變調現象〉。《方言》，第4期，頁299–312。

饒秉才、歐陽覺亞、周無忌。2009。《廣州話方言詞典》，修訂版。香港：商務印書館。

Bridgman, E. C. 1841. *Chinese Chrestomathy in the Canton Dialect*. Macao: S. Wells Williams.

Cheung, Hung-nin Samuel. 1982. "A Study of *Xiehouyu* Expressions in Cantonese," *Tsing-hua Journal* 14.1 & 2 (Special issue: F. K. Li Festschrift), pp. 51–103.

Morrison, R. 1828. *Vocabulary of the Canton Dialect*《廣東省土話字彙》. Macao, China: The Honorable East India Company's Press.

http://baike.baidu.com/view/1821339.html

http://www.kenhk.org/qingshi/viewthread.php?tid:8599

http://www.netlaputa.ne.jp/~tokyo3/e/janken_e.html

http://rthk27.rthk.org.hk/php/lautinchi/messages.php?gid=1&id=2017&page_no=32&subpage_no=1&order=&suborder=desc

http://en.wikipedia.org/wiki/Rock_paper_scissors

http://www.wordiq.com/definition/Muk-Chi-Ba

http://hkknowledge.yahoo.com/question/question?quid=7006/0050136

原載石鋒、彭剛編：《大江東去：王士元教授八十賀壽文集》（香港：香港城市大學出版社，2013），頁201–210。

附錄二
探索廣東話的誤區
——《中大通訊》專訪[1]

我們現在詬病的懶音，日後會演化為正音嗎？

語言發生變化，今音不同古音，這是一個十分自然的現象。今日粵語常常把音節前面的 [ŋ-] 鼻音丟失，好像把「我」[ŋɔ5] 讀成 [ɔ5]，一般人會認為這就是所謂的懶音。「我」古代屬於疑聲母，是一個舌根鼻音，今音保存古代 [ŋ-] 的讀法。不過古代屬於疑聲母的還有其他的字。就以「疑」字本身為例，古讀 [ŋ-]，今卻讀 [ji4]，顯然已經把舌根鼻音丟失。但是為什麼我們不說這是懶音？原因很簡單，日久已成習慣。「疑」字丟失鼻聲音總有百多年以上的歷史，今日粵語已經沒有 [ŋ-] 的讀法，但是「我」字丟失 [ŋ-]，卻是這幾十年才比較流行。對還保留鼻音讀法的人來說，這種沒有鼻音的讀法聽起來顯得奇怪，以為是一種為了發音省力而產生的壞習慣。不過現在年輕的一代，把 [ŋ-] 丟失的人越來越多，假以時日，我們可以想見「我、疑」都可能一律不帶鼻音聲母，到了那個年代，今日所謂的懶音會成為新的標準發音。

1　張洪年教授，香港中文大學及加州大學柏克萊分校榮休教授，祖籍江蘇鎮江。稚年來港的他，自稱「外江佬」，熱愛語言，尤其是粵語。他在 2016 年 4 月上旬應新亞書院第二十九屆錢賓四先生學術文化講座之邀回港，為觀眾帶來三場精彩的粵語及文學講座。《中大通訊》特請他從語言學的宏觀角度，暢談粵語的一些現象，並澄清一些誤區。

我們可以再舉一些別的例子説明語音變化的現象。例如粵語中常把[n-]讀作[l-]，例如「你」讀作「李」，這也是常説的粵語懶音現象之一。不過，有些方言如四川話，也有[n-]和[l-]不分的現象。但是四川話卻把[l-]讀成[n-]，恰恰和粵語的現象相反。如果説[n-]發音困難，於是偷懶讀成[l-]，那麼為何四川人倒反過來把[l-]變成[n-]？難道是四川人認為[l-]比[n-]難發音？説粵語的年輕人也常把韻母部分的舌根韻尾[-ŋ]讀成舌尖韻尾[-n]，例如「剛」本是[-ŋ]、「乾」是[-n]，發音各異，但現在「剛乾」不分，都讀成[-n]，許多人以為這是因為[-ŋ]發音比[-n]複雜，所以就偷懶説成[-n]。但是我們知道南方的國語常把韻尾[-n]讀作[-ŋ]，例如「民」、「名」，本是[min2][miŋ2]之分，但南方國語、台灣國語不分，把[-n]也讀作[-ŋ]，這變化的方向卻正和粵語相反，那又怎樣用偷懶來解釋這現象？用懶音來解釋語音的變化只是一種印象式的描述，並不可作準。

語音的演變是否由民眾説了算？是不可擋的嗎？

硬要把語音定於一尊，是可以的。但是由誰來決定？根據什麼來決定？定於一尊的目的到底又是什麼？這就富於爭議。自民國以來，便把國語/普通話定為國家語言，標準發音都以北京話為基礎。但是我們知道北京話和標準漢語的發音並不完全一樣。例如「誰」的標準音是[shui2]，北京人大多説[shei2]。今天要是一個北京人參加朗誦比賽，把「誰」讀成[shei2]，也許評判先生會認為不夠標準，評分的時候會打折扣。

標準不標準，往往是一個主觀的判斷。如果一百個人當中，九十九個人都保持一種老派發音，只有一個人獨持新派發音，那當然是多數人佔優勢，認為新派發音不可接受。政府或法定的語言委員會也許可以規定這老派發音是標準音，所有正式場合必須跟隨。這種人為的努力或能把自然的語音變化拖慢一點，但是刻意的外在糾正和自然的內部變化在相互角力之下，最終誰會勝出？我們從語

音史可以看到許多例證。尤其在今天的社會上，人們普遍不容易接受建制強加的標準，壓力愈大，反動力量也愈大。

其實說到底，語言最大的規範能力就是約定俗成。等到九十九個人都說新派的發音，那個獨持原先老派標準的發音的人，就成了異類。有人問我是否贊成懶音。作為一個研究語言的人，我的工作是如實描述語言的現況和變化，我不會也不應該帶有任何價值判斷的眼光來指三道四。不過話又得說回來，假如我有孩子，我希望他說哪一種語言，都是標準的發音。上海話這些年來變化很大，我能說一些上海話，但是我的發音跟新派的很不一樣。我不會用懶音來描述上海話的變化，但是在直覺上，我還是覺得老派的比較好聽。這也許是老人的一種戀舊的情懷使然。

那你也覺得今不如昔嗎？

如何定義「昔」？五十年代？還是二十世紀、十九世紀的才算夠標準？我們那個年代的人，常覺得BBC英語發音才是標準，美國人的英文就不夠典雅。但從語言歷史的角度來看，美國的英文本來就是從英國搬借過去，許多地方都保持了伊麗莎白年代的語音特色。而現在的所謂英國口音其實是後來才發展出來的。今不如昔，那麼嚴格的說，美式英文的發音應該比英式英文更為老派，更為經典。但是為什麼有很多香港人會覺得英式英文好聽，這背後的原因，很值得我們去探討。

戀舊是感性的，但如果作為一種自我肯定，藉此以批評別人口音難聽，那便是價值判斷和態度取向。人人都有口音，要說中國的政治領袖，打從孫中山先生數下來，有哪位政治家的國語是標準的？毛澤東、蔣介石、馬英九、習近平，說話都帶口音。我們中國人說英文略多略少都帶有中國口音，如果我們說英語遭受批評，我們會覺得是一種冒犯嗎？我不是一生下來就會說英語的人，英文是我後學的語言，有口音自然是意料中事。美國人不講究英國式的

BBC英語，但是美式英語，又以哪種為標準？紐約的？波士頓的？美西的？美國南方的？各地有各地的方言。現在，有所謂的Englishes，也就是説英文已經不再定於一尊，各國有各國的英語，各地都有其方言，除英美以外，還有愛爾蘭、蘇格蘭、加拿大、澳洲、南非、新加坡等等英語，各種英語，平起平坐，各有自己的身份，都值得語言學家深入研究。

在新亞書院唸書的年代，我們並不那麼執著於口音。老師沒幾位説標準的國語。錢穆先生、唐君毅先生、牟宗三先生等等講課，各有自己的鄉音，學生聽課有時候感到很吃力。但是我們從沒有討論老師的發音標準不標準。當年我們讀書的時候，只會注意一個人的一手字是否寫得好看，所謂字為衣冠之美，發音好與不好，對我們來説意義並不重大。現在的年輕人，説話似乎比寫字更為重要，這也許是時代變了，價值觀也有所改變。

粵語保留了最多的古音，朗讀詩詞歌賦最能保持原有聲韻之美，是嗎？

粵語歷史悠久，這話一點不錯，但是哪種語言沒有悠久的歷史？福建話中就保留了一些秦漢時代的語音。「茶」字潮州話的發音近似「爹」，聲母讀[t]，這是上古音；廣州人讀「查」，是後起的發音。張和鄭這兩個姓，閩語讀[t-]，也是上古的發音。所以保存古音的不只是粵語而已。

大家最常提到的是粵語完整地保存了[-p][-t][-k]三種入聲韻尾，和[-m][-n][-ŋ]鼻音韻尾這些特點。今天的北方話，入聲韻尾[-p][-t][-k]確實是已經消失，[-m]韻尾也合併到[-n]。但是保留入聲的不只是粵語，也有方言是保留[-m]韻尾。另一方面，現代粵語也丟失很多古音，例如古代齒音有三套，現在的粵語卻只有一套，但是普通話仍保了三套——也就是現代拼音中的j/q/x：zh/ch/sh：z/c/s。其實一百年前的粵語還有兩套齒音，到了二十世紀以後才歸攏為一套。

總而言之，粵語確實保存了很多古老的語音，但從另一個角度來看，也失去了很多。

用粵語朗誦古詩詞的確悅耳，例如《滿江紅》中的「怒髮衝冠，憑欄處、瀟瀟雨歇。抬望眼、仰天長嘯，壯懷激烈。」又如《聲聲慢》的「尋尋覓覓，冷冷清清，淒淒慘慘戚戚。乍暖還寒時候，最難將息。」這些詩詞以入聲押韻，用粵語朗讀，特別能帶出其鏗鏘效果。不過試讀《長恨歌》：「漢皇重色思傾國，御宇多年求不得。楊家有女初長成，養在深閨人未識。」國、得、識三字，今日粵語發音完全不一樣，讀來就不覺得是押韻。但是在古代確實是屬於同一韻，只是韻母後來各自演變，到了今天的粵語，雖然都屬於[-k]韻尾的入聲韻，但是元音各不相同，古代押韻的效果在今日粵語中就完全感覺不到。可用我的母語鎮江話來唸，起碼「得」和「識」仍是押韻的。那麼，說粵語保留古音，當然不錯，但是不能就此認為粵語是存古，或者是最能保留古音的語言。

粵語生動傳神，是其他語言所不及的，對嗎？

不同語言各有其生動之處。我們熟悉自己的語言，所以最能體會到和掌握到自己母語中的微妙情趣。我能說相當流利和標準的國語，但是我和北京人交談，聽相聲段子，在節骨眼上，卻不一定能完全明白。這就是因為他們的話語中夾雜了很多方言俚語，我不是在北京生長，對當地的風俗和習慣了解不深，於是許多話中有話的地方，都無法明白或參詳。我們說廣東話歇後語精采，我體會很深，每每看到或聽到老的或新編的歇後語，都會嘑然。但是我也深信什麼方言都有自己的歇後語，各有巧妙，雋永之處並不遜色於粵語。

普通話是否比廣東話文雅？

文雅的定義是什麼？南蠻之音，佶屈聲牙，我們都知道這是一種偏見。我年輕的時候曾經非常著迷法文，覺得那是世界上最美麗

的語言。可是有一次在法國一小酒店裏住宿，一大早被吱吱喳喳的聲音吵醒，窗外傳來兩個法國女人吵架的聲音。哦，法文原來也可以這樣難聽。我剛學日文的時候，覺得日文過於咬牙切齒，頓挫繁雜。後來有一天我在教授的辦公室裏聽到他和別人打電話，語氣溫文，舒緩有致，我這才知道日文是這麼美的一種語言——可惜我怎麼也沒學會日文。

用普通話學習中文，寫作無須經過口語轉化為書面語的過程，會寫得更好嗎？

不一定。這裏面的前設是現代的白話文是以北方話或普通話為基礎，所以書寫的時候，只要把口語轉化為書面語，就會文從字順，四平八穩。沒錯，會說普通話的人寫作時確實是少了一層先在腦子裏把自己想說的話怎麼從方言翻成普通話的轉換過程。不過就是因為這樣，能說普通話的人都能寫好的文章嗎？北京人成千上萬，一口京片子，人人都可當作家了？當然不。寫作不就是「我手寫我口」那麼簡單。寫作是另外一種深層次的訓練。文章要寫得漂亮，得靠先下苦工，多讀書，多看古典文學，從中汲取養分，以補不足。古人所謂熟讀唐詩，不會吟也會偷，那就是根基功夫。就像烹飪，難為無米之炊。肚裏沒有墨水，能寫得出什麼？香港以前中小學的中文教學，選取古今範文，教導學生，從最基本功入手。那個年代栽培出來的學人，國語不一定說得漂亮，但行家一出手，便知有沒有。

如何看「普教中」、「棄繁從簡」等爭議？

語文政策如果涉及政治因素，我是無法回答這個問題。否則，我們應該用持平的態度來看問題，千萬別感情用事。這裏其實有兩個問題：首先是教學應該用普通話還是廣東話？其次是漢字書寫應該採用簡體字還是繁體字？其實這兩個問題都得先問我們為什麼要在兩者之中選其一？選擇的目的又是什麼？繁簡之別自古就有，書

寫的時候，為方便起見，常常會省減筆畫。中國近代推出簡體字和漢字拉丁化方案，主要目的卻是在於掃盲。掃盲這個需要在現在香港的社會中仍然迫切嗎？既然沒有這個危機或需要，那麼我們教學為什麼不就從繁體字開始？繁體字歷史悠久，一兩千年的古代典籍，今天還能一個字一個字讀得出來，那是多麼可貴的資源。要是教學全然以簡代繁，文化承傳也許會出現危機。不過中國大陸推行簡體字好幾十年，所有出版基本上都是以簡體字為主。我們要是不認識簡體字，那也會是一個很大的損失。純粹從學習漢字的角度來看，是先繁後簡、還是先簡後繁容易？答案應該很清楚。在外國教漢語往往是要求學生對繁簡兩體都能掌握，以便他們日後能廣泛使用各種不同的中文資料。

　　另一方面，普通話是國家語言，我們不能不學習。我們都知道只要一踏出香港，能用上廣東話的場合就很少。所以從實用角度來看，我們應該趁早學習普通話。小孩越早學習外語，越能掌握對這個語言的語感。但是學習普通話並不是說要用普通話來取代廣東話。香港絕大部分的人的母語都是粵語，香港以母語教學，是天經地義的事。我們不能因為普通話是國家語言，就採用普通話作為教學語言，這就像中國不會因為英文是世界語言，就把英語硬性定為所有學校的教學語言。廣東話和普通話為什麼不可以共存？我們熱愛自己的語言，但是也不必抗拒別的語言。今天許多年輕人都感到政府的決策好像處處在掣肘或打壓粵語的發展，於是產生一種無以形容的語言憂慮感，因為憂慮，所以多方推崇粵語，過分的推崇，會形成一種語言的優越感，從而造成對其他強勢語言的抗拒。從憂慮到優越，主要是導源於外在社會或政治的誘因。我們假若不從根本層面來正視、解決這個問題，這問題恐怕會變得越為複雜。

研究語言，給你最大的滿足感是什麼？

　　語言並不如想像中那樣古板或死板。相反地，語言是一種有機體，他有自己有蓬勃的生命力，而且不斷在變化。乍看起來，語言

似乎是一堆雜亂無章的聲音和字詞。其實在這亂七八糟的背後，大有脈絡可尋的組織和變化。我們研究語言，首先就要觀察語言是怎麼通過聲音來表達意思，從聲音字詞的組合，整理其間的關係，歸納出組合的規律，解釋變化的模式。這些變化可能只屬於說話者個人的習慣，也可能是方言之間的異同，更可能是古今語言變化的痕跡。我們甚至可以根據這種規律和模式，從而預測語言日後發展的路向。語言不斷在變，我們就不斷的在捕捉、描述、解釋這種變化。我們個人對這些變化的喜惡取捨，無關重要，我們最大的責任就在於能把握和利用這些變化來提高或增進我們對這語言的了解。這世界上有多少種語言，但仔細研究下來，我們會發現人的思維常常是共通的，而表達思想的各種語言形式和變化也有很多類似的特點。我們要是不從最細微的素材做起，就難以窺其大觀。這樣看來，語言研究可以是一種跨時空的探討，挑戰性越強，我們就越感到興奮。

原載《中大通訊》第478期（2016年5月19日），頁2–3。香港中文大學資訊處。

Cantonese of the 21st Century: Formation of a New Phonological System in the Hong Kong Language

二十一世紀的香港粵語：一個新語音系統的形成（頁 1）

Abstract: The Cantonese dialect as spoken in Hong Kong has undergone drastic changes in recent years. To those who have been away for an extended period of time, the language once so very familiar now sounds like a different tongue. This article focuses on the sound system in Hong Kong Cantonese and studies the new initials, finals and tones that have found their ways into the Cantonese dialect since the early 20th century. Many of these changes, often characterized by purists and pedagogues as habits of sloppy pronunciation, have produced a new phonological makeup that readily sets the language apart from other varieties of Cantonese, including the dialect of the City of Canton.

Keywords: Cantonese, Hong Kong dialect, historical sound change, "sloppy pronunciation"

Early Cantonese:
A Phonological Record Compiled by Robert Morrison in 1815

粵語上溯二百年：馬禮遜 1815 年的語音記錄（頁 25）

Abstract: This article attempts to provide a critical review of a character word list, with Cantonese pronunciations marked in romanized alphabet, that Rev. Robert Morrison included in his 1815 *A Grammar of the Chinese Language*. Despite an obvious lack of tone marking and disregard for consonantal aspiration, the word list represents the earliest record, to date, of the initials and finals in the early 19th century language. This article studies each of these early initials and finals and compares their groupings with what we find in Morrison's 1828 publication, *Vocabulary of the Canton Dialect*. The comparison yields a rather similar system, with 17 initials and 51 finals, with some variations in membership probably indicative of changes that took place during the intervening years. Some of the differences may also be due to influences from other dialects spoken in the Pearl River Delta.

Keywords: Robert Morrison, *A Grammar of the Chinese Language*, *Vocabulary of the Canton Dialect*, early Cantonese phonology

Breaking New Grounds: Chao Yuen Ren's *Cantonese Primer* (1947)

承傳與創新：趙元任 1947 年的《粵語入門》(頁 59)

Abstract: Chao Yuen Ren, an eminent linguist of the 20th century, authored numerous works on the Chinese language and its many dialects. His *Mandarin Primer* published in 1948 remains a classic in the field of Chinese teaching and his *A Grammar of Spoken Chinese* of 1968 is a compendium that any student of Chinese today must refer to in research. Prior to these two monumental publications, however, his *Cantonese Primer* published in 1947 provided a most thorough and meticulous description of the southern dialect, a manual that came to serve as basis for his subsequent linguistic investigations.

Chao Yuen Ren grew up in the north. While his first language was not Cantonese, his observations of the language superseded what his predecessors had offered and his analysis of both its sounds and grammar was indeed ahead of his time. With 24 chapters of colloquial dialogues and stories, *Cantonese Primer* serves as a veritable record of the mid-20th century speech. It allows us, especially when compared with other materials of that early period, to look into the past of Cantonese and map out the historical development of the language.

Chao Yuen Ren developed his own romanization system for Cantonese, a system modelled after his early Gwoyeu Romatzyh. All phonological features, including initials, finals and tones, were incorporated into the spellings. The Cantonese system he proposed, however, was a bold and extraordinary attempt in that it aimed to cover in its spelling both synchronous and diachronic aspects of the language. This article takes a close look at the device and highlight some of its characteristic spelling features that pertain to contemporary Cantonese as well as ancient Chinese.

Keywords: Chao Yuen Ren, *Cantonese Primer*, Romanization, contemporary Cantonese, ancient Chinese

Tone Sandhi in Early Cantonese
早期粤語中的變調現象（頁 91）

Abstract: This article is a detailed study of the tone sandhi phenomenon in early Cantonese. Based upon two editions of *Cantonese Made Easy*, a language manual compiled by a British pedagogue, James Dyer Ball, in 1888 and 1907, we examine the tonal transcription of all the words in the texts and note the extensive but discrete use of changed tones in Cantonese of the late 19th and early 20th centuries. Changed tones as recorded are of two types, the high level changed tone and the high rising changed tone, each marked with a special diacritic notation. This article examines the various grammatical conditions underlying such tone changes, including the aspectual marking and the change in word status from a verb to a noun. It also compares the two editions, separated by almost two decades, and observes an increasing use of changed tones in the later version. The observation provides a solid argument that, like other sound changes, the tone sandhi phenomenon spread from word to word in early Cantonese.

Keywords: Cantonese tones, high level changed tone, high rising changed tone, changes in word usage, lexical diffusion

The Use of Classifiers in Cantonese

粵語量詞用法的研究（頁 119）

Abstract: While classifiers are a necessary grammatical component in modern Chinese, their behaviors, however, often vary among dialects. In Cantonese, a classifier may function as a marker of definite reference when appearing with a noun, it may also appear with an adjective to form a new modifier unit that works almost like a bona-fide adjective. In addition, a classifier that denotes singularity may take on, in some cases, an additional reading referring to a pair rather than a single item. None of these functions is possible in Mandarin.

Keywords: Cantonese, classifier, deictic reference, classifier + noun, classifier + adjective, singular and dual

A Study of "個" in Early Cantonese

早期粵語「個」的研究（頁 151）

Abstract: 嗰 [kɔ35:] is a demonstrative marker in Cantonese, corresponding to the use of 那 in Mandarin or "that" in English. In early language manuals of the 19th century, however, the marker was generally recorded as 個, with a tonal marking 33: instead of 35:. In other words, the demonstrative was identical with the classifier proper 個, both graphically and in phonetic representation. It has been reported in the literature that deictic marking is often a derivative usage of the classifier, as observed in some of the other southern Chinese dialects. This article aims to conduct a diachronic study of such a development by examining a wide range of materials from the 19th and 20th centuries and argues that efforts to disambiguate the deictic marking from the general use of 個 eventually gave the demonstrative a unique tonal identity of its own in the mid-20th century.

Keywords: demonstrative, classifier, changed tones, Cantonese, diachronic grammar

What about "咁"?: Revisiting the Demonstrative in Early Cantonese

「咁」又如何？：再探早期粵語中的指示代詞（頁 179）

Abstract: The demonstrative 咁 carries two different functions in Cantonese. It marks the manner of an action as in example (1), but serves an indicator of degree in example (2). The two uses correspond to those of 這樣 and 這麼 in Mandarin.

> (1)　佢好勤力咁學習。　He studies diligently.
> (2)　佢咁勤力學習。　He studies with such diligence.

The two functions may be graphically differentiated, with the former written as 噉 and the latter as 咁. In pronunciation, the two markers share the same segmental make-up, but differ in tone. 噉 is [kɐm35:] and 咁 is [kɐm33:].

In early Cantonese, use of both forms abounds, but the graphic distinction is not always maintained. In *Cantonese Made Easy* (1883), for example, the manner demonstrative is written as either 咁 or 噉.

> (3)　你係咁講咩？　(p. 18)
> (4)　人哋係噉講。　(p. 37)

Phonologically, the forms share essentially the same final "om" in these early romanized texts. While both tones are found, the differences in usage have yet to be defined. The following two examples, both from *Chrestomathy* (1841), have the same 咁 expression, but it is marked with different tones.

> (5)　夠爭一碼咁上下。　(p. 247) (*yinqu* 陰去 tone)
> (6)　都係八份一咁上下。　(p. 345) (*yinshang* 陰上 tone)

This article conducts a detailed analysis of the use of 咁 by examining a variety of colloquial Cantonese texts of the 19th and 20th centuries. It reconstructs the course of change that the demonstrative underwent in pronunciation, grammatical use, and character representation. The article also offers some preliminary thoughts on the derivational relationship among the demonstrative 咁, the classifier 個, and the deictic 嗰.

Keywords: 咁, 噉, 個, deictic demonstratives, early Cantonese

Grammatical Remains of the Past:
A Study of "至 / 正" and "莫個" in Old Cantonese

「至 / 正」與「莫個」：早期粵語語料中殘留的語法現象（頁 219）

Abstract: Language changes in time. Any grammatical behavior of the past could be indicative of a historical development paving the way for a new usage to come in time. This article focuses on the use of two grammatical features, the conditional use of 至/正 and the negative use of 莫個, in early Cantonese, and examines their behaviors in grammar, changes in meaning, and eventual disappearance in use throughout the course of two hundred years. The study is based on a total of 27 colloquial texts compiled in the 19th and 20th centuries.

Keywords: early Cantonese, 至, 正, 莫個, conditional, negative imperative

Whence Came the Use of "嚟" in Early Cantonese?

緣自何來：早期粵語中「嚟」的來去踪跡（頁 253）

Abstract: The word denoting "come" is 嚟 in Cantonese. Pronounced as lai31 or lei31, its use is essentially the same as that of 來 in Mandarin. There are, however, certain functions that 嚟 carries that we do not find in other dialects. This article focuses on its use in early Cantonese and studies the various roles, syntactic, semantic and pragmatic, that it took on in the language. The corpus of data includes nineteen different kinds of colloquial materials compiled between 1828 and 1947, and by mapping the behaviors of 嚟 in various contexts and capacities, we hope to reconstruct the diachronic paths the word took to expand its use and the process of derivations it follows in developing its different functions.

Keywords: lai31/lei31 嚟, early Cantonese, diachronic investigation, derivative extension

Cantonese Made Easy: Sentence-Final Particles in Early Cantonese

Cantonese Made Easy：早期粵語中的語氣助詞（頁 283）

Abstract: This article represents the first attempt of its kind to conduct an historical study of the particle system in Cantonese, a dialect known for its exceptionally rich inventory of sentence final particles. By closely analyzing more than 500 sentences in *Cantonese Made Easy* (1888) and also its list of more than 70 particles, the paper proposes a phonological scheme with which to account for the versatility and complexity of the particle system in early Cantonese. Specifically, the investigation examines the pitch height and the vocalic nature of the particles and argues that the number of particles could be greatly reduced by taking variations in pitch and vowel quality as two parameters that underscore and inform the emotive connotations of each particle in its basic phonetic form.

Keywords: Cantonese, sentence-final particles, historical dialectal grammar, *Cantonese Made Easy*

Loan Words in Early Cantonese

早期粵語裏的借詞現象（頁 325）

Abstract: Contacts between cultures often result in the creation of new words or borrowing of foreign names to refer to the objects or concepts that have been introduced. In Cantonese, a language replete with loan words, the phenomenon of borrowing from English is especially prominent. Since the early 1960s, loan words have been a much-researched topic in Cantonese linguistics and many studies have been published on the process of borrowing in the contemporary language. This article, however, concentrates on linguistic loaning in early Cantonese, particularly during the 19th century when interactions between China and the West began to increase. With reference to three source books, a dictionary issued in 1828 and two language textbooks published in 1841 and 1888, an historical examination is conducted to trace how foreign words were borrowed for use in Cantonese, phonologically modified to suit the linguistic habits of the local population, and semantically adapted, eventually becoming part of the native vocabulary. Incorporated into the investigation are some observations about the ongoing sound changes in Cantonese as reflected in these loan words.

Keywords: loan words, Cantonese of the 19th century, phonetic modification, semantic adaptation

Linguistic Hybridity in Hong Kong Commercials

雜揉與創新：從廣告寫作看香港語言的多元性（頁 347）

Abstract: To cater to a consumer market where Cantonese is the primary medium for daily communication, Hong Kong prides itself in its creative use of the local dialect to produce attractive advertisements, often with a touch of humor, to promote sales of commercial goods. Seemingly effortless, but highly skillful, switches between Chinese and English and between Cantonese and Mandarin also allow further attempts to incorporate a host of linguistic elements to generate special punning effects. This article focuses on advertisements that have appeared in Hong Kong newspapers, magazines and posters, and studies the various language strategies that a commercial utilizes, including rhyming, phonetic loans, lexical and grammatical regrouping, and word usage. While commercials readily make an unabashed display of the kind of linguistic versatility that Hong Kong enjoys, at the same time they also betray subtle changes in sounds and words that Cantonese has undergone in recent years.

Keywords: language of advertising, biliteracy and trilingualism, rhyming, phonetic loans, regrouping of words

A Game in Game:
How Do You Say "Stone-Paper-Scissors" in Cantonese?

遊戲中的遊戲：粵語怎麼説「石頭、剪子、布」（頁 375）

Abstract: Stone-Paper-Scissors is a popular game for kids in all parts of the world. Its appellation in Cantonese, 猜呈沉, is however somewhat intriguing even to the native speakers regarding the actual meanings of the three words and their proper pronunciations. This article attempts a linguistic analysis of the naming device and examines the various rhetorical strategies employed to generate a special rhythmic effect that adds to the excitement of the fun game.

Keywords: 猜呈沉, play with words, rhetorical strategies